Ohhashi Miyuki
大橋　幸

——社会心理学の眼で

# 現代日本社会58景

新曜社

# 現代日本社会58景――目次

装幀――加藤俊二

# 1 社会心理学の視線

まずは社会心理学者の「視た目」について、少し触れておこう。

社会心理学には、何をどう視ていくかについて「共通理解」とでも言うべきものがある。それは「人間の意識や行動が、他者の現実、もしくは想像上の存在によって、どう影響を受け変化するかを、実証的に分析する」ということである。別の言い方をすれば、「人間は社会生活の現実よりは、むしろそれについて人それぞれが組み立てたイメージによって、行動し生活している」と見るのが、社会心理学者の〝視た目〟なのである。

このことを、よく実証しているとみられる例を、社会心理学者アイゼンクの著作から紹介しておこう。アイゼンクは、その有名な著作『マインドウオッチング』（田村浩訳、新潮選書、一九八六）の第一章で「キティ・ジェノヴェーズ事件」を取り上げている。

キティというＯＬが午前三時に、ニューヨーク市クィーンズ地区の自宅に、仕事から帰ってきたところを刺し殺された。この事件を三八人が目撃していた。それにもかかわらず、誰一人としてキティを救おうとしなかった。一人だけが、しばらく時間が経った後、友人に相談して警察に通報したというのだ。

ブロンクス地区では一八歳の電話交換手の女性が、一人でいるところを暴漢に襲われ、殴られ強姦され、彼女は裸のまま街路へ逃げ出した。四〇人ほどの通行人がいたが、やはり誰も助けようとはしなかった。

これらの事件に関心を持った二人の社会心理学者が、実験を行なって、次のような法則が成り立つことを確かめた。

何らかの危機に見舞われた人は、目撃者が複数いるより一人だけの方が救われる可能性が高い、ということである。

なぜかといえば、目撃者の数が多くなるほど「これだけたくさんの人が見ているのだから、自分が出しゃばらないでも、誰かが動くに違いない」と想像する傾向が強くなるからだという。

このような現象は、《責任拡散の効果》と呼ばれる。

私たちの社会でも、衆人環視の状況でアクシデントが発生しても、誰もが見ているだけで、救いの手を差し伸べなかったという事態は、まま見られる現象である。

こういう事件の新聞報道には、必ずといっていいほど「都会人の無関心」とか「社会的連帯感の衰退」といった見出しがつけられる。「都会人の無関心」といったことがまったく見られないとは言えないにしても、それ以上に、過密化している現代社会では、多くの人たちが「これだけたくさんの人がいるのだから、何も俺が乗り出さなくても」とか、「もう、誰かが警察や消防署に通報しただろう」と思い込む《責任拡散の効果》にとらわれやすいと社会心理学者は考える。携帯電話の驚くべき普及はたぶん、こうした《責任拡散の効果》をいっそう高めるのではなかろうか。

日本社会は今、第三の「文明開化」に差しかかっているのではないかと思う。

第一の「文明開化」は明治維新であり、第二のそれは、太平洋戦争での敗戦と民主主義の受け入れである。第三の「文明開化」とは、日本人が長く慣れ親しんできた「集団主義」から「個人主義」への移行と見ることができよう。好むと否とにかかわりなく、個人も社会も「個人主義」を基本的価値観とせざるをえなくなる時代が、今ヒタヒタと押し寄せている。

このような変化が、今後の日本社会にどのような状況を展開させることになるか。社会心理学の研究者としては、まことに興味深い。

まず光の部分から言えば、職場や地域に見られる納豆のようにネバネバした〈共同体的強制〉からの解放が進むに違いない。周囲の顔色をうかがいつつ、心ならずもつき合いをする常識が、常識でなくなる時代が遠からず来るかもしれない。

そうなれば、気が乗らない、あるいは納得がいかないつき合いにストレスを感じることもなく――いささか古いが木枯紋次郎のように――、「アッシにはかかわりねえこって」と突き放せるに違いない。

反面、影の部分もまた、そのひろがりを増やしていく。それは「自己責任」原則が生活の隅々まで浸透することに伴う不安と孤独である。

山崎正和氏は、その著『柔らかい個人主義の時代』（中央公論社、一九八五）の中で、このような状態を「不幸の個別化」と呼んだ。

日本人は長い間、普遍化した不幸の中で生きてきた過去を持つ。そして「困っている時は、お互い様」といった庶民道徳に、心の安らぎを感じてきた。しかし、個人主義社会の進展は、こうした〝甘え〟を許さなくするだろう。

この第三の「文明開化」が、私たちの生き方にどんなインパクトをもたらし、また人間性をどう変えていくのか。〈社会心理学という内視鏡〉を利用して観察していきたい。

## 2　達成動機の活性化――沈没信号だった「猛烈からビューティフルへ」

日本がバブルの絶頂期を迎え、国をあげて浮かれていた一九九〇年、イギリスのエコノミスト、ビル・エモットが書いた『日はまた沈む』という翻訳書が出版され、日本経済の暗転を予告する内容が注目された。ほとんどの日本人は当時、日本が暗転するとは信じなかったが、数年にしてバブルは弾け、日本経済は出口のみえない長いトンネルに突入した。まさに「日は沈んだ」のだ。

一国の経済成長は何に左右されるか。基本的には、難しい経済理論で解明されなければならない問題だろう。だが、社会心理学の立場からみると《達成動機の活性化》として説明がなされる。

政府は今、トンネルの出口は見えてきたという。ただ、問題はトンネルを抜け出た後の景色だ。「長いトンネルを抜けると雪国だった」では困る。

しかし、《達成動機の活性化》とは「〈価値あり〉と認めた目標の達成に向かって、強く動機づけられている状態」をいう。欧米社会の常識では、《達成動機》を持てない人間は、「どこかおかしい（something wrong）」と評価されるという。

アメリカの社会心理学者マクレランドの達成動機に関する研究には次のような指摘がみられる。

個人の《達成動機》が、社会の経済成長を促す社会的エネルギーに転換されるためには、ひろく共有された達成イメージがその社会に〈達成文化〉として存在することが必要条件だ、と彼は考えた。

そこで一五五〇年から一八〇〇年にかけてのイギリス文化――ドラマ、小説、詩歌など――の内容分析を行ない、〈達成イメージ〉が強く盛り込まれた文化が特徴的だった時代から、ほぼ五〇年後に高い経済成長が実現していることを発見した（林保訳『達成動機——企業と経済発展におよぼす影響』産業能率短期大学出版部、一九七一）。

私がマクレランドの研究に興味を覚え、この法則が日本にも当てはまるかどうか検証にとりかかったのは、七九年だった。

内容分析の対象には、明治から昭和にかけての国定教科書——小学校の国語と修身——を選び、時代ごとの〈達成イメージ〉の強さを測り、それと経済統計に見られる経済成長のデータとの相関関係を分析した。

その結果、日本の近代化過程では〈達成文化〉の影響はほぼ二〇—三〇年後に経済成長となって実現したらしい、ということになった。〝らしい〟などと曖昧な表現を用いたのは、研究費の関係もあって断定的なことを言えるほど、十分なデータが得られなかったからである。とはいえ、日本でも〈達成文化〉と経済成長の間に、あるタイムラグを挟んで相関関係が成り立つことを発見できたことは一つの収穫だった。

こうした社会心理学の法則に基づいて、二一世紀の日本社会を予想すると、あまり希望は持てないことになる。その兆候はすでに現実となっている。

『朝日新聞』（一九九九年五月二六日夕刊）のトップ記事は、大学生の深刻な学力低下の問題を取り上げている。その前日、同じ問題をNHKも特集していたから、よほど注目される現象なのだろう。学力低下が深刻に意識されているのは、今のところ理系の学部学科が中心だが、やがて文系にもさまざまな形で顕在化することは避けられないとみられる。『朝日』の記事によると、この問題について文部省（現文部科学省）は「ゆとりと自主性を重視する立場からは、高校の授業時間を増やすわけにもいかない」と解決策を見出せない状態だという。

大学の学力低下と呼応するかのように、小・中学校では「学級崩壊」が深刻な問題として注目されている。これらの教育問題は、ここにきて突発的に発生したわけではない。なるべき社会的伏線はずっと以前に張られていた。

この問題の根底部分の解明は日本の将来を占う上で重要な手がかりになると思う。

すでに述べたように、日本の近代化は明確な〈達成イメージ〉と、それによって刺激され方向づけられた《達成動機》を、豊富なエネルギー源として、驚異的なスピードで進展したとみられる。戦前、日本中の小学校の校庭に建てられていた二宮金次郎少年の立像——薪を背負って本を読んでいる姿——こそ、まさに〈達成文化〉のシンボルだった。

戦後日本の高度経済成長は、戦前の〈達成エネルギー〉の余力に負うところ大だったとみられる。八〇年代に差しかかると「猛烈からビューティフルへ」といった一種の〝文化大革命〟が展開される。勤勉はもはや、美徳ではなくなるのである。この〝文化大革命〟は九〇年代に入って、「ゆとりの教育と学校週五日制」という形で、ほぼ制度化する。

九二年、日本のマスコミでは翌年に実施予定の「学校週五日制」をめぐり議論が沸騰した。私もその一端にかかわり意見を述べる機会があった(『文芸春秋』一九九二年一月号)。

私が主張したことは、「ゆとり教育」なるものが、「二一世紀の日本を亡国に導く危険性がある」という点だった。「こんな教育を続ける限り、日本の活力源である〈達成エネルギー〉が早晩枯渇する」と強調した。

残念ながら、この主張に賛同するジャーナリスト・知識人は当時の日本にはほとんど見当たらなかった。しかし不思議なことに、海外のマスコミは私の意見に異常なほどに関心を示した。中でも『ニューヨーク・タイムズ』は、私の論評を紹介した記事の見出しに「日本人はその最強の武器を自ら捨てた」と書いていたと記憶している。

「ゆとりの教育と学校週五日制」は今、ほぼ定着したと見てよいが、その結果はどうだ。私としては「ざまあ見ろ」と啖呵を切りたい気もするが、二一世紀の日本を考えると、個人的快感に浸ってもいられないようである。

## 3 親和的動機――失われた〈母親信仰〉

宗教学者はよく日本人と宗教の関係について「日本人の多くは神仏を利益提供者として信仰し、絶対者として信仰することはない。したがって、日本の宗教は〈利益信仰〉であって〈絶対信仰〉ではない」と指摘する。言われてみれば、たしかに私たちは日常的に神仏を「御利益」や「罰当たり」と関連づけて意識している。

そうした〈利益信仰〉が蔓延する中で、唯一〈絶対信仰〉の対象としてかつての日本人に意識されていたのが「母親」だった。あえて過去形で表現したのは、それがすでに消え去りつつある〝信仰〟だからだ。「〈その罪を憎んでその人を憎まず〉とは必ずしも行うに難いことではない。たいていの子はたいていの親にちゃんとこの格言を実行している」と、芥川龍之介はあるエッセーの中で述べている。また、芥川は「人生の悲劇の第一幕は親子となったことにはじまっている」とも言っている（『侏儒の言葉』岩波文庫、一九三二）。

母親の精神病が遺伝するのではないかと生涯おびえ、自殺によって人生の幕を自ら閉じた芥川の生涯を知ると、これらの言葉には重い実感がこもっている。

しかし、ここには親に対する深いうらみが表現されていると解釈しては間違いだと思う。望んだわけでもない病気を背負い込まされた苦しみと、それでもなお自分の親なるが故にすべてを許さねばならない辛さとが滲み出ていると理解すべきだろう。

かつて日本の映画界には、安定した興行収入が約束された作品が二分野あった。一つは『忠臣蔵』であり、もう一つはいわゆる〝母もの〟だった。〝母もの〟映画のキャッチフレーズにはよく「絶対泣きます、泣かせます」といった惹句が使われた。スクリーン上に投影される母の愛に無条件に涙し、心洗われる思いに満たされて映画館を出る……。ある時代の日本人の多くは、そうだったのだ。それればかりでなく、戦場で死を迎える兵士が最後に口にする言葉は「お母さん」であったということも、よく知られた話だった。

そこには疑いもなく濃密な母子関係が保たれていた時代が存在した。それは「マザコン」などという安っぽい表現を許さない。〝信仰〟に近い心情に支えられていたとみられる。

ここ一、二年、児童虐待事件の記事・報道がマスコミを賑わす。これが本当の母親がすることなのかと疑いたくなるような内容が少なくない。

「厳寒の山中に幼女を置き去りし凍死させた」「一歳の長女をタオルにくるんだだけで、暖房のない部屋に放置して家を空け帰宅したら凍死していた」「幼児に一回ミルクを与えただけで、三日間も友達と遊び歩き、餓死させた」……。枚挙に暇なしのありさまだ。まさに〈慈母に代わって、鬼母が登場〉である。彼女らの行為の多くは、未必の故意による殺人である。この問題に関連する特集を組んだ『週刊読売』（一九九九年六月六日号）によれば、児童虐待の加害者の八四％は〝実母〟だ、という。

このような犯罪行為に母親を走らせる原因はさまざまだろうが、深層心理学的に見れば母親が蓄えているはずの《親和的動機》が何らかの理由で枯渇もしくは不足してきたと説明されよう。

《親和的動機》とは「他人を愛し、他人から愛されることを期待する動機づけ」と定義される。このような動機づけは、長い間、人間が親に育てられているうちに自然に育まれると考えられてきた。

ところが一九五八年、ハーローというアメリカの心理学者が注目すべき実験結果を論文として発表した。彼は小猿を使って、小猿の親に対する愛情の源泉が、給食にあるのか、それとも親に抱かれる接触の快感にあるのかを、巧妙な実験により検証した。

結論的に言えば、子が親に対して抱く自然な愛情は親との接触の快感に深く根ざしていることがわかった。いわゆるスキンシップ――この言葉は日本製の英語の一つだが――こそ、生き物が持つ愛情の源泉であることが確かめられた。

ハーローはこの事実をさらに確認するために、もう一つの実験を行なった。親とのスキンシップ体験をまったく持たないで成長した四匹のメス猿を妊娠させ、生まれた小猿をどう扱うかを観察した。

結果、四匹のメス猿には母性がまったく見られず、小猿への哺乳を拒否し、無関心から虐待にわたる一連の行動に終始した。この実験によって、スキンシップ体験の喪失もしくは貧困が、愛情の欠落と密接に関連することが示唆された（「不安の分析」『別冊サイエンス』日本経済新聞社、一九七二）。

猿を使った実験結果を、人間の愛情のあり方に全面的に適用するのはやや問題があろうが、「人間にとっての母」に関する問題を見直す一つのヒントにはなると思う。

フランスの精神科医セシュエーの臨床記録（『分裂病の少女の手記』みすず書房、一九七一）によると、人間の現実感覚の源泉は母親とのスキンシップ体験の密度に依存している。そして、乳幼児期のスキンシップの貧困と栄養不良が分裂病の引き金になる。

セシュエーは分裂病になった少女ルネについて、こう書いている。

「ルネの自我は、母親の愛情不足により離乳期に固定され、それ以上の発達が不可能になった。彼女の自我は、この耐え難い犠牲を自閉的になることで補おうとした」。

一九六〇年代にスタートした高度経済成長は、日本に空前の豊かな社会をもたらした。九三年には世界のGDPの一八・三%を日本が占め、アメリカに次いで二位になったという数値が端的に物語る。豊かな社会の実現は、それ自体おおいに喜ばしいことだが、その代償として〈スキンシップの貧困〉を招いたのではないか、という疑いを捨て切れない。

第一に、豊かなスキンシップにとって理想的な母乳による授乳期間が、七〇年代になると大幅に短くなり、生後一年未満で八〇%が人工乳に切り替えられている（厚生省「乳幼児身体発育調査結果報告書」一九七〇）。戦前の日本では、乳幼児は離乳期までほぼ一〇〇%近く母乳で育てられたことを知れば、この変化は大きい。もっとも、その背景には経済的な理由がある。牛乳一本（一八〇cc）の値段は一九二一年から三八年までの間、八銭だった。同じ頃、カレーライス一杯が一〇銭だった。この物価水準を知れば、庶民が母乳以外で子供を育てることは不可能に近かったと推察できる（『値段の明治大正昭和風俗史』朝日新聞社、一九八七）。

ただ、日本で日常的だった授乳スタイルも、欧米人には〝極めてユニークで愛情に満ちたもの〟と映ったようだ。たとえば、R・ベネディクトは『菊と刀』（社会思想社、一九六七）の中で、こう述べている。「生まれてから三日間、嬰児は授乳されない。それは、本当の乳が出るまで待つからである。その後、嬰児はいつでも時を選ばず、乳を飲むために、もしくはオモチャにして楽しむために、乳房を含むことを許される」。

私の記憶でも、戦前の日本では、至る所で若い母親が乳房を出して授乳する光景が見られた。その時代の日本は〈スキンシップ大国〉だったと言える。

そうした光景は今やほとんど見かけなくなった。それに関連して指摘できる第二は、戦後は子育てを保育所にまかせるのが当たり前とする風潮が広まったことだ。

東京都の調査では〇―二歳児を持つ家庭の二四％が夫婦共働きである（東京都「東京の家庭と子供」一九八四）。

また、総理府が八一年に行なった国際調査によると、日本は世界で子供を保育所に預ける率が最も高い。

第三に、家庭生活を「楽しくない」と感じている青少年が国際比較のデータを見ても、日本は異常なほど高い。日本の一五・一％に対して、ドイツは二・七％だ（総理府青少年対策本部資料、一九九二）。

最近、日本人の人間性が変わったのではないか、と疑いたくなる事件が頻発している。それが表面的変化にとどまるのなら、まだ救いもある。しかし深層部分の変化であるとしたら、これは不気味である。

# 4 間の社会心理学——パーソナルスペース

ある時、ふと考えたことがある。それは日本語で〈ヒト〉のことを、なぜ〈人間〉と書くのかという疑問だった。もし、この言葉を正確に外国語に翻訳するとしたら、どのような単語を当てるべきかといった疑問も湧いてきた。英語なら〈man〉か〈human being〉であろうし、ドイツ語ならたぶん〈mensch〉だろう。

しかしこれらの外国語には『間』を表現するニュアンスがない。漢字のルーツともいえる中国古典では、〈人間〉を個人ではなく「世の中」とか「社会」の意味合いで用いている。こう見てくると、〈人間〉という日本語の概念は、独特な意味を持った言葉と考えても良さそうだ。

一言でいえば、日本人は「間」にこだわる文化の中で、長年生きてきたとみても良いのではないか。われわれ日本人がいかに「間」にこだわってきたか、如実に示す例は日本語の慣用句の中に数多く散りばめられている。たとえば、「間がもたない」「間抜け」「間合いを保つ」「間が悪い」「間に合った」などなど。「親しき仲にも礼儀あり」というよく知られた庶民道徳も、人と人とのつき合い方に適当な「間」を置くことの大切さを教えたものだろう。

比較文学者の剣持武彦は、日本文化における「間」の意識を集中的に分析した著作の中で、この意識の特徴を次のように指摘する。

「日本語は、玄関や、縁側や、床の間という直接の居住空間でない空間を大事にする日本建築のように、「間」を大切にする言語だということである。人生にとっても言語にとっても、「間」というものがいかに大切かということは、ヨーロッパ語によって考え、行動してきた民族にはなかなか理解しがたいことかもしれない」(『「間」の日本文化』講談社現代新書、一九七八、復刊版は朝文社、一九九二)。

コミュニケーション心理学者のD・C・バーンランドは、日米の表現構造の違いについて比較調査を行ない、最も大きな違いの一つが身体的接触を伴うコミュニケーションにあることを発見した。

日本人は自分の気持ちを伝える手段として相手との身体的接触に頼ることは、アメリカ人に比べると極端に少ないと指摘されている(西山千・佐野雅子訳『日本人の表現構造　新版』サイマル出版会、一九七九)。

しかしバーンランドの調査結果は、今日でも——やや薄らいだにせよ——〈間の文化〉が日本社会に厳然と息づいていることを示すものだろう。日本文化の伝統からみれば、日本民族は痴漢、セクハラ、ストーカーなど禍々しき犯罪とは無縁の〝奥ゆかしき民族〟だったはずだが、どこで何が狂いはじめたのか。

人と人との間に、どれだけの空間を保てば、お互いに気にしないでいられるか。逆に、どれだけ接近されると、不安もしくは不愉快になるか。この問題を、社会心理学は《パーソナルスペース》理論として解明しようとしている。

カリフォルニア大学のR・ソマー教授はパーソナルスペースについて「他人が侵入することがないような、個人の身体をとりまく目に見えない境界線で囲まれた領域であり、この領域に侵入しようとする者があると、強い情動反応が引き起こされる」と定義している。

彼は、ある精神病院のベンチに座っている男性を見かける度に、わざと六インチほどまで近づいて隣に座ってみた。すると、その五〇%は九分以内に立ち去った。また空いている大学図書館で女性実験者がわざと女子学生の隣に座ったところ、彼女らの七〇%は三〇分以内に図書館から立ち去った。

この分野の日本における代表的研究者である渋谷昌三は、「人がいつも持ち運んでいるところから、一般にポータブル・テリトリー、すなわち携帯用の縄張りと呼ぶことができる」と《パーソナルスペース》を説明する。

そして調査結果に基づいて、（1）男性は「未知の他人」――相手が男性でも女性でも――に対して、《パーソナルスペース》を比較的大きくとる（2）女性は男性以上に「未知の男性」に対しては大きくとる傾向がある（3）しかし女性は「知り合いの女性」に対しては男性よりもはるかに小さくとる。以上のことを発見している（『人と人との快適距離』NHKブックス、一九九〇）。

S・フイッシャーとD・バーンの研究によれば、男性は自分の前の《パーソナルスペース》を侵されると不快感を覚えるが、女性は左右に不快感を意識するという。

以上のように、《パーソナルスペース》の研究は極めて多岐にわたって精力的になされている。

しかし、そういった研究成果を見ていると「何だ、こんなこと、昔の日本人には常識だったじゃないか」と思ったりする。

戦前は小学校に「作法の時間」があり、他人に不快感を与えないためにはどの程度の「間」を保たねばいけないかが、しっかりと教え込まれていた。しかし戦後教育のカリキュラムからは、こういった「間」の教育は姿を消してしまった。また人と人との〈心理的な快適距離〉を保つ上で「日本語の敬語システム」は重要な機能を果たしてきたが、これも今では風化しはじめている。

私としては、遅まきながらもう一度、義務教育段階で「作法の時間」を復活させるべきではないかと思う。もちろん、いまさら小笠原流というわけにはいかない。現代的に洗練された内容でなければなるまいが……。

山本有三は、小説『波』（岩波文庫、一九九二）の中で、一人の女性にこんな文句を言わせている。

「ね、見並さん、くだ物でも何でも、おいしいのは、うわっ皮のところね。しんをかじると、きっとまずいものよ」。

この小説が一九二八（昭和三）年の作であることを考えると、日本社会の〈間の文化〉は、思いのほかはるか以前から揺らぎはじめていたのかもしれない。しかし、その揺らぎが今や、犯罪性を帯びはじめたとしたら、〈間の文化〉を再認識する必要があるのではないか。

# 5 文化と文明（1）

所詮はコンピュータゲームなのに、それに習熟すれば本番でも大丈夫と錯覚し、実際にジャンボ旅客機の操縦を試みて、殺人まで犯すような青年が、今や確実に身の回りに存在している。

すでに二一世紀へのカウントダウンが始まっている現在（一九九九年）、誰もがこれからの時代がどう変化するかについて、多少なりとも関心を持たざるをえないだろう。

W・マクドゥーガルは社会心理学の分野で、パイオニア的業績を築き上げたイギリスの学者である。彼は一九三一年に『世界的混沌（World Chaos）』と題する文明論を出版した。この中で彼は、次のような印象深い記述を残している。

「我々はいわば飛行機に乗って大海原を翔んでいる乗客にもたとえられよう。そして飛行機の駆動力は〈科学〉なのだ。もし海の真ん中でこのエンジンを止めれば、間違いなく全滅である。我々は今、どの辺を翔んでいるのか、どこを目指して翔んでいるのか、まったくわからないけれど、さまざまな科学的発見が最良の結果をもたらすことを期待して、前進せざるをえないのである」。

七〇年近くも前の指摘なのに、この記述には妙に説得力が高まる。マクドゥーガルは、自然科学への依存を深める現代文明社会の本質的な不安を警告したのだろう。そして彼は、必要なのは、人間と社会の道案内の役割を果たす〈科学〉の発達にあることを強調した。彼が説く〈科学〉が「社会心理学」であったことは言うまでもない。

〈文化〉も〈文明〉も、われわれの生活を規定している大きな枠組みであることは共通している。そのせいもあろうか、この二つの違いはあまり意識されず、かなり恣意的に使われている概念のようである。たとえば歴史の本を読むと、「縄文文化」と表現されるのが一般的で、まず「縄文文明」とは表現されない。ところが、古代インカについての記述では、「インカ文明」と表現され、滅多に「インカ文化」とは表現されない。こうした表現の違いは、明確な根拠に基づいているとも思えない。多分に恣意的なところがあるようだ。

それでも歴史学者が暗黙の合意としている根拠を推測すると、生活様式が共通している範囲が、地域的にも時間的にも狭い場合を〈文化〉、広範囲な場合を〈文明〉と呼んでいるらしい。要するに、かなりアバウトな使われ方がなされているということだ。

しかし、現代社会が直面する諸々の問題を、〈文化と文明〉の複雑な相互関連として分析するとなれば、この二つの概念をあまりアバウトなままで放置しておくわけにもいかない。

〈文化と文明〉に、かなり厳格な概念規定を与えようとする試みは、ドイツの社会学者によってなされた。まずM・ウェーバーは、〈文化〉を「人間にとって、意味あり価値ありと考えられる限定的な実在」と規定した。彼の弟A・ウェーバーは、〈文化〉現象の基本的特徴を「異質性」「一回性――ある時代にのみ出現したもの――」「創造性」の三点にあるとみた。

要するに、ウェーバー兄弟は〈文化〉を何らかの意味で、ある社会と時代が生み出した個性的現象と考えたのである。自覚的価値実現の成果こそ〈文化〉であるという発想はドイツ的文化観に共通するものらしい。

しかし、英米系の学者は〈文化〉をもっと日常的な現象とみている。

アメリカの社会学者R・M・マッキーバーは〈文化〉とは「我々のあるがままの状態（What we are）」をい

い、〈文明〉とは「我々の利用するもの（What we use）をいう」と説明している。

また文化人類学者のC・クラックホーンは「文化とは人間集団における他の集団とは異なった生活様式をいう。そこには一貫した生活のデザインが存在している」という。

これらの概念規定には、ドイツ的な物々しさはみられない。そのどちらを〈文化〉の本質と見るかについては難しい議論があるが、今は触れないこととする。

では、〈文明〉はどう理解されているか。

A・ウェーバーは〈文明〉を「人間による不断の自然征服と利用の過程」と概念づけた。そして〈文明〉の特徴を（1）人類に普遍的な現象である（2）その進歩はステップ・バイ・ステップであり、飛躍はありえない（3）文明は直線的に進歩し後戻りは許されない（4）文明の本質は発見・発明である、と指摘した。

これらの指摘を要約すれば、〈文明〉の主役は「科学技術」そのものであり、また「産業社会」そのものでもある（大橋幸「文化と文明の相互関連」日本大学文理学部研究紀要五二号、一九九六）。

〈文化〉を「ある集団生活――その範囲は地域社会でも、国家でもかまわない――をしている人々が自覚している個性的な現象」と仮定すると、今日の日本人の多くは、外国人から「現代日本の文化」について質問されても答えようがないらしい。

海外旅行を予定している学生に、日本をわかってもらうために何を印象づけようとするかと質問すると、「面倒臭いから、ソニー、ホンダ、トヨタなどの製品の話をすればわかってもらえると思う」などと答える者が多い。では現代日本を代表する文化人や芸術家として誰をあげるかと聞くと、ほとんどの大学生が「わからない」という。

どうやら日本の若者の国民的アイデンティティは〈文化〉ではなく〈文明〉に置かれているらしい。要するに、今日の日本を国際的に印象づける上で「文明あって文化なし」というのが実情なのだろう。日本的個性についての無知とこだわりのなさ。こういう若者文化の特徴は、日本社会全体を〈文化的無国籍状態〉に陥れている。

日本語で十分に表現可能な言葉をわざわざカタカナ語に換えたがるジャーナリストや作詞家がたくさんいる。

あえて彼らの揚げ足をとれば、たとえば、「レシピ」というカタカナ語がよく使われるが、この言葉が何語であり、どう表記されるのか。使っている人の何%がそれらを知っていようか。

また「国際化」といえば、すべてが容認されるといった意識の蔓延。街に溢れる茶髪や金髪の男女などど。〈文化的無国籍状態〉はきりがない。

こうした〈文化の貧困〉とは対照的に、〈文明信仰〉は深く若者の心を支配しつつあるようだ。

自動車、携帯電話、パソコンは、今や若者にとって〝三種の神器〟となっている。それに関連して恐るべきことは、科学技術の成果と商品化について、極めて敏感に反応し、また素直に受け入れようとする若者の態度である。

このような態度がいかに深刻な事態をもたらすかについて、はしなくも七月の「全日空機ハイジャック事件」が証明してくれた。

〈文化と文明〉の関連で注目すべきことの一つに「文化は文明の暴走にブレーキをかける機能を果たす」という点があげられる。「文明あって文化なし」の社会とは、いうなればブレーキが効かないスポーツカーのようなもので、危険極まりないのである。

## 6 文化と文明（2）

引き続いて、〈文化と文明〉の考察である。

すでに述べたように、〈文明〉は直線的に進歩を続け、〈文化〉はその進行にブレーキをかける機能を果たす。いわば〈文明〉は「便利・快適価値の実現と普及」を目的として、ひたむきに前進する。〈文化〉は多少なりともそれを抑制する方向で存在価値を主張する。現代でも科学技術の発達に〝待った〟をかける文化的タブーは決して少ないとはいえない。クローン人間の研究と実現についての各国政府の禁止政策など、その典型である。

〈文化と文明〉を対立的関係としてのみ理解するのは一面的理解であって、この二つの現象を正しく理解するものとはいえない。これらは密接に関連して、相乗効果を及ぼしあって成長する側面もある。

〈文化と文明〉は人間の「感性」を媒介にして相互に関連しあう。たとえば、世界市場に流通する工業製品は共通の規格《フォーマット》に基づいて製造されるから、すべて同じかというと決してそうではない。実用に耐えるという点では、世界中の乗用車は大差ないだろうが、「乗り心地」といった「感性」を問題にすれば、商品価値の差は大きく開く。

私の友人に長年ベンツだけを乗り続けている男がいる。私は「今じゃトヨタの方が、車としての商品価値は圧倒的に高いのに、まだベンツにこだわり続けるのは、要するにお前が見栄っぱりということか」とからかった。その男は「お前の言う通り、トヨタの方がコスト・パフォーマンスが勝れていることは俺も認める。

しかし、俺がベンツに惚れ込んでいるのは、ベンツが保っている頑固さだ。いわば〈車〉とはかく在るものだという哲学が、年式にかかわらずベンツのハンドルからは伝わってくるけれど、日本車にはそれがない」と答えた。

少々惚れすぎではないかとも考えるが、あながちそうとも言えない点もある。日本車の場合、実に頻繁にフロントグリルのデザインを変えるが、ヨーロッパ車はモデルチェンジしても一貫して同じフロントグリルのデザインを守り続けているのが普通である。そこには、友人のいう自社の製品についての、頑固なまでの自己主張が読みとれる。それは、まさに自動車の形をとった〈文化製品〉といえる。

その個性と、個人の「感性」が同調すれば、他人が何と言おうが簡単には断ちがたい関係が出来上がるのだろう。

かつて私も、オーディオ道楽にのめり込んだ時期があった。「好きな音楽を良い音で聴きたい」という一念から、分不相応な浪費に走ったものだ。その時に身に染みて思い知らされたことは、「良い音」の再生には単なる音響技術を超えた何かが不可欠だという点だ。

オーディオマニアとしても有名だった作家の五味康祐は「日本の音響専門技術者のほとんどが、そもそも美しい音というものを知らないのではないかと思う」と述べているが、まったく同感と言わざるをえない(『天の声――西方の音』新潮社、一九七六)。

世界に冠たる技術大国の日本が、製品開発を諦めざるをえなくなっている分野に、ファッション製品をはじめとする〈感性商品〉がある。

電通の調査によれば、日本をはじめとする高度文明諸国では、その消費動向が価格や機能を重視する「理性消費」から、フィーリングや生活空間とのマッチングを重視する「感性消費」へと、急速に変化しているという（電通マーケッティング戦略研究会編『感性消費・理性消費』日本経済新聞社、一九八六）。

そういえば、最近アメリカのパソコンメーカーが製品をカラフルにしただけで急速に売り上げを伸ばした例もあった。私が関心を持つオーディオ製品ももちろん、この分野に属しているが、ひと頃の花形商品としての面影は今日はまったく見るべくもない。国際分業という観点に立てば、いくら日本が技術大国だからといっても、何から何まで日本で造り、日本で商品化する必要はないかもしれない。

「感性消費」の決め手は〈文化〉である。したがって、〈感性商品〉を開発し、そのマーケットシェアを拡大するに当たって、最大の難関は、この〈文化性〉をいかにして付加価値として商品化できるか、にある。ある〈文化〉に価値を認め、高く評価するに当たって、その理由を明確に説明することは、極めて難しい。

なにごとの　おはしますかは　知らねども　かたじけなさに　涙こぼるる

この古歌は〈文化受容〉の本質的心情を表現している。このような心情に訴える商品の開発は絶望的なほど困難だ。

まず〈文化性〉の数学的解析は現段階では不可能に近い。次に〈文化性〉がはっきりした姿を見せるには、かなりの熟成期間を必要とし、今すぐというわけにはいかない。

そして〈文化〉の商品化に伴う最大の困難は、その感性が市場でひろく受け入れられるかという不安にある。「感性消費」が二一世紀の世界市場ではたしてどれだけ有力な動向となるかは、専門家の分析に待たなければならないが、無視できない一つの流れとなることは間違いない。そして、この分野が日本産業の決定的弱点であることも意識する必要がある。

次の世紀を託さなければならない世代の、恐るべき「感性」の猥雑さや貧困を、日ごろ嫌というほど見聞するにつけ、「感性消費」の分野で日本がリーダーシップをとることは、諦めざるをえない。売春婦まがいの服で街中を闊歩する女子高生、音楽というよりは騒音に近い若者向けのポピュラー音楽、人種不明のファッションの氾濫……。情けなくなることばかりだ。

こういった〈文化〉の表面的荒廃以上に気になるのは、その内面の荒廃だろう。最近マスコミを賑わしているエリートコースに乗っている大学生の破廉恥きわまる事件の頻発は、私たちの文化の荒廃が若い世代の人間性の深部にまで及んでいることを物語っているように思えてならない。しかも、この傾向は、一人エリート大学生にとどまるものではなく、高級官僚、一流企業幹部、教員など社会的信頼を生命としなければならない階層にも蔓延しつつあることを推測させる事件も少なくはない。

かつて、福澤諭吉は『文明論之概略』の中で「文明とは人の身を安楽にして心を高尚にするを云ふなり。衣食を饒《ゆたか》にして人品を貴くするを云ふなり」と述べた。

これは「衣食足りて礼節を知る」という教訓を、〈文明〉概念に置き換えたと見ることもできる。戦後五〇余年、私たちの社会はたしかに「衣食を豊か」にしたが、「人品を貴く」したとはお世辞にも言えないのはなぜか。考えてみる価値のある問題だろう。

# 7 食の社会心理学——子供の孤食化

食生活が現代日本人の大きな関心の一つになっていることは、マスコミの中に占める「食情報」の少なからぬウエートを見ればわかる。その内容は「料理情報」「グルメ情報」「食と健康情報」に三分類されるようだ。しかし食生活の関連情報として、もう一つ重要なことが忘れられているように思えてならない。それは「食事をとる状況」だ。その状況の違いが、人間の心をどう変えていくのか。看過できない問題だ。

先日、大学時代の仲間と約二〇年ぶりに同窓会を開いた。半世紀前にタイムスリップした話題で賑わったが、その際、私がかねがね疑問に思っていたことを皆に尋ねてみた。

それは「あの頃、俺たちは昼どきに何を食っていたのか」という疑問だった。この疑問には、みんな一様に答えが出せないようだった。「あの頃は学食なんてなかったし、大学周辺に学生が利用できるような食べ物屋もなかった。弁当を持っていったはずだが、中味がどうだったか、まったく思い出せない」というのが最大公約数的な感想だった。

〝あの頃〟とは一九五一年、日本が焼け跡から立ち直りかけていた時代だ。当然のことながら、「今日は昼に何を食うか」などといった選択肢は——とくに学生には——なきに等しい状態だった。たぶん、その頃、私たちの多くは「弁当」という形で、家庭の貧しい食生活をそのまま大学に引き摺《ず》ってきていたのだろう。

アメリカの社会学者K・ヤング——彼はまた、著名な社会心理学者でもあった——は、一九三八年に出版された『社会学概論』の中で、次のような変化に注目している。

一九三〇年代にはいると、アメリカでは核家族化が一段と進行した。その流れの中でいくつかの注目すべき現象が起きている。

第一に職業を持つ主婦が増えた。二〇年代から三〇年代にかけて結婚した女性は二三％増大したが、職業を持つ女性は六〇％増大している。

第二に既製食品に依存する傾向が強まっている。農村では六〇％、地方都市では七五％、大都市では九〇％の家庭がパン屋でパンを買うようになっている。

第三に料理店と弁当屋も人口増を上回る増加傾向を示している。

第四に保育園や幼稚園の増設要求も年々強くなっている。

これらの現象はアメリカの家庭が「人生を育てる（making life）場」から「家計を維持する（make living）場」へと関心が変化していることを示すものである。この変化が子供のパーソナリティ形成にどのような影響をもたらすか懸念される（K. Young, *An Introductory Sociology*. 1934）。

以上が、ヤングの警告のあらましだ。三〇年代のアメリカ社会に向けて発せられたものだが、これは今の日本にも当てはまる不安ではないのか。とりわけ興味深いのは「パン屋でパンを買うこと」が、家族の意味を変えたという指摘だ。たぶん、アメリカ人が家庭の幸福を直感する手がかりは、自家製の焼きたての香ばしいパンを食べられることにあったと推測される。ちょうど、われわれ日本人が炊きたての飯に、独特の思い入れを持つように。

ヤングが三〇年代に憂慮した事態が杞憂でないことを実証する報告が『なぜひとりで食べるの――食生活が子どもを変える』（足立己幸・NHK「おはよう広場」班、日本放送出版協会、一九八三）である。

タイトルが暗示しているように、子供が「一人」または「子供だけ」で食事をしている比率が、朝食で三八・四％、夕食で一六・七％という見逃せない数値を示している。本書の国際比較データによると、朝食でアメリカは六八％、韓国は三七％だ。ところが夕食になると、ガラリ様子が変わる。「家族全員で食事」する比率は、日本が四一％なのに対して、韓国は実に七八％、アメリカでさえも五七％と、日本よりかなり高率だ。

また「家族全員で夕食する」のは、週平均で日本三・四回、アメリカ五・四回、韓国六・一回。ここにも日本の子供の〈孤食化〉傾向が目立つ。

一九九九年七月二日、NHKは前回と同様、足立教授の研究室の協力により、同じテーマで再調査を実施し、その結果をスペシャル番組として放送した。

結論的にいえば、子供の〈孤食化〉傾向は一段と加速している。朝食では「一人だけ」が八％増え四六％、夕食では「家族全員での食事」が八％減の三三％になった。

また今回の調査では、子供に「誰と一緒に食べたいですか」と質問している。「家族全員」が朝食で五七％、夕食で七七％。この数値を見る限り、子供は好んで〈孤食〉しているわけでもなさそうだ。

問題は、こうした〈孤食〉化が、子供にどう影響するかだ。NHKの八三年調査では、この点についても分析している。

「だるい」「風邪を引きやすい」「よく眠れない」「よく頭痛がする」などは孤食の子供に特徴的症状で、これらは単に身体的な異常にとどまるものではなく、精神の異常を物語っているとみられる。

福岡教育大学教授で思春期病の治療に携わっている森崇医師は、前述の自覚症状は鬱病的傾向を示すものでもあると指摘している。一言でいえば、子供たちの〈生き甲斐のなさ〉を示しているとの診断だ。また森医師はこう語っている。「子供の生き甲斐は、親の愛情を感じることから生まれるのです。そして、子供が愛情を感じる大きな場の一つが食卓なのです……」と（前掲『なぜひとりで食べるの』）。

子供の〈孤食化〉を促進する条件は、数多くある。夫婦共働き、遠距離通勤、塾通い、食生活のコンビニ（手抜き）化、学校給食……。この傾向を止める術もないままに、若い世代の心は静かに蝕まれてゆく。

ヤングの不安は、半世紀後に日本社会で現実となった。私の世代が経験した大学生活は、物質的には限りなく貧しかった。しかし、弁当箱から親の愛情を「心の栄養」として吸収できた。そうした意味からいえば、五〇年代の日本は、今日の日本よりはるかに豊かだったのかもしれない。

# 8 不満と不安

「一生懸命に会社のために働いてきたのに、リストラで馘《くび》かもしれない」「堅実な会社に入れても、家をテポドンに直撃されたら」「幸せな結婚をしても、通り魔に刺されたら」……。

この世の中は、さまざまな〈不安〉が溢れている。それとは別に〈不満〉もある。

私はここ一〇数年、自分が担当する大学での演習に「現代社会の文化と人間」という大まかなテーマを指定してきた。それは私の演習を履修する学生が三、四年生であって、学問の基礎知識よりも専攻科学から現実をどう分析して、どう解釈していくか、そういった一種の応用能力を鍛えてほしいという気持ちがあったからに他ならない。

最近になって気づいたことは、学生が問題意識を持って研究・発表するテーマが、このところ大きく変化したことだ。一言でいえば、その変化とは「現在の不満より、将来の不安」に強い関心を持つようになってきたことだ。

手元の演習手帳を開いて、ここ数年、多く取り上げられたテーマを拾ってみると、「年金制度」「老人介護」「安楽死・尊厳死」「リストラ」「転職」……。彼らの前途の〈不安〉を裏書きするような問題が繰り返し発表されている。

一九九〇年代の初め頃は、「少年犯罪」「土地問題とマイホーム」「新宗教」「自己開発」「教育問題」など、彼らの身のまわりで、「いま」起きていることがテーマの主流だった。

こうした傾向を指摘して「二〇歳やそこらの君たちが、はるか将来の老後のことや、中高年の生活問題ばかりに関心を持つのはおかしいとは思わないか」と質問すると、彼らの多くは「今がいくら良くても、先の見通しがはっきりしないと、人生楽しくありません」などと、もっともなことを言う。

若者——とは限らないが——にみられる〈将来への漠然とした不安〉の気持ちが、私のゼミの学生だけの特殊現象なのかどうか。これを検証するため、最近の意識調査のデータを調べてみた。すると、これがかなり一般性のある現象であることがわかった。

『国民生活白書』(平成10年版)は「団塊世代」の抱える不安と希望に焦点を当てて、いわば現代日本が抱え込んでいる〈不安〉の総合分析といった趣がある。この白書から二、三のデータを拾ってみよう。

(1)二〇—三九歳までの層(2)四〇歳代以上の層、この二つの年齢層の不安感は、ここ数年その差が少なくなってきていることがわかる。

たとえば、「今後、雇用環境が悪くなる」と考えている者の比率は、九二年の時点で(1)で三八・二%、(2)では五三・二%だった。これが九八年になると、(1)七〇・九%(2)七六・九%と近接している。また「老後の生活が不安」と感じる比率は、八六年の時点で、(1)一八・四%(2)三一・七%だったが、九八年には(1)四五・七%(2)五八・六%。二つの世代には似たような増加傾向が見られる。

これらのデータと関連性のある、調査結果をもう一つあげておこう。総務庁が行なった『世界青年意識調査』(一九九三年)によれば、年老いた親の扶養について「どんなことをしても養う」と答えた日本の青年は二二・六%、「自分の生活力に応じて養う」六五・六%だった。

国際的に見ても、日本の青年のこうした意識はかなり異色のものだ。

たとえば「どんなことをしても養う」と答えた青年は、フィリピンが最も高率で八〇・七%、次いで韓国が六六・七％。「韓国は儒教の国だから……」と理解する向きもあろうが、フランス五八・八％、アメリカ六二・七％、イギリス四五・九％などの数値を見ると、日本が群を抜いて低率であることは明らかだ。

この調査結果が発表された時、さすがに唖然とした日本人も多かったが、「生活力に応じて」でも養う気があるだけマシという指摘もあったと記憶している。

私の解釈では、おそらくこの態度は今の若者たちが自分の親に対して「生活力に応じて養う」と考えているというよりは、〈自分の老後についての予見〉の方が多分に含まれている。なぜかといえば、ゼミでの発表を聞いていると、今の学生たちは、彼らの老後を自分の子供に託すことにまったく期待していないことがよくわかる。もっとも「期待している」と語るのは、少々惨めな気持ちになるのかもしれないが……。

心理学的に見れば、〈不満〉も〈不安〉も、ある種の欲求不満状態に置かれている点では共通している。しかし〈不満〉の場合には「何がどうなれば解消されるか」が、ある程度はっきりしている。したがって〈不満〉に基づく行動には、方向性と計画性が見られるのが普通である。それとは違って、〈不安〉とは原因がはっきりしないか、仮にわかっていても、どうすればよいか、その対応に迷うような場合をいう。〈不安〉は「漠然とした緊張と苛立ち」として意識される。だから、その行動は「落ち着きに欠ける」「いき当たりばったり」などいわゆるランダム行動となる。

人間の成長過程でいち早くみられるのは「不安行動」である。「不満行動」はむしろかなり成長してから発生し、〈反抗期〉がそれに当たる。

精神人類学者の藤岡喜愛によると、新生児の発達初期には〈三ヵ月の微笑と八ヵ月の不安〉という明瞭な行動が見られる。これは文化の違いを超えた人類共通の現象だという。そして、この行動に大人、とくに母親がどう反応するかが、成人後の人間性を決定づけると指摘する。

藤岡によると、〈八ヵ月の不安〉に陥っている新生児が、母親不在の状態のまま放置され続けると、新生児独特の鬱状態に陥る。そして、この子供には成長した後も、引き摺《ず》り続ける、特徴的な情緒障害が発生する。感情的に冷淡で他人への共感に乏しいとか、情緒が不安定で自信に欠け、自己防衛に懸命となるばかりでなく、他人に過度の愛情を要求したり、他人に対して強いうらみ心を持つ性格などが定着するとみられている（『イメージと人間――精神人類学の視野』ＮＨＫブックス、一九七四）。

藤岡が指摘した情緒障害による特徴的な性格、それは《自己偏愛症候群》とでも名づけられようが、現代社会で異常繁殖しつつある性格であるように思える。その有力な原因の一つは、〈子育てストレス〉からの〈不満〉解消に走る母親によってもたらされる新生児の〈不安〉にある。

新生児の段階で経験した〈不安〉が深い心の傷――いわゆるトラウマ――を残す、という事実は見逃せない重要な問題である。しかし、それ以上に、それ以後の成長段階で直面する諸々の〈不安〉がどんな特徴的行動を生み出すかが重大だ。

かつてＳ・フロイトは、人間が〈不安〉に陥ると、どのような精神症状を示すかについて詳しい分析を試みた。彼は、その主な症状として、（1）退行現象（2）説明不能な恐慌状態――いわゆるヒステリー――（3）反動形成、の三点を指摘した。

〈退行現象〉とは、現実の成長段階よりも、はるかに低年令の精神状態に逆戻りすることで〈不安〉をやわらげようとする現象をいう。最もポピュラーな事例は、泥酔してさまざまな破廉恥行動に走るケースだ。もっとも最近は、泥酔もしないで猥褻行為を働いて検挙される立派な社会人も目立つが……。さらに女子高生が何かにつけて「カワイイー」を連発するのも、明らかに〈退行現象〉の一種だろう。

昔から「愚民政策」として「三Ｓ政策」と呼ばれるものがあった。セックス、スポーツ、スキャンダルの三つに国民の関心を集中させることで、社会不安を忘れさせようという政策である。まさに〈社会的退行〉というべきだろう。今の日本は、意図してかどうかは不明だが、この〈社会的退行〉に拍車がかかっているように思えてならない。

「ヒステリー」については、いわゆる「キレる」現象として大小さまざまな事件の火種となっていることは説明するまでもない。

〈反動形成〉とは、ある感情を持ち続けることが不安で、同じ対象に今まで持ち続けた感情とは逆の感情を持とうとする現象をいう。たとえば、結婚を意識して交際している彼・彼女の人格が次第に嫌いになっても、別れたら他の結婚相手が見つからないかもしれないという不安を持っていると、「いま嫌っているのは嘘で、本当は好きなんだ」と思い込もうとする現象だ。

〈不安〉に囚われるのは、個人にとっても社会にとっても、決して愉快なことではないし、生産的な結果には繋がらない。

〈不安〉を解消する最善の策があるとすれば、〈不安〉を〈不満〉に転換すること以外にない。〈不安〉をもたらしている原因を突き止め、どうすればそれを取り除くことが可能かを現実的に考え、その実現に向かって努力する。これしかあるまい。

とはいえ、この方策は、個人についてはある程度可能であっても、社会的対応となると絶望的といえるほど困難だ。一例をあげれば、「テポドン飛来」の〈不安〉である。それを解消するためには、日本もテポドンと同等、あるいはそれ以上の自衛力を備える以外に良い方法はないように素人考えでは思える。ところが「専守防衛」とやらで、空中給油機の導入もままならないそうだ。こんな国では、なす術もない。天を仰いでひたすら事なきを祈るか、「噴火山上の饗宴」に現《うつつ》を抜かすということになるのだろう。

# 9 準拠集団

人は何を「拠り所」として、価値判断を下し、また折に触れて幸福度を判断するのだろうか。そして最終的には、自尊心を何によって支えているのだろうか。この一見ひどく哲学的な疑問について、社会心理学は《準拠集団（Reference Group）》という概念で説明している。

H・H・ハイマンは一九四二年に出版した著書の中で、「人は自分の地位（自尊心）を、関係する周囲の人との比較できめている」と説明している。たとえば、「同級生の誰それと比べるとマシな方――あるいは肩身が狭い――」といった意識、有名人や権力者とのかかわりあいを強調して自分を偉く見せようという態度。これらはいずれも、その人間がある関係集団をイメージしていることを物語っている、と指摘している（H.H.Hyman, *The Psychology of Status*. 1942.『地位の心理学』舘逸雄監訳、巌松堂出版、一九九二）。

その一〇年後、H・H・ケリーは、ハイマンの指摘したことは《準拠集団》の〈比較的機能〉とみられるもので、もう一つ〈規範的機能〉があることを指摘した。多くの人は価値判断に迷った場合、意識するかどうかは別にして、ある集団にみられる価値基準にしたがって、自分の行動を決定する。このような影響力を持った集団が《準拠集団》であり、そのような機能を〈規範的機能〉と呼んだ。

このような《準拠集団》は必ずしも自分が所属する集団とは限らない。たとえば、マンションをいま買った方が得か損かを判断する上で、自分の生活とは無関係な新聞社の経済情報に頼ることがある。

自分が所属してもいない集団が、なぜ《準拠集団》として多くの人々に影響を与え、行動にまで踏み切らせるのか。

この点について、M・シェリフは二つの理由をあげている。一つは、現代社会には多様な価値観と多種類の商品・サービスが溢れ、現代人はその選択に迷わざるをえない。そういった迷いを解消する〝道標〟がまさに《準拠集団》なのだ。

もう一つの理由は、現代社会は階層移動が自由な社会だという点にある。言い換えれば、中世社会のように生まれながらの階層や場所に縛りつけられないで、努力すれば自分が望む生活をする可能性が開かれている。問題は、それを実現するノウハウであり、動機づけである。シェリフはこの点についても、《準拠集団》は重要な機能を果たしているとみた。彼は「個人の行動基準や野望は、彼が自分を関係づける準拠集団に左右されることは明白な事実である」と指摘している（M.Sherif, *An Outline of Social Psychology*.1948）。

《準拠集団》とは、その機能を要約して考えると、「憧れの集団」としての意味合いが濃い。たとえば、今はメンバーシップを持たなくとも、いつかは受け入れられたい集団として「憧れ」を持ち、それ故にその集団の独特の雰囲気、主義・主張が、ある個人の意識や行動に強い影響力を持つ。そうした集団が、まさに《準拠集団》なのだ。

第二次大戦中、アメリカ陸軍は社会学者と社会心理学者による研究チームを動員して、大がかりなアメリカ軍人の実態調査を実施した。

その成果は、一九四九年から五〇年にかけて膨大な研究報告として出版され、社会学者R・K・マートンはこの報告書にみられるデータを分析し、理論化を試みた。彼は、士官の価値観や生活スタイルを積極的に受け入れる下士官は、そうでない下士官よりも早く士官に昇進している事実に注目し、これを《予測的社会化》と呼んだ。

つまり、現在の自分より上の階層に《準拠集団》を強く意識し、あらかじめその階層に昇進した時の準備をしている人間は、出世が早いというわけだ。ただ、そういう人間は、同僚や部下とのつき合いはうまくいかないことも彼は指摘している。

このような問題はあるにせよ、《予測的社会化》と呼ばれる現象が個人の生活態度に一本筋を通す機能を果たしていることは否定できない。

私も中学生の時、海軍兵学校に熱烈に憧れ、合格しようと受験準備に夢中となった時期があった。愚かにも自分が肺疾患で、まったく水泳が出来ないことも忘れ、将来の海軍士官を夢見て、生活態度をそれに近づけようと突っ張っていたのだから、お笑いぐさである。中学時代の「憧れ集団」は日本の敗戦で消滅した。しかし、それを意識して勉強し生活したことは後の進学に当たって、いい後遺症を残してくれたと思っている。

人間の生き方の大半は、自分の「憧れ集団」をどこに求め、そこでのメンバーシップを獲得するために、どれだけ、《予測的社会化》に努力するかで決まるといっても過言ではない。

次にあげる鹿児島の小学四年生の作文には、そういった生き方の典型とでもいうべき心情が綴られている。

「僕は大きくなったら、国のために役に立つ一人前の軍人となるのだ。そして父母に恩返しをするつもりだ……第一に幼年学校に入るためには、一中か二中かに通らねばならぬ。然し一中は県下でも一番むづかしい所である。それで一中に合格するためには今からうんと勉強せねばならぬ。ただ一日だけではだめだ。いまから六年を卒業するまで、うんとやろう。第二に一中に見事合格出来たら次は幼年学校だ……第三に見事幼年学校に合格出来たら、いつも何くそと奥歯をかみしめて、うんと勉強して人よりも立派な成績をとろう。第一、第二、第三となんぎを通り抜けて、やがては大将元帥かと思ふとうれしくてたまらないのである」(鹿

児島尋常小学校『我等の学園』一二二号)。

この作文が書かれたのは一九三五(昭和一〇)年であった。今の大人がこの作文を読めば、軍国少年の洗脳された哀れな姿として受け止めることだろう。私もそういった感想をもった一人であった。

しかし、それ以上に感心したのは「憧れの対象」を意識した少年の持つ未来展望の鮮やかさである。まさに「少年よ、大志を抱け」である。

今日の青少年をおおう不幸の一つは、彼らのほとんどが、はっきりした「憧れ集団」を持てないままに、目先の努力を強いられることにあるのではないか。

《準拠集団》は必ずしも所属集団でなくとも構わないわけだが、この二つの集団が重なり合う可能性を持っていることが望ましいとされる。

第一に、それにより個人は現実的に「やる気」を出す。第二には、組織の連帯性と生産性を高めることができる、と見られている。わかりやすく言えば、憧れの職場で安心して働ける方が、そうでない場合より「やる気」も愛社精神もはるかに高まるのだ。

いまさら何でそんな当たり前のことを言うのかと思われるかもしれない。しかし、多くの日本企業は今日、「労働力の流動化だ」「企業のグローバリゼーションだ」などと叫んで、終身雇用や年功序列制など日本型雇用制度を廃棄する方向に動きはじめている。それによって得られるもの、失われるものは何か。《準拠集団》理論の立場から考え直したらどうだろう。

# 10 ルサンチマンの社会心理

このところ東京・池袋と下関市で、立て続けに二件の通り魔殺人事件が発生し人々を慄然とさせた。どちらも特定の人間を狙った計画的な殺人事件ではなく、不特定多数の人々を対象とする突発的な殺人行為であることが、不気味でもあり、深刻な不安を掻き立てた。

もっとも、この種の動機不明の無差別殺人事件は、今回が初めてではない。アメリカでは銃器や爆薬を用いた大量殺人が頻発しているから「一種の文明病」の趣すらうかがえる。

最近、電車の中吊り広告を眺めていて気がついたのだが、「リベンジ」という言葉がやたらと週刊誌に使われている。たとえば、「サッチーのリベンジの始まりか?」あるいは「女教師のリベンジ」……。「復讐」という立派な日本語がある。それなのに、なぜ使わないのかと不思議な気もするが、たぶん「復讐」と書いたら表現が深刻すぎるということで、リベンジという横文字を選んだのだろう。リベンジの風潮に乗ってか、「リベンジ・パブ」なるものがあることをテレビで知った。何でも店内に藁人形を飾り客にうらんでいる人間の名前をかかせ、五寸釘を自由に打ち込ませるサービスを提供しているとか。

不特定多数者に無差別的犯行をする人間を、社会心理学的に分析すると〈ルサンチマン〉と呼ばれる概念が動機としてクローズアップされてくる。

この概念は目新しいものではない。F・W・ニーチェが『道徳の系譜』(木場深定訳、岩波文庫、一九六四)で独自の解釈を展開したことで注目された。

ニーチェは、キリスト教道徳の中心的徳目である「愛」「弱者に対する神の救済」「強者への屈伏と許し」などは、亡国の民にさせられたユダヤ民族が巧妙に仕組んだ復讐――精神の奴隷化――であると考えた。彼にいわせれば、キリスト教道徳とはユダヤ民族の〈ルサンチマン〉という幹から「ひろくその枝を張る勝ち誇った樹冠」なのである。

ニーチェが行なった痛烈なキリスト教道徳の欺瞞性批判は、〈ルサンチマン〉という言葉を強く印象づけたが、それにダメ押ししたのがM・シェーラーの考察だった。

彼によれば、〈ルサンチマン〉とは「特定の原因と特定の結果とを伴う一種の〈精神の自家中毒〉である」。その症状は復讐感情、復讐衝動、憎悪、敵意、嫉妬、猜疑心、陰険などの感情を際限なく自己増殖させる点にある。これらの感情のうち、最も強く個人を復讐行動へ駆り立てるのは、復讐衝動である。

しかし〈ルサンチマン〉としての復讐行動は、二つの特徴を持っている。

第一に、それは殴られたから、その場で殴り返すといった「即座の反撃行動」ではない。怒りやうらみは一定時間抑え込まれた後に、復讐として実行に移される。「ちょっと待ってろ、今にみてろ」というのが、この行動の特徴だ。第二に、こういった抑制は、いま反撃すれば必ず負けるだろうといった〝弱者の心理〟に根差している。また挫折経験の積み重ねによる〝無力感〟とも関連している。

シェーラーは〈ルサンチマン〉が蓄積されやすい社会的背景について、次のように指摘した（津田淳訳『ルサンチマン――愛憎の現象学と文化病理学』北望社、一九七二）。

「ちょうど我々の社会のように、政治的にも、その他の点でも、ほとんど平等な権利が認められていながら、つまり公に認められた形式的、社会的平等がありながら、実際には力、財、教育などの点で、極めて大きな不平等が存続しているような社会だ。

そこでは、誰でも自分をすべての人と比較する権利を持つが、それにもかかわらず「実際にはそうすることができない」のだ。こうしたところでは、一個人の性格や体験とはまったく無関係に、まさしく〈社会の構造〉そのものの故に〈ルサンチマン〉への強力な潜在性が培われることになるのは必定である」。

この記述の中に〈ルサンチマン〉を考える上での重要なヒントが隠されている。

第一に〈ルサンチマン〉とは、形式的平等と実質的不平等とが共存していることについて、無知と欺瞞が横行している社会が培っている一種の毒草であること。第二に、それが個人の有力な感情として〈自家中毒化〉する条件には、他人と自分とを何かにつけて比較し、無力感にさいなまれること。この二つである。

かつて『存在の耐えられない軽さ』というタイトルの小説があったと記憶している。〈ルサンチマン〉とは、まさにこのタイトルの通り、「自分の存在」の軽さに耐えられなくなった時、そんな軽い評価をした社会そのものへの無差別な復讐行動として暴発するものなのだろう。とくに、ある段階まで自己評価と他者評価がかなり高いレベルで一致していたのに、何らかの事情で他者評価が暴落すると〈ルサンチマン〉は「臨界反応」を引き起こす危険性を一気に高める。

池袋の通り魔事件の犯人も、下関駅の無差別殺人事件の犯人も、挫折体験によって一挙に〈存在の堪え難い軽さ〉を味わった共通点を持っている。思い起こせば、かのオウム真理教（現アーレフ）の犯罪も挫折歴を持った高学歴者たちの〈ルサンチマン〉を起爆剤としていた。

ここで注目しておく必要のある事実として、日本の若者は「自分本位（勝手）」でありながら、「まわりの目も気にする」という二重性格を持っている点がある。

ＮＨＫが一九八六年に発表した意識調査によると、若者の生き方として強く支持されているのは、「自分に忠実に生きる」で七八％だが、「まわりを気にしない」は三七％にすぎない（ＮＨＫ世論調査部編『日本の若者――その意識と行動』日本放送出版協会、一九八六）。要するに、格好良く自己演出して他者評価も高得点を勝ち取りたいということなのだろう。この計算が狂った時、かなり怖いことが起きる可能性があるということだ。

日本文化には『忠臣蔵』という超ロングラン・ドラマがある。それからすると、私たちの心にはひろく「リベンジ菌」が潜伏していると推測せざるをえない。私のように「落第点をつけるのも、大事な教育の一つだ」と、頑ななまでに実践してきた教師が今日まで、よくもまあ生き長らえてきたものだと、このごろ思う。もっとも、まったく泰平無事だったわけでもなかったが……。

ところで、一生のうち一度も挫折感や他人にうらみを持たないで生きてきた人間など、一人もいないに違いない。だとすれば〈ルサンチマン〉型犯罪が今日の程度の件数ですんでいるのは奇跡にちかい。

しかし、この種の犯罪が持つ突発性と無差別性を考えると、何らかの対策を怠るわけにはいかない。その一つとしては、〈ルサンチマン〉のエネルギーを、「仕返し」ではなく「見返し」に向けさせる教育があげられよう。思えば、昔の修身教育には実例つきの「見返し教育」という一面があったのだが……。

# 11 影を失くした男

「形影相伴う」とは最も安定した人間関係を表現する日本語だった。今でも言葉としては残っているが、そうした実像に出会うことが極めてまれな時代となってしまったような気がする。ここでいう〈影〉を、人間が普段、「居場所」として安心して寄りかかっていられる集団と解釈すれば、今日の日本では、かなり多くの人々が、「影を失くした生活」をしているのではないか。

A・シャミッソーの小説に『影を失くした男』（井汲越二訳、岩波文庫、一九三六）というのがある。粗筋は、こういうものだ。

ある男が、金持ちのパーティに行くと、「灰色の上着の男」と出会う。そこで、その男はポケットから望まれるものを何でも即座に取り出す。その男は彼に、いくらでもカネが出てくる財布と、あなたの〈影〉とを交換しないかと持ちかけた。それを承諾すると、地面に落ちている影を頭からくるくると巻いて立ち去ってしまった。

それで彼は大金持ちになるが、影がないというだけで恋愛にも失敗し社会からも相手にされず、いまさらながら影を失ったことを心から後悔する。

必死になって「灰色の上着の男」を探し、やっと一年後に出会う。が、その男は、死んだら魂を譲るという契約書にサインしなければ、影は返せないという。それで彼は自分の影を諦め、代わりに影を売ってくれそうな人を探し続けたが、望みを果たせぬままに一生を終える。

この小説は一八一四年にドイツで出版されると大好評でついにはヨーロッパ各国語に翻訳されたという。訳者・井汲越二の解説によれば、シャミッソーはフランスの貴族階級の出身で、フランス革命の難を逃れて一家でプロシアへ移住した。それ以後「二重国籍者」としての複雑な生き方を余儀なくされた。最終的にはプロシアの科学アカデミー会員として、名誉ある地位に就くのだが、終生「二重国籍者」としてのこだわりを棄てきれなかったという。

文学作品としてみれば、さしてレベルが高いとも思えない小説『影を失くした男』が、大きな反響を呼んだのは、法的にも心理的にも「二重国籍者」が多かった一九世紀のヨーロッパが舞台だったことを考えれば納得がいく。

日本社会には、幸か不幸か、法的にも心理的にも「二重国籍」に悩む人間はごく少数だろう。しかし一つの国籍の人の〈影〉を、「人間が普段、居場所として安心して寄りかかっていられる集団」と解釈すると、どうだろう。

「プチ家出」とか称して、転々と友達の家を泊まり歩いて帰宅したがらない女子高生、帰宅拒否症に陥った中年サラリーマン、フリーター生活をあてどなく続ける若者たち……。これらの人々は、自分の〈影〉を失いかけている。現代の日本では、何らかの理由で、居心地が良く安心できる集団への所属性を持てない人間がジワジワと増えているということなのだろう。しかも若者たちは、自分の〈影〉が薄れつつあることを、深刻に悩む様子もみられないようだ。

最近、ＮＨＫが報じたところでは、大学卒業の就職者の三二％は三年以内に退職する。また高卒の若者で進学も就職もしないでぶらぶらしている者がここ数年、急増している。

もちろん、このような傾向の背景に、最近の不況、雇用情勢の悪化と、「不本意就職」の増大という社会的背景のあることは無視できない。しかし、学生の話を聞いていると、なんとなく集団所属への意欲に欠け、一種の拒否反応すら伝わってくる。彼らにとっては、家族も職場も、文字通り「影の薄い存在」であって、強いこだわりの対象ではないようだ。

W・R・ビオンというイギリスの精神医学者は、精神病患者に集団療法を行ないながら、「人間にとって集団とはいかなる意味を持った存在か」について独自の理論をつくりあげた。

ビオンによると、集団生活を共にしている人々の間には、口に出して確かめなくとも暗黙の仮定となっている三つの意識が作用している。

それは（1）この集団の人々は、自分の仲間だという〈結合仮定〉（2）この集団の人々は自分の相談に乗ってくれ、問題解決を助けてくれるという〈依存仮定〉（3）この集団の人々は、イザという時に自分を見捨てたりはしないだろうという〈闘争・逃避仮定〉。以上の三つだ。

これらの意識がいきわたり、安定した集団生活が維持されている状態を、彼は「基礎集団（basic group）」と呼んだ。しかし、集団は「基礎集団」だけでは長続きしない。必ず「何かをやろう（to do something）」という意識が生まれ、集団活動が始まる。この状態を彼は「作業集団(work group)」と呼んだ。「基礎集団」と「作業集団」とが調和した形で機能することが理想的なわけだが、現実はなかなかそうはいかない。仲間でゲームをするとおうおうにして過熱化して喧嘩が始まるケースはよく見られる。また、勉強を強制することが親子関係をこじらせるのも、日常的現象といえる。

ビオンによると、「作業集団」の次元では合理的な利害意識が活性化するため、ややもすると「基礎集団」を支えている三つの仮定にヒビ割れが生じる。したがって、それを早めに修復しないと、集団のみならず、そのメンバーの心理状態も不安定にし、場合によっては異常心理に陥る（対馬忠訳『グループ・アプローチ』

サイマル出版会、一九七三）。

現代日本でひそかに増殖しはじめている「影を失くした人々」の多くは、自覚症状を持たないようだ。見方によっては、それは自由で幸せな状態といえるかもしれない。しかし、その背後で、人々の生活基盤をなす「基礎集団」と「作業集団」という活断層のズレが進行しているとしたら、事は深刻ではないか。

こういった事態を懸念させる兆候は日々のマスコミ報道によって、うんざりするほど提供されている。とくに注目されるのは最近の人口統計に表れた日本社会の離婚率上昇傾向だろう。

日本の離婚率は、先進諸国の中では比較的に低率を維持してきたが、一九九〇年代に入るとグングンと上昇しはじめる。七〇年では一〇〇〇人につき〇・九三の離婚率だったが、八〇年には一・二二、九〇年には一・二八、九七年には一・七八と、一貫して上昇カーブを描いている（厚生省『人口動態統計98』）。

誤解のないようにつけ加えておくと、私は別に離婚が良いとも悪いとも考えているわけではない。ただ、離婚率の上昇という現象は、〈人間における基礎集団の脆弱化〉を示す有力な兆候として注目に値すると捉えたい。そして、そこから派生する人間心理の荒廃と絶望を懸念する。

かつて日本社会の至る所に、〈共同体強制〉が機能していた頃、日本人の多くは二重、三重にさまざまな影を背負い込まされて生活していた。そのような時代を経験した世代の一人としては、〈影〉を失くして生きられるのも悪くはないという想いもある。

しかし、私のような年寄りは仕方がないにせよ、前途豊かな若者や働き盛りの中高年が次第に〈影の薄い存在〉として、その数を増していくのは許せない。その行き着く先は「日本社会のオール・ホームレス化」に繋がりかねないからだ。

シャミッソーは『影を失くした男』が評判になった後、しばしば「影とは何か」を問われた。それに対して彼は、はっきりした答えをせず「この個体のことを、よく考えなさい」と語るだけだったという。「個体」を意味するフランス語「le solide」には、「固く身についたもの」という意味もある。彼が言おうとしたことは、「忘れられない祖国フランス」だったのかもしれない。人は普段、なきに等しい〈影〉を引き摺《ず》って生きている。その〈影〉を個体として意識するのは、いつ、何に対してか。考えてみるのも無駄ではない。

# 12 世代交替——別種日本人の誕生か

二一世紀を目前にした今、〈世代〉について少しばかり考えてみたい。それというのも、欧米では「一世紀三世代」という通念があり、世紀末の時期とは、古い世代と新しい世代とが歴史の流れの中で、どのような役割を果たしてきたか、またどのような役割を果たすことが期待されるか。問い直す節日とみなされているからだ。「一世紀三世代」とは、一世代は約三〇年という計算になる。なぜ三〇年をもって一世代とするかについては、いくつかの説がある。

第一に、人間が生まれてから、親の仕事を受け継ぐのに大体三〇年ぐらいはかかるという説。第二に、親の仕事を受け継いでそれを子供に譲るのが三〇年で、そこに世代交替がなされるという説。第三に、人間が自分の子供を持てるようになるのが三〇年という説。これら伝統的な説明は、「人生の重要な区切りとしての〈世代〉」の特徴づけはしているが、「社会変動の要因としての〈世代〉」という観点はみられない。

しかし、われわれが今日、〈世代〉という言葉にこだわるのは個人的な人生の節目だからというよりは、社会的な意味合いの方がはるかに強い。「近頃の若いものは……」という人類の歴史始まって以来の年寄りの嘆き。これは、決して自分の子供に特定した嘆きではない。「若い世代との断絶」を意識した時の呟きだ。だがこの嘆きも、社会の規範構造が揺るぎなく維持されている時代には、さして深刻な意味を持たない。

ドイツの作家、ハンス・カロッサは自伝的作品の中で、第一次世界大戦下の青春を次のように表現している。

「現に我々は生年を同じくするもの全てに対して、一種の共感を持っているのではないか……私の敵すら、やはり私に属する」（高橋義孝訳『指導と信従』新潮文庫、一九五三）。

不幸なことに、〈世代〉という言葉は常に戦争や動乱、また大不況や大災害といった時代の暗黒を背景としてクッキリと浮き立つ性質を持っている。思いつくままに並べてみると、「アプレゲール」「わだつみ世代」「焼け跡世代」「全共闘世代」……。これらの〈世代〉に属すると意識する者にとっては、カロッサのように同時代者たちに強い共属感を覚えざるをえないだろう。

ドイツの社会学者K・マンハイムは、世代という現象には三つの側面があることを指摘した。すなわち、（1）世代の状況＝ある時代に共通の年令層がさまざまな割合で存在している状態（2）世代の関連＝共通の年令層が、ある歴史的出来事に運命としてかかわること（3）世代の統一＝世代が共通の行動主体として、その存在を社会に浮き上がらせること。

マンハイムは、〈世代の状況〉はいつの時代にも一定割合の年令階層として社会に存在しているが、それは必ずしも〈世代として結晶化〉するわけではないという。〈世代の状況〉から、〈実体としての世代〉が浮き上がってくるためには、「運命を決するような大事件」に遭遇し、共通の年齢層が共通のかかわりをさせられる事実を必要条件とするとマンハイムは考えた（鈴木広・田野崎昭夫訳『世代・競争』誠信書房、一九五八）。

マンハイムの世代論を受けて、清水幾太郎は戦後まもなくユニークな世代論を展開したが、そこには次のような鋭い考察がなされている（『現代文明論』岩波書店、一九五三）。

「非難を受けている間、新しい世代は、まだ、何らかの程度で、その新しさを保持しているのであって、それが称賛の言葉に変じた時、新しい世代の新しさは大部分、空しくなっていると考えて間違いない」。

清水は、この指摘が導きだされてくる文脈のなかで、新しい世代（青年）が主に「馬力」という資格を持って社会に参入してくる限り、古い世代は安心して彼らを受け入れ、時には称賛を惜しまない、と考えている。こういった発想にピッタリ当てはまる事実として、太平洋戦争のさなかに、連合艦隊司令長官の山本五十六大将が知人に宛てた書簡の中で、「近頃の若い者など、構えて申すまじく……」と綴っていた事実が思い出される。

最近、さまざまな事件報道を見たり聞いたりしていると、日本人が〝別の人種〟に変貌したのではないかという感想を抱かざるをえない。たとえば、東海村放射能漏れ事故にしても、その原因となった杜撰《ずさん》極まる作業の在り方は、何か一昔前の勤労者とは異質の日本人がかかわっていたような印象がある。そういえば、ある外国人記者も「こんな事故は一五年前の日本では考えられないこと」という感想を述べていた。また、神奈川県警を筆頭に続出する警察官の不祥事にしても、その当事者の年令や階級を見るにつけ、それにふさわしい分別や自制心が見事に欠落しているのに、ただあきれるのみである。ここでもまた、日本人は何か変わったとの感を禁じえない。

一九八〇年代、さまざまな意識調査の結果の解釈をめぐって、研究者の間でよく議論された問題があった。それは、「一〇、二〇歳代にみられる意識の特徴は、彼らが四〇、五〇歳代になった時、今の四〇、五〇歳代と同じになるか」という問題だった。

「同じになる」と考える者は、意識の変化は年令の成熟によって同じパターンをとると解釈する立場で、これは「年代論」と呼ばれる。それに対して、若者の時に内面化したある種の価値観は、年令の差を越えて持ち越されるはずだと主張する立場がある。これは「世代論」と呼ばれる。それぞれの主張は決め手のないままに、いつしか論争は下火となってしまった。

しかしNHK世論調査部が七三年から八八年まで一五年間の意識調査のデータに基づき、戦後意識の構造を分析したところ、いくつかの年齢差を越えて持続する価値観があることが発見された。

その主なものとしては、（1）男女関係を中核とした〈平等志向〉（2）人間関係における〈情緒志向〉の拡大（3）私生活優先と、それに伴う職場・近隣・親戚などとのかかわりあいの稀薄化。以上の指摘がなされている（『現代日本人の意識構造［第三版］』NHKブックス、一九九一）。

この分析が正確だとすれば、現代日本には「巨大な戦後世代」が唯一存在するのみで、わずかな比率で戦前世代が、まるでおまけのようにこびりついている、ということになる。たとえて言えば、いくつかの世代の節目を持った一本の竹のような世代構造ではない。ビニールパイプのような世代構造と見ることもできよう。これは戦後五〇年、世代の節目を形づくる戦争や大パニックもないまま、穏やかに時間が経過した賜物として、ありがたく受け止めるべきなのだろうか。

日本が高度成長の道をひた走りしていた七〇年代のこと、私はある経営者団体の依頼で、さまざまな企業の管理職研修の講師を務め、その合宿にもつきあった。そこで印象的だったのは、研修終了のセレモニーとして参加者全員が「同期の桜」を合唱する姿だった。

四〇歳前後のオジさんたちが肩を組んで「貴様と俺とは同期の桜……」と歌ううちに、いつしか涙声になり、歌えなくなる。そしてしばらくすると、全員が手を握り合い「頑張ろう、また会おう」と叫んで解散するのだ。同様のことは、企業の違いを越えて共通するパターンだったと記憶している。

見方によっては、泥臭い連帯感の表現かもしれないが、そこにはたしかに一つの世代が存在していた。そして、この「世代の統一」が、経済大国日本の基礎固めに貢献したことは、疑う余地のない事実だ。

あの「同期の桜」たちは今、大部分が現役を退いてそれぞれの余生を過ごしていることだろう。ビニールパイプのような巨大な世代は、二一世紀の日本にどんな貢献をしてくれるのか、刮目して見守りたい。

# 13 リーダーシップ

これからの時代、社会生活のあらゆる場面で、その必要性が強く意識される機能の一つとして〈リーダーシップ〉があげられよう。それというのも、バブルが弾けて以来、日本社会は一種の〈リーダーシップ〉の機能不全の状態に陥っているからだ。

企業経営者、高級官僚などの相次ぐモラルハザードは次から次へと、うんざりするほど報道され、国民は不感症になりつつある。一国の最高指導者をマスコミが「真空総理」と命名するに至っては、もはや何をかいわんやである。かくて、「真の指導者」を待望する、声にならない声が野に満ちていると思えるのだが、これは僻目《ひがめ》というものだろうか。ともあれ〈リーダーシップ〉という外来語はすっかり日本語化している。

アメリカの社会心理学者、C・A・ギッブによれば、一八九六年頃の国会図書館には〈リーダーシップ〉に関する本が一冊もなかったという。そうだとすると、この言葉は何らかの歴史的背景と結びついて使われはじめたと見てよい。

〈リーダーシップ〉研究の流れを追っていくと、一九三〇年代前後から研究が活気を呈しはじめることに気づく。その口火になったのは、産業社会学の分野で革命的ともいえる一つの実験――ホーソン工場の実験――だった。

この実験は一九二四年にシカゴ郊外の電話機製造会社ウェスタン・エレクトリックで開始された。ハーバード大学経営学部のスタッフが中心になって進められ三一年に終了する。その報告書は不況の真っ只中にあったアメリカの産業界に大きな衝撃を与えた。

報告書には、「労働者は自分の仕事に誇りを持ち、職場の人間関係が快適な場合、少々労働条件が悪くとも高い生産性を維持し続ける」という事実が実証されていた。このことは、労働者の怠業と、それを防止するための管理システムに悩み続けた経営者はに大きな福音だった。

スイスのジャーナリスト、R・ユンクは、「(この実験が)アメリカにおける〝社会的な気候〟を決定的に一変させた」との結論を下し、当時の新聞が「労働者の賃金を上げないで、自我感情を上げろ」という見出しを掲げた事実を指摘している(菊盛英夫訳『未来は既に始まった』文藝春秋社、一九五四)。労働者を働かせるために、飴と鞭との使い分けをしないでも、その人間性を尊重すれば会社の方針に「自発的に協力」し、生産性が高まっていくという。こうした人事管理の方針は、後に《人間関係論的管理方式》として体系化される。同時にそれは〈リーダーシップ〉研究に火をつけることにもなった。

もう一つ見逃せない歴史的背景として、第二次世界大戦がある。日独伊三国の独裁体制と英米仏の民主体制とが対決する構図が、〈リーダーシップ〉現象に改めて光を当てることになった。

K・レビン、R・リピットらのグループダイナミックス学派の研究者は、一九三八年頃から精力的に実験を重ね、権威主義的(独裁的)指導よりも民主的指導の方が集団の連帯性、満足度、安定した生産性などの面ですべて勝っていることを実証した。

第二次大戦における民主国家の勝利は、民主的リーダーシップの勝利として〈指導＝リーダーシップ〉という固定観念を広めることにもなった。現実には、かなり独裁的要素を持たない限り、組織は能率的に動かないのだが、そういった実情も承知の上で、今は〈リーダーシップ〉という言葉が市民権を得て通用するようになっている。この概念に含まれている本来の意味を指摘しておくのも無駄ではないと思う。

〈リーダーシップ〉とは、(1) 指導者が権力に頼ることなく、集団成員の自発的協力に基づいて目的を達成するように影響力を駆使することをいう (2) それは指導者が持つ〈カリスマ〉的性格を強調する概念ではなく、集団状況にあった指導行動をいう。したがって一定の訓練と学習により、誰でもリーダーシップ能力を持てるとされる (3)「支配」現象では支配者による「価値」の独占が不可欠だが、〈リーダーシップ〉では「価値の共有」が不可欠とされる (4)〈リーダーシップ〉の影響力は、組織原則に頼る――これをヘッドシップという――よりは、むしろ「お互いの顔が見える関係」の中で生まれる、と考えられている。

このような〈リーダーシップ〉の意味を考えると、その実効性を発揮させるためには、かなり事前に教育・訓練をしておくことが不可欠といえる。日本の企業や政党では意識的に次の指導者を育てる仕組みが弱く、なんとなく順送り人事や、上司個人への献身・サービスの程度で決まってしまうことが多い。

私は過去にさまざまな指導者研修の講師を務めたことがあるが、その際、必ず出席者に助言したことがある。

「自分が指導的地位についてから〈リーダーシップ〉の勉強を始める人が多いが、それでは手遅れである。自分が平社員の時が一番良い勉強の期間です。なぜなら、自分の上司という〝生きた教材〟と毎日顔を合わせているわけで、この教材を観察しながら、指導者のどのような態度が部下のやる気に繋がるか、逆にやる気を殺すか、そういった点を細かく記録しておけば、必ず優れた〈リーダーシップ〉を発揮できるはずです」。

しかし、この助言が生きるかどうかは、組織の風土（価値規範）に依存する。上司のやっていることが、たとえ人間として許せないことでも、組織によっては有能性の証明である場合も、ないとはいえないからだ。しかし〈リーダーシップ〉の本質が部下の自発的協力を引き出すことにある以上、「やる気を失わせる」上司の態度はどんな組織にあっても、絶対見習うべきではない。

アメリカの政治社会学者S・M・リプセットは、民主政治の安定性は政治的リーダーシップにおける〈正当性＝道義的な正しさ〉と〈能率性＝国民一般が望むことの実現度〉に依存するとみている（内山秀夫訳『政治のなかの人間』創元社、一九六三）。

「正当性」と「能率性」という〈リーダーシップ〉の条件は、政治の領域のみならず、あらゆる社会領域に当てはまる指導者の努力目標だろう。〈リーダーシップ〉の貧困が嘆かれるとすれば、この二つの条件のどちらか、あるいは二つとも満たされていないと考えてよい。

後援組織の利権を守るために担ぎ上げられた二世議員、社長への胡麻すりだけで出世した取締役……。今の日本では、いかに多くの社会領域で〈リーダーシップ〉の条件――「正当性」と「能率性」――に欠ける指導者が多く、〈リーダーシップ〉が機能不全に陥っているか、改めて認識させられる。

『国民生活白書』（一九九八年）によると、日本の大企業で最近の目立つ傾向として管理職の比率が増大する一方、管理職一人当たりの部下の数が減少の一途をたどっていることだ。部下を持たない管理職もかなりの数に上るとみられている。たとえば、五〇―五四歳の管理職比率は八二年には一〇・一％だったが、九七年には二〇・九％に増加している。

部下数も、大企業の場合、八〇年には部長クラスで四三・六人だったが、九七年には二六・七人に減った。課長クラスでも八〇年の一四・六人が、九七年には九・六人になった。このデータを見る限り、管理職を主たる対象とするリストラは起きるべくして起きたと思う。

しかし管理職を余剰人員として整理することばかりを考えないで、部下の数が減少したことを好機と捉え、じっくりと〈リーダーシップ〉の質を向上させる方向で管理職を活かすことを考えるべきではないか。それこそ人件費の無駄を省くという以上の経営利益を生むことに繋がると思うのだが……。

# 14 個人主義

二一世紀の日本は、これまでといかに変わっていくか。この点については、予想する人それぞれの専門的な見方によって違ったイメージが描かれる。社会心理学の眼で、これからの日本を展望すると〈個人主義社会〉とでもいうべき姿が浮かび上がってくる。

日本通のイギリス人社会学者、R・ドーアは〝個人主義における日本と欧米の違い〟を、次のようにコメントしている。

「近代資本主義が個人主義を土台にしている度合いという点において、イギリス人——いやイギリス人とアメリカ人というべきかもしれない——は、現在でも突出した存在である。そして、イギリス人やアメリカ人から最も遠く誰れた対極にあるのが日本人であろう。日本人の見解——少なくとも日本で支配的な見解——では、企業は、何にもまして人間共同体の性格を持つ。その所有者は、自己利益のためだけでなく、その共同体成員全員の最大利益のためにも行勤する義務を受け入れるべきだ、とされている」（加藤幹雄訳『21世紀は個人主義の時代か——西欧の系譜と日本』サイマル出版会、一九九〇）。

やや長い引用になったが、この指摘の中に、良かれ悪しかれ日本の資本主義の特徴が集約的に表現されているように思える。欧米では〈近代資本主義＋個人主義〉という組み合わせが常識だ。しかし、日本では〈資本主義＋共同体原理（集団主義）〉が常識になっている。この奇妙さが注目されているのだ。

この奇妙な組み合わせに日本の経済成長の秘密があると見抜いたのがアメリカの経営学者のJ・C・アベ

グレンだった。彼はこう述べている。

「日本の終身雇用制は、能率的な制度であり、常に経済の労働力資源を異常なまでに完全かつ有効に活用することを可能にしている制度である。それは労働者の高いレベルの動機づけや熱心な仕事ぶりをもたらしている」（占部都美訳『日本の経営から何を学ぶか』ダイヤモンド社、一九七四）。

アベグレンの指摘には、終身雇用制と年功序列型賃金という「前近代的な経営システム」が、近代資本主義社会でも立派に能率的に機能していることへの驚きがみられる。しかし彼は、「低成長に移行するや終身雇用制は鋭角的なマイナスの作用」を持ち、「逆転不能なまでのきりもみ降下が始まる」ことも警告していた。

長期にわたる平成不況は、まさしくアベグレンの警告通りに、日本企業を一斉にいわゆる「日本型経営」の放棄、もしくは大幅見直しへと向かわせている。〈恩恵と奉仕〉という日本的労使関係によって生産性を高める図式は、もはや維持できないのが大方の企業の現状だ。集団主義の最後の牙城は崩れ、〈個人主義〉が好むと否とにかかわりなく次の時代の日本文化の主流とならざるをえない。

産業・労働の領域から離れて、〈個人主義〉そのものが日本社会にどれだけ浸透しているかを考察してみよう。

一般的にわれわれの社会では、「個人主義」という言葉はあまり好い印象を持たれていないようにみえる。それは「自分勝手」「エゴイスト」「目立ちたがり」「不人情」などとほぼ共通の文脈で意識されがちだ。端的にいえば、日本では〈個人主義者＝非常識な人〉とされ続けてきた。

夏目漱石は、このような文化的風土の中で、大胆に「個人主義」を主張した最初の知識人だった。漱石は一九一四（大正三）年、学習院輔仁会の招きに応じて「私の個人主義」と題して講演した。この講演で、彼は個人主義を次のように説明している。

「解り易く云えば、党派心がなくって理非がある主義なのです。朋党を結び団体を作って、権力や金力のために妄動しないという事なのです。それだから、その裏面には人に知られない淋しさも潜んでいるのです」。

政財官の最高権力者の子弟のみに入学が認められていた学習院で、このような主張を展開したのは、まさに冒険だった。私も戦後の一時期、旧制高校の生徒として学習院に籍をおいていた。だから、輔仁会が持つ曰く言い難い保守的雰囲気はよく知っている。その雰囲気は敗戦後でも濃厚だったから、大正三年の時期では想像を絶するものがあったと思う。しかし漱石の心の中には、権力や金力により個性や理非を圧殺する可能性を持つ若者たちに、どうしても訴えたいことがあった。それが、この「私の個人主義」という〝危険思想〟だったのだろう。

しかし今、〈個人主義〉は危険思想でも何でもない。思想というよりはライフスタイルそのものになっている。たとえば、総理府青少年対策本部が継続的に実施している『世界青少年意識調査報告書』によれば、人の暮らし方について「自分の好きなように暮らす」と考えている青少年の比率は年々上昇している。七七年には四一・二%だったが、九三年には五六・三%に増加している。「自分の好きなように暮らす」というライフスタイルは社会生活のさまざまな側面に波及効果をもたらしている。

たとえば不登校の児童・生徒の数は年々増加の一途をたどり、文部省（現文部科学省）の調査によれば九八年度には一二万七六九二人で、前年度より二一・一%増え過去最多を更新した（『朝日新聞』一九九九年一二月一六日）。登校してくる児童・生徒が必ずしも学校生活に適応しているわけではない。中には授業妨害に熱中する児童・生徒がいることは、いわゆる「学級崩壊」として教育関係者の頭を悩ませている。

公的状況の中に、私的関心と私的ライフスタイルを持ち込んではばからない感覚。これは、子供に限らず大人の中にもかなり幅ひろく浸透している。いうならば〈当世日本風の個人主義〉だ。このお寒い限りのライフスタイルが今、〈個人主義〉として蔓延するのはなぜだろう。

戦後、日本が民主化を進めるに当たって重大な〝ボタンのかけ違い〟をしたように思えてならない。民主主義とは、多様なエゴに調和を生み出す便法である。したがって、民主化とはまずお互いのエゴを認識することからスタートしなければならないはずだった。

しかし、敗戦直後の日本では〈民主主義＝無差別平等主義〉として受け止めたうらみがある。たとえば一九四六（昭和二一）年に文部省（現文部科学省）は「新数育指針」という民主的学習の在り方を教育現場に指示した。この指針では、個人学習よりは五、六人を一班とするグループ学習を徹底させることが奨励された。「みんなで考え、みんなで解決する」という学習スタイルを実践することで民主的な「協同・連帯の精神が養われてゆく」と考えられていたのだ。

ところが、この学習方法では学力の低下に繋がることが、まもなくあちこちの教育現場から囁《ささや》かれるようになった。だが文部省は、この悪しき平等主義の方針を変えようとはしないで、頑なに守り続けた。結果的には、この個性否定の数育方針が「いじめ」の温床を提供し、公立校離れを招いたといえよう。

幸か不幸か、この〈民主化＝集団主義〉というすり替えが、戦後経済の復興と高度成長の原動力としてうまく機能したことはすでに述べた通りだ。しかし、このすり替えの限界が見えはじめた現在、日本人はもう一度真剣に〈個人主義〉を考え直し、新しい文化として定着させる必要があるのではないか。

参考までに、〈個人主義〉に関する欧米の伝統的理念について触れておこう。

オックスフォード大学講師のS・M・ルークスは、〈個人主義〉の内容は（1）人格の尊厳についての信念（2）自立性の尊童と育成（3）プライバシーの尊重（4）自己実現への努力。以上の四理念から成り立っているとしている（間宏監訳『個人主義』御茶の水書房、一九八一）。

現代日本人の生き方を、この〝尺度〟と比べてみると、随分と隔たりがあると思わざるをえない。「個人主義」とは西欧思想に固有のものではない。

『論語』に曰く「君子は和して同ぜず、小人は同じて和せず」。また『孟子』に曰く「自ら反りみて縮《なお》くんば、千万人と雖もわれ往かん」。ここで説かれているのは、まさに「個人主義」の神髄だろう。武者小路実篤はこの数訓を、彼のつくった絵皿に「他人は他人、我は我、されど仲良き」と画賛していた。もし、こういった〈東洋的個人主義〉がわれわれの常識として定着していたなら、おぞましき犯罪の数は相当減っていたに違いない。

問題は〈個人主義〉を、「理念」として受け入れるかどうかではない。「生活の必要」として受け入れざるをえないかどうかだろう。私としては、今の日本社会は、その必要に迫られていると思う。

# 15 鏡に映った自我

「就職試験をいくつもうけて、一番こたえるのは最終面接で落とされることなんです。これを二、三回経験すると自分自身が嫌になって酷《ひど》く落ち込んで、ちょっと立ち直れない気分になるんです。僕ってそんなにダメ人間に見えますか」。学生との日常的な会話の中で、よくこんな悩みを聴かされる。「超氷河期」といわれる就職難の今日ならではの悩みとも受けとれるが、この手の質問に答えるのは極めて難しい。「そう見える」と言えば、自信喪失に拍車をかける。しかし、「そうは見えない」と答えても、何の救いにもならない気がする。結局、「人間には、相性というものがあって、たまたまこれまでは相性の悪い人間が面接したと考えるんだな。そのうちに、君の良さを認める人と出会うだろうから、諦めないで頑張れや」などと言って、お茶を濁すことになる。本当は、「君の態度のこう見える点が、こんな印象を与えるからこう直せ」などと、ズバズバと欠点を指摘した方が親切なのだろうが、今の若者に対してはちょっと怖くてできそうにない。

これもやはり最近の出来事である。大学を卒業して数年になる女性から「相談したいことがあるから、時間をとっていただけないか」と連絡があった。その相談とは「自分の性格に問題があるようなので、何とか性格改造をしたいと思い、ある自己啓発セミナーに参加し、少しは気持ちが楽になったように思える。ところが、段々と〝自分が自分でなくなっていく〟ような不安も強まっている。このままセミナー参加を続けた方が良いのか迷っているが、どうしたらいいか」という内容だった。私は、そのセミナーの主催者や運営の方法などについて聞き質《ただ》した上で、「止めなさい」と忠告した。その手のセミナーで〈人格崩壊〉を来した若者を、過去に何人か見てきたからだ。彼女には、――いささか説教めいた言い方になったが――こんなアドバイスをした。

「自分の性格に問題があると気づいたことは、素晴らしいと思う。問題はそれを、どう変えていくかだが、それを他人任せにするのは危険だし、結果的には何の意味もないと思う。〝よくお似合いです〟などと店員に勧められて、自分が納得のいかないファッションを身につけるのは気持ちの悪いものだ。まして自分の性格を他人の言うがままに変えられるなど、許せるはずもない。自分の性格は自分で主体的に変えてゆく努力を惜しんではいけないと思う」。

以上二つのケースには、共通点がある。第一に自分が他人からどう見られているかという不安、第二に今の自分の性格を変えたい――あるいは、変えなければ――という焦り。この二点だ。

かつて、社会学者のC・H・クーリーは、人間の社会性について、ユニークな考察を試みた。

彼によると、人間の自己意識は自分と他人とのかかわりあいの過程から形づくられていく。その際、（1）他人に自分がどう見えるかを想像する（2）他人が自分をどう評価しているかを想像する（3）これらと関連する誇りや恥の感情。この三つの意識が働く。それは、自分の顔を鏡に映して、あれこれ自意識を持つのに似ている。

そこでクーリーは、これを《鏡に映った自我》と呼んだ。ただし、クーリーが、自我形成の《鏡》として最も重要な機能を果たしているとみたのは、「親しい、顔と顔とをつきあわせる結びつきと協力とにより特徴づけられた集団」、すなわち〈第一次集団〉だった。家族や遊び仲間などとの生き生きとした集団生活の中で、遠慮なく飛び交う人物評価が人間の自我像を形成し、また他人への態度も決めることになると考えたのだ（納武律訳『社会と我――人間性と社会秩序』日本評論社、一九二一）。

クーリーの洞察が正しいとすれば、現代の若者に見られる自我の危うさは、《鏡》としての〈第一次集団〉が、彼らの成長過程でまともに機能していなかったことを疑わせる。それを推測させる一つのデータがある。総理府青少年対策本部の調査によると、青少年の「悩みあり」の比率が一九七〇年には八九・三%だったが、八〇年には七三・五%に減っている。

その中味も「自分の性格」が七〇年では二一・六%と二番目に多かったのが、八〇年には一三・〇%に減り六番目に落ちている。逆に七〇年から八〇年にかけて最も増えている悩みは、「勉強・進学」であり、二〇・五%から二九・四%へ増加した。

興味深いのは、「家族」に関して悩んでいる比率が二〇・〇%から九・七%に半減していたことだ。このような数字を眺めていると、「勉強・進学の妨げにならないよう、顔色をうかがっている両親」の姿が浮き彫りされてくるようだ（総理府青少年対策本部編『10年前との比較からみた現代の青少年』一九八一）。

要するに、七〇年から八〇年という戦後社会の〝黄金期〟に、育った若者たちにとって、〈第一次集団〉は《鏡》としてほとんど機能していなかったのではないか。そういう疑いがもたれるのだ。

「自分は他人からどう見られているか」「好かれているのか嫌われているのか」などについて鮮明な映像を反射してくれる《鏡》を欠いた状態で成長する人間は、その生き方において三つのタイプに分かれる。

第一に、自意識が欠落したままの〈幼児型人間〉。このタイプの人間は、人を不愉快にするためだけに生きているような人間なのだが、本人はそれをまったく気にしないから、その理由がわからない。

「僕は東大生なのに、何で君が嫌うのかわからない」と嘆かれて困ったという話をある女子学生から聞いたことがある。これなどは、その典型だ。

第二に、甘えを恥と思わず、誰かれなしに頼ろうとするいわゆる〈パラサイト（parasite）人間〉。

第三に、いま最も注目を集めている、〈引きこもり型人間〉。彼らは自分の気持ちが、他人とのかかわりあいにより落ち込むのが怖くて、ひたすら自分の私的領域に安住しようとする。

ちなみに青少年問題審議会が、「青少年の無気力、引きこもり等の問題行動への基本的な対応方策」という答申を海部俊樹首相に提出したのは九一年だった。これらの歪んだ性格の持ち主を、普通の人間に再生することは可能なのだろうか。

アメリカの心理学者D・ゴールマンは、知能指数（I・Q）に代えて、「こころの知能指数（E・Q）」で人間の価値を評価し直すことを提唱して、アメリカばかりでなく、日本でもここ数年、おおいに注目されている。

彼に言わせると、E・Qとは次の四つの能力から成り立っている。（1）挫折してもしぶとく頑張る能力（2）衝動をコントロールし快楽を我慢する能力（3）感情によって思考が乱されない能力（4）他人に共感でき、希望を失わない能力。これら四つの能力がある人間としてどれだけ認められるかを、新しい能力評価の基準にすることが今後重要だというのがゴールマンの主張である。つまり「I・QからE・Qへ」、尺度を取りかえろというわけだ。

日本でも九六年頃からこの考えに共鳴する動きが高まり、社員・職員の採用試験に取り入れようとするところも出はじめている。偏差値エリートの信用失墜が目に余る今日、E・Qという尺度で人間を再評価しようという試みは納得できる。しかし、その実現は容易ではない。何よりも、E・Qを計る信頼度の高い質問紙がまだ完成していない。

この点についてゴールマン自身も「I・Qテストと違って、E・Qを測定するペーパーテストは今のところまだない。今後も作られないかもしれない」と述べている。信頼できる尺度もないのに〃こころの知能指数〃を判断されてはたまったものではない。Ｅ・Ｑは魅力のある提案ではあるが、当分、提案に止めておくべきだろう（土屋京子訳『ＥＱ――こころの知能指数』講談社α文庫、一九九八）。

ところで、社会的に適応性が乏しい性格を持ってしまった人間が、その性格を変える可能性はあるのだろうか。この点について、かなり効果的と評価されている心理訓練法の一つに、感受性訓練（ＳＴ＝sensitivity training）がある。その歴史は古く、アメリカで四〇年代半ばに始まり、日本でも七〇―八〇年代に、かなり活発にさまざまな分野で実践された。

この訓練の基本的な考え方は、〈ジョハリ（Johari）の窓〉を次々に開けていく訓練だと説明される（ジョハリとはジョーとハリーというごくありふれた人間同士という意味）。日常性の中で凝り固まった自分の性格を解きほぐして、柔軟性を取り戻す〃こころの柔軟体操〃だともいわれる。

五、六人のグループで話し合いをしながら、お互いが他人の態度や癖で気のついた点を、遠慮なく指摘しあうという形で訓練は進行する。この訓練によって、今まで気づかなかった自分が発見され、また自分が他人にどんな印象をもたれているかを意識させられることにもなる。まさに《鏡に映った自我》の現代版だ（感受性訓練については、青井和夫『小集団の社会学』東京大学出版会、一九八〇年、に詳しい）。

感受性訓練により、自己変革を可能とするセミナーは、さまざまな団体がビジネスとして開催しているが、中にはカルトまがいのものもあるようだ。

かつて私は、あるテレビ局が、新人アナウンサーの研修プログラムに、これを組み入れているのに立ち会ったことがある。研修の責任者に効果の程を尋ねてみると、「良い効果もあるが、それ以上に困った問題も発生している」ことがわかった。それは、次々に性格や態度を批判され、問い詰められることで人格がボロボロになる者が発生すること、また自分を批判した者について深刻なうらみを持ち、復讐を考える者も出てくる、などだった。感受性訓練は〈恥の意識〉が強い日本人同士の場合は、いささか刺激が強すぎて、効果よりは副作用の方が怖い面も懸念される。

あれこれ見ても、若者たちの性格の悩みを解決する特効薬は、今のところなさそうだ。結局のところ、今も昔も悩み多き青春期に自分をごまかさず、その解決の道を模索するのがベストだと言わざるをえない。

それからもう一つ。家族や友達がややもすれば曇りがちな《自我を映す鏡》に磨きをかけ、バランスのとれた自意識と適応能力を育てるよう、機能する必要もあろう。

# 16 生存と生活

オウム真理教（現アーレフ）を筆頭に、続出する荒唐無稽なカルト集団に群がる若者たち。当人以外には理解不可能な行為（犯罪）に走って人生を早々に廃棄物としてしまう若者たち。また一万円足らずの遊び金欲しさに、平然と殺人行為に走る少年たち……。これらの現象は、「豊かな社会」とどう関係しているのか。

やや旧聞に属するが、栃木県の中学校で女性教師が生徒にバタフライナイフで刺殺される事件があった。事件に関連して依頼された原稿に、私は次のようなことを書いた。

「……私が中学生だったとき、軍事教練は必修科目だった。だから、バタフライナイフなどといった玩具ではなく、本物の銃剣を日常的に持ち歩いていたが、それを使って教師をどうこうするという事件はまったく起きなかった。これは全国的現象でもあったのだが、なぜそれが可能だったか考えてみるのも無駄ではない」。

人間はなぜ不道徳な行為に流れ、犯罪に手を染めるのか。こうした問題についての解答は、かつては極めて単純明快だった。それは、生活の貧しさに追われ、自らを律する教養・知識を学ぶゆとりを持てないからだ、と。だから、「貧すれば鈍する」という格言が普遍性のある教訓として、長い間、説得力を保ち続けていた。要するに、貧困こそ諸悪の源泉であり、大多数の人々が貧困から解放されればユートピアが実現すると、誰もが信じて疑わなかった。「社会主義体制」とは、この仮説を検証するための壮大な実験でもあった。

自らの人生を振返ってみると、ご多分に漏れず生まれてから三〇数年間は、貧困の影に怯える日々だった。

それはいわゆる「手から口へ（hand to mouth）の生活」であり、「生活」というよりは「生存」というのがふさわしい生き方だった。

しかし、一九六〇年代後半から七〇年代へかけての高度経済成長期になると、大学教師の生活にも薄日が当たりはじめた。かつては思いもよらなかった家庭電化製品が身の回りに揃いはじめた。中でも印象に強く残るのは、中学生時代から憧れの的だった「電蓄」を持てたことだ。当時「ハイファイセット」と呼ばれていた既製品を買うほどの余裕はなかった。それで、秋葉原へ出かけては、なるべく安い部品を買い集め、スピーカーボックスやレコードプレーヤーも慣れない大工仕事で作り上げた。苦労して組み立てたオーディオセットから、初めてLPレコードの音が響いた時の感激は未だに忘れられない。その時、直観的に思ったのは「生きていて良かった」ということだ。二万円そこそこの月給の中から、一枚二五〇〇円のLPを買うのは辛かったが、その数が少しずつ増えていくことに生き甲斐すら感じた。

ちょうど「明日という字は、明るい日と書くのね……」という歌が流行《はや》っていた。七〇年代半ばのことだ。まさに、この時代に生きていた日本人の多くは、この心情を共有していたと思う。この頃、日本の庶民は史上初めて、「生存」から「生活」へ、ギアチェンジを始めたといって良かろう。

河上肇は一九一六年、『貧乏物語』を著した。その中で河上は、貧乏人を「生活必要費の最下限に達するまでの所得をさえ有しおらざる者」と考えた。そして〈生活必要費〉とは、「われわれ自身がその肉体、その知能およびその霊魂の健康を維持しその発育を助長するための消費」とみた。彼は、〈生活必要費〉がいきわたらずに貧乏人が圧倒的に多いのは、一部の金持ちの奢侈のため、社会的富が偏っているからだと考えた。したがって、貧乏を解決する決め手は、「富者の奢侈廃止」であると結論する。

しかし河上は、こうした道徳論ではどうにもならない現実に直面し、マルクス主義者へと変身してゆく。

そして自ら、この『貧乏物語』を絶版にする。後に『貧乏物語』は岩波文庫で復活し、少なくとも六〇年代までは大学生の間でひろく読まれていた。ただ、それは河上の提唱した〝貧乏退治の政策論〟に惹かれたのではなく、人間が人間らしさを維持する〈生活必要費〉の主張に共鳴するところがあったからだろう。

しかし、生活水準が貧困から脱却して、豊かさのレベルを高めてゆけば、それに比例して人間性も向上するのだろうか。この疑問に実証的な答えを提供した研究が、アメリカの文化人類学者オスカー・ルイスの調査報告だった。

彼は一九四七年から五八年にかけて、メキシコの五つの家族を調査した。その問題意識は、生活水準が向上するにつれて、人々の欲望や生活態度がどう変化していくかであった。彼のリポートを要約すると次のようになる。

まず生存維持水準ぎりぎりの生活を強いられている、下層階級の家族に見られる特徴は、第一に父親の権威が強く、家族は父親を中心として生存維持のためにすべての努力を惜しまない。

第二に、子供たちは権威を持った父親を〝男〟として尊敬し、愛情を持っている。また地域社会が要求する勤勉、恭順などの規範も素直に受け入れる。

第三に、親も子供たちが将来、より良い生活ができるように、可能な限り教育費を捻出すべく努力を惜しまない。

ところが、下層階級よりは上の「中流の下」程度の生活が出来るようになると、子供たちの間に生活への不満が芽生え、父親の権威も崩れはじめる。豊かさへの憧れは「中流の上」の階層へ近づくにつれてより具体化し、月賦で次々に買い込んだ電化製品や家具などが狭い家に溢れるようになる。しかしそれは贅沢ではなく、家族の幸福にとってすべて必要な物だと考えるようになる。親子関係も次第に親密さが失われはじめ、争いが目立つ。

「上流階層」になると、生活はますます派手になり、家族関係は崩壊の一途をたどりはじめる。妻は母親の意識をほとんど持とうとせず、もっぱら「女の魅力」に磨きをかけるために浪費を続ける。子供は欲望を抑えることなく成長し、人を小ばかにし学校を嫌い、似たような仲間と非行に走る。娘は乱れた性的関係に歯止めがかからない。夫婦関係は完全に冷えきっているが、かろうじて富が夫婦を繋ぎ止めている。

ルイスは、この研究から〈貧困の力学〉を発見することを意図した。その力学の内容は必ずしも明確に述べられていないが、たぶんこういうことらしい。

「経済的に豊かになるということは、人間らしく生きる上での〈必要条件〉ではあるが、〈絶対条件〉ではない。豊かさに見合うレベルまで人間性を引き上げ維持するためには、ある文化的条件が不可欠なのだ」

（高山智博訳『貧困の文化』新潮選書、一九七〇、復刊版は筑摩書房、二〇〇三）。

メキシコの家族を素材とした〈貧困の力学〉が、そのまま日本の現状分析に当てはまるとは言い難いが、ある部分ではかなり似通ったものがあることは認められる。日本でも「豊かさに見合った文化」がないままに、戦後世代は徐々に腐敗堕落を深刻化させてきたのではないか。日本文化の中には、貧困に耐える文化は腐るほど豊富に存在していた。しかし「物質的な豊かさ」を「人間性の豊かさ」に転換する哲学も方法論もほとんどなきに等しい。せいぜい「衣食足りて礼節を知る」といった楽観論にとどまっていたにすぎない。

社会心理学の分野でよく知られた実験の一つに、アメリカの社会心理学者J・S・ブルーナーが行なった「貨幣の見かけの大きさに関する実験」がある。

貨幣と同じ大きさのボール紙を一〇歳の男の子三〇人に示して大きさを判定させたところ、ほぼ全員が正しく判断した。ところが、本物の貨幣で同様の実験をしたところ、全員が実際の大きさよりも過大視する傾向を示した。とくに貧乏な家庭の子供は、金持ちの子供に比べて、ほぼ二倍も過大視することがわかった(J.S.Bruner,Value and need as organizing factors in pereception, *J.Abnorm.Social Psychol.*1947)。

ブルーナーはこの結果を、子供の欲望が貨幣を実際以上に大きく認知させたと解釈した。この現象を拡大解釈すれば、同じ貨幣価値でも、貧乏人ほど切実な生活の実感がこもっていたのが、豊かになるにつれ、その実感が薄れ、金を稼ぎ貯めること自体が目的になっていく。そのことが、知らず知らずのうちに人間性の荒廃を深めていくのではないか。

「馬に乗っていようと、馬車に乗っていようと、ルンペンはルンペンだ。だからルンペンの言うことを信用するな」とは、ゲーテの詩の一節である。馬に乗らず、馬車（自動車）に乗れるようになったから、ルンペンではなくなったと、日本人の多くは錯覚し続けてきたのではないか。そろそろ、この錯覚に気づいてもいい時期にきていると思う。とはいえ、半世紀前の貧乏時代へ逆行することだけは、御免を被りたい。

# 17 大衆社会

〈大衆社会〉とは、戦後の日本社会でいち早く流行した言葉だ。この言葉には、何か解放的なイメージが含まれていたように思える。

一九四五年に敗戦を経験するまで、生活様式や思想のすべてにわたり、「分相応」の生き方を強いられてきたのが、日本人の歴史だった。ところが敗戦の見返りとして「民主主義」が導入され、事態は一変する。「分相応の倫理」に代わって「平等原理」が日本人の生き方の主導理念の座に就くことになった。一言でいえば、日本人は「臣民」から「人民大衆」へと変貌したのだと言える。

「人民大衆」を主な成分とする日本社会を、どう特徴づけ、どう方向づければ良いのか。これは五〇年代の社会科学者にとって最大の関心事だった。この時期にクローズアップされた〈大衆社会〉という概念をめぐって、活発な論争が展開された。それらは大きく二つの流れに分かれる。

一つは、大衆を「人民」として捉え、民主革命を推進する原動力として組織化する戦略を主張する立場だ。もう一つは大衆を巨大な「群衆」として捉え、群衆なるが故にそのエネルギーは政治・経済・文化それぞれの分野のエリートによって操作され、利用され、結果的には大衆の利益を見失うことになるだろう、といった悲観論だ。

しかし、結論的にいえば、五〇年代の〈大衆社会〉論は、そのどちらの見方も未来予測としては見当外れだった。六〇年代にスタートした高度経済成長の過程で、日本の大衆は革命的人民にもならなかったし、またエリートの思うがままに操作・利用される愚民にもならなかった。

日本の勤労大衆は、高度経済成長の過程でいわゆる「日本的経営」に協力することで、年功序列賃金体系、終身雇用、企業別組合の「三種の神器」を手に入れ、その生活基盤の安定を確保した。日本の大衆は、その潜在的パワーを「消費者ニーズ」「国民（住民）ニーズ」という形でエリートたちに絶えず意識させ、逆にエリートを操作することに、ある程度成功した。とはいえ、大衆がその宿命的な制約から完全に解放されたと断定できるかどうか。

概念としての〈大衆社会〉は、ドイツの社会学者K・マンハイムによってもたらされた。彼は現代文明社会が持つ特徴を「産業化のすすんだ大衆社会」と呼んだ。この社会は二つの側面を持っている。その一つは、高度の産業社会を維持運営するのに適した合理的組織としての「官僚制社会」としての側面である。もう一つは、組織の合理化に伴う疎外感や、諸々の欲求不満の捌け口となる「群衆的情況」としての側面である。そこでは大衆感情を刺激し発散させる豊富なメニューが提供される。

マンハイムは、大衆社会に生きる人間の在り方に、二つの〈合理性〉がかかわってくるとみた。

その一つは〈機能合理性〉だ。これは、人々が割り当てられた役割をきちんと遂行すれば、そのことが結果的に社会や組織の機能に貢献するという現象だ。たとえば、軍隊の兵士が命令通りに行動することによって作戦が成り立つ。そういう関係がこれに当たる。もう一つは〈実質合理性〉だ。この合理性は、そう行動することがどのような意味を持ち、またどのような結果をもたらすかを十分理解して行動することをいう。たとえば、経営者の判断や決定などがこれに当たる。

〈大衆社会〉では、この二つの合理性はますます分極化し、大衆は〈機能合理性〉の担い手として組織され操作され、〈実質合理性〉は限られたエリート階層にのみ許された能力となる。マンハイムは、このような〈合理性の分裂〉に現代社会の危機が潜んでいると考えた。彼の三五年代の考察が、今日そのまま妥当性を持つとは言い難いが、大衆が〈機能合理性〉に支配される宿命から当分抜け出せそうもないのは事実だ（福武直訳『変革期における人間と社会』みすず書房、一九五三）。

「操作される大衆」と「操作するエリート」という図式がなぜ成り立つのかについて、ユニークな考察を展開したのは、ドイツの社会学者G・ジンメルだった。

彼によると、より多くの人々が関連し結びつく可能性は、人間性における高い次元――知性や道徳性――ではなく低い次元――感情や欲望――にある。というのは、低い次元にある人間性は、人々が幼い時から蓄え続けてきた共通部分であり、いわば三角形の底辺に当たる。したがって、それは多くの人と容易に重なり合う可能性を持っている。群衆や大衆が一つの実体として、まとまり行動する可能性は、人間性における低い次元にのみ存在する。ジンメルは、このような考察に加えて、大衆文化は最も低い次元よりはやや高い部分において成り立つとみた。たとえば、生々しい猥談ばかりをする人間は軽蔑されるが、男女関係のゴシップやスキャンダルについて、大衆は強い関心を示すという事実だ。

昭和四〇（一九六五）年代の始まりの頃、「ソーラー族」という言葉が流行《はや》ったことがある。その意味は、一般大衆が「ミーハー族」と呼ばれていたことに関連して、ドレミファ音階におけるミーハーよりも一音階上の文化を好む大衆を指していた。たとえば、民謡は敬遠するがフォークソングには夢中になる若者たちなどがこれに当たる。

ジンメルの考察には、今日の大衆文化を考える上での貴重なヒントが含まれているように思える（阿閉吉男訳『社会学の根本問題――個人と社会』現代教養文庫・社会思想社、一九六六）。

ここで改めて、「大衆心理の特徴」とでも言うべきものを考えてみたい。

それは第一に、「皆と同じでありたい」という〈共通性への強い願望〉を特徴としている。逆に、共通のレベルから落ちこぼれることには、焦りや恐怖を覚えることにもなる。この心理をうまく利用すれば、いわゆるブームを引き起こすことも出来る。

第二に、大衆心理には「周りと差をつけたい」という〈差異化の意識〉も潜在的に働いている。つまり「ソーラー族」の心理だ。戦後の日本で、大衆が消費行動として差異化に強くこだわるようになったのは、八五年頃とみられている（『国民生活白書　昭和61年版』）。この頃から、日本の大衆は商品ばかりでなく、子供の教育にもブランド志向を色濃くしはじめる。「皆と同じ」よりは「皆と違う」ことを強く意識するようになったのだ。

第三に、大衆の〈差異化の意識〉は、エリートへの憧れと、その夢の実現にまでエスカレートする。いわば〈大衆圏からの脱出〉だ。多くの場合、それはエリート的な生活様式の模倣か部分的な取り込みにとどまるのだが、もっと意欲的な大衆は子供の将来に夢を託す二段ロケット方式で大衆圏からの離脱を計画する。こうした計画を背景として、いわゆる「お受験騒ぎ」が過熱することにもなる。

第四に、大衆心理には自分の価値判断に自信が持てないという不安感が存在している。こうした不安感の裏返しとして、権威を求め、これに依存したいという潜在的な欲求を持っている。この欲求を満たすものとして、さまざまな分野でいわゆる〈カリスマ〉が出現し、〝定説〟が横行する。

戦後の日本では、それまでの歴史に見られないほど、日本人は大衆として活性化し、発言権を強化してきた。この勢いがどこまで続くのか。これは予測しがたいことだが、最近やや気がかりな動きも出はじめてきたように思えてならない。それは「体制的地均《なら》し（Gleichschaltung）」の胎動だ。ここであえてドイツ語を使うのは、この現象が意図的に実行されたのがナチ・ドイツだったからだ。

「体制的地均し」とは、大衆の意識・行動の画一化を意図した政策のことをいう。権力を持つ者にとって、大衆の意識・行動が多様化することは、決して歓迎する現象ではない。したがって、「何かをやろう」とする準備段階として、その画一化をしておくことは不可欠の作業となる。それは、新たにマンションを造るに当たって、地上げをし更地を確保することが欠かせないのと同じだ。今年（二〇〇〇年）、小学・中学・高校——とくに公立——の卒業式で目立ったことは、教育委員会が異常なほど国旗・国歌にこだわり、処分をちらつかせながら現場への指導を強化した点だ。その強引さは、これが「思想と良心の自由」を憲法で保障した国の出来事かと、あきれざるをえないほどだった。情けないことに、日本のマスコミはこの動きを積極的に批判することもなかったようだ。日本の学校は再び「体制的地均し」の下請け業者の途を歩みはじめた。国旗・国歌法案の成立によって、「非国民」という昔懐かしい言葉も、公然と復活しはじめた。「大衆操作」という政治的手法の第一章は〈象徴の定着と操作〉だ。第二章は〈異端者の摘発〉であり、そして第三章は……。

「体制的地均し」の始まりが、ただちにファシズムの復活に繋がるなどと軽率なことは言わないが、「何かが始まる」ことは否定できない。それは近い将来に予定されている憲法の改正として具体化するはずだ。その内容いかんでは、やや猥雑で軽薄ではあるが、「元気印」の日本の大衆は、やがてその姿を消すことになるのかもしれない。

社会学者のC・W・ミルズは「操作とは秘められた、非人格的な権力の行使であって、その影響をうける人間は、知らず知らずに他人の意図に従って行動する」ことだと定義した。この言葉に示されているような、操作のメカニズムがどこかわからない場所で着々と組み立てられているのではと疑うのは、戦中世代の被害妄想だろうか。

# 18 嘘について

四月に入ると、まずはエイプリルフールだ。四月一日に限って、どんな嘘を吐《つ》いても許されるという西欧の風習にどんな故事来歴があるのか定かではないが、おそらく普段の生活で嘘を吐くことを許さない厳しい道徳の存在を思わせる。普段から嘘が蔓延しているような国には、ことさらエイプリルフールなど必要ない。だから、日本では廃れたのではないか。

「嘘をついてはいけない」というのは、万国共通のモラルであり、また子供の躾の基本にもなっている。しかし、国際比較調査のデータをみると、このモラルが子供に浸透している程度には、かなりの違いがみられる。

親子とも「嘘を吐くことを絶対してはいけない」という意識の強いのは、まずタイと韓国、ついでアメリカ、イギリス。日本とフランスは極めて弱い。日本では「絶対に嘘を吐いてはいけないと思っている母親」は八一・九％。これはかなりの高率だ。ところが、どういうわけか、「絶対に嘘を吐いてはいけないと思っている子供」の方は五九・一％と低い。どうやら日本の親は、子供を嘘つきにしないための躾に、迫力を欠いているようだ（総務庁青少年対策本部編『日本の子供と母親――国際比較』一九八七）。

考えてみると、日本人の嘘についての考え方にはダブルスタンダードが存在している。昔の修身教科書には「ワシントンと桜の木」の話が載っていた。「ワシントンが子供の時、父親が大事にしている桜の木を悪戯して切った時、そのことを正直に父親に告白して誉められた」。題材はアメリカだが、私たち戦前世代には馴染み深い話だ。その他にも、「嘘を吐くと、閻魔様に舌を抜かれるよ」とか「嘘吐きは泥棒の始まり」などと、よく説教されたものだ。

ところがその反面、「嘘も方便」とか「バカ正直」という言葉も日常的に使われていた。また、中学生の時にテキストとして読んだ『徒然草』の一節に「……まことはあいなきにや、多くは皆虚言なり」とあった。私が教えて頂いた国語の教師は、こう解説したものだった。

「兼好がここで述べているように、思っていることを正直に話すということは大切だが、それだけでは無愛想で嫌な奴と想われる。人と上手くつき合うためには、上手に嘘を吐かなければ駄目だ」。

なるほど、社会とは〈嘘の効用〉で成り立っている部分がある。いわゆるお世辞とは「嘘」であるわけだが、人間関係の潤滑油として欠かせない面がある。

アメリカの心理カウンセラーのM・S・ペックは、豊富な臨床体験から、「平気で嘘を吐ける人間」がいることを発見し、その心理を次のように分析した。

（1）犯罪者として刑務所に入れられている者たちよりは、一般市民として生活している者の中に圧倒的に多い（2）しかも、彼らの多くは社会的に非難されようもない職業　収入をもち、キチンと市民としての義務も果たしている（3）彼らは、自分の人格に自信をもち自己愛が強い。したがって、罪悪感や自責の念に落ち込むことは我慢ができない。もし他人から非難されそうな情況に置かれると、どんな嘘を吐くこともためらわず、その嘘を事実と思い込もうとする（4）彼らは、自己イメージが傷つくことを非常に恐れる。よって、そのような事態に直面すると〈身代わりの犠牲者（スケープゴート）〉に、平気で罪をなすりつけようとする。

要するに、「平気で嘘を吐ける人」とは「自分自信が苦しむかわりに、他人を苦しめる」ことを平気で出来る人間なのだ（森英明訳『平気でうそをつく人たち』草思社、一九九六）。

ペックの分析は、われわれの日常的な〈嘘吐き〉感覚からすると、やや深刻すぎるような気持ちがしないでもない。「嘘を吐く」といっても、その動機は決して単純ではないし、そのすべてがエゴイズムに根ざしているわけではない。われわれ日本人が吐く嘘の非常に多くの部分には、自分の為というよりは、他人への「気配り」としての嘘が含まれている。それらは「お世辞」「社交辞令」であって、言われた方も嘘であることを十二分にわかっているので、それを咎めるのは野暮だと考える。たとえば、冠婚葬祭に際して人々が口にすることは、八割方は嘘だろうが、それを非難する日本人はまずいない。しかし、この種の〈気配り型〉の嘘がすべてではない。これ以外に〈自己防衛の嘘〉〈詐欺型の嘘〉がある。

〈自己防衛の嘘〉は、ペックが指摘しているように、多分に強い自己愛に根ざしているのだろう。この種の嘘は、〈個人としての自己〉にとどまらず、自分が所属し地位を保っている組織・集団にまでその防衛範囲は拡大することも、よく見られる現象だ。この場合、嘘を吐くことの罪悪感は薄れ、むしろ嘘を吐くことが「自分の使命」であるかのように錯覚しがちだ。

しかし、嘘を吐くことで自己防衛や組織防衛に成功する確率が極めて低いことも見逃せない。横山ノック大阪府知事の猥褻事件や新潟県警の不祥事などでも、そのことは証明された。名誉も地位もある人物が、嘘を追求され、追い詰められていく様子を見聞するにつけ、「正直は最良の政策」ということわざを思い返さざるをえない。とはいえ、嘘を吐く当事者にすれば「バレルことはまずない」という確信と計算があるに違いない。だから、〃偉い人〃がいみじくも失言したように、バレたのは「常識的にいえば、運が悪い」ということなのだろう。偉い人は慌てて言い直したと伝えられるが、われわれ日本の社会には、どこか見えないところで「嘘も方便」という常識がしっかり根を張っていることを知らしめてくれた〃貴重な失言〃でもあった。

〈詐欺型の嘘〉とは、文字通り詐欺目的の嘘であり、明らかな犯罪である以上、司直の手に任せればよい。問題なのは〈詐欺まがいの嘘〉だ。この種の嘘が怖いのは、嘘を吐かれても腹をたてる気にもならないほど、慣れっこになっている点だ。代表的な〈詐欺まがいの嘘〉は、義務教育と選挙の公約に、その例を見ることができる。

まず義務教育の嘘をみてみよう。教育基本法の第四条には「国民は、その保護する子女に、九年の普通教育を受けさせる義務を負う」とある。素直に読めば、子供を九年間学校に通わせるのが親の義務である、と理解される。したがって、自分の子供が不登校でもしたら、親たる者は、その子の首に縄をつけてでも学校に連れていかなければならないはずだ。ところが日本の現実は、不登校への対応が年々甘くなっている。今や、ほとんど登校をしなくても、学校を卒業できる。現に「学校に来たくない子供は、無理して来なくてもいい」という〝ゆとり教育〟を説いた人物が文教行政の中枢にいる。

義務教育を親の義務として〝強制する〟——ちなみに、欧米の義務教育は、その言語表現において、すべて〈強制教育〉である——のは、国民の平均的資質を一定のレベルに保つ公教育としての責任があることを物語っている。学校教育法の第一八条、三六条には、小・中学校が達成すべき教育目標が列記されている。たとえて言えば、「義務教育を受ける子供の品質管理の基準」であり、また卒業させるに当たっての「品質保証の内容」でもある。

こう考えると、義務教育というものが、いかに欺瞞に満ち、無責任な制度であるかがわかる。一例をあげよう。数年前、神戸の少年Aが事件を起こし日本中を震撼させた。この少年が通学していた友が丘中学の校長は卒業証書を、Aが収容されている医療少年院までわざわざ届けたと報道された。あの冷酷無残な犯罪を犯し、一年以上も登校しなかった少年を、いかなる根拠に基づいて「義務教育の修了」と認定したのか、理解に苦しむ。ほとんどのマスコミが、その点に意義を唱えなかったことにも……。

この国の義務教育とは、不良製品にも「品質保証」のレッテルを貼り、大量に市場へ送り込むだけのシステムにすぎないように感じられる。もしこれが企業だったら、国民は激しく糾弾し、その存続を許さないだろう。していることは不良企業とさして変わらないのに、なぜ国民は「義務教育の嘘」に、かくも寛容なのか……。不思議でならない。

〈詐欺まがいの嘘〉の最たるものは、選挙公約だろう。自社対立のいわゆる五五年体制が固定化して以来、社会党は頑なに自衛隊違憲論と安保解消を公約に掲げ、選挙を戦ってきた。

ところが社会党の村山富市委員長を首相とする「自社さ」連立政権が誕生するや、この公約を村山氏はまさに幣履のごとく放棄した。そして自衛隊も安保もすべて容認することになった。しかも、その廃止を選挙の度に公約した消費税も認め、おまけに三％の税率を五％に上げることまでやってのけた。それでいて、恬然として恥じる気配すらうかがえなかったのは、それこそ「政治家」だからか。ここまで厚顔無恥に徹されてしまうと、政党の公約を信用する人間の方が馬鹿だということにもなろう。最近、友部達夫参議院議員が経営していたオレンジ共済が組織的詐欺を働いていたとして有罪の判決が下されたが、旧社会党のしたことは、オレンジ共済と五十歩百歩ではないか。

もっとも、選挙公約で選挙民をいくら騙しても詐欺罪に問われることはない。今年（二〇〇〇年）は衆議院選挙が予定されている。投票時期が迫ると、マスコミはこぞって棄権防止のキャンペーンを展開する。そして、投票をしなかった人間には政治を批判する資格はない、とまで断定してはばからない。テレビの画面から、このような発言が繰り返し流されると、私はいつも一種の違和感を覚える。「投票しないことがそんなに悪いことなら、公約違反を平然とする政治家や政党はもっと悪いということにならないのか……」と。

マスコミは公約違反については、なぜか寛容で、棄権のみを非難しているように思えてならない。

考えてもみるがよい。酷《ひど》い詐欺にあった消費者が、詐欺まがいの勧誘をした企業やセールスマンに不信感を持ち、かかわりを断ったからといって、消費者を責められるかどうか。非難されるべきは、いいかげんな公約で票を掻き集める、候補者と政党だろう。

もしマスコミが真剣に投票率の低下に危機感を覚えるのなら、二つのことを為すべきだ。一つは、総選挙に先立って立候補者の公約の実現実績の総点検をすること。もう一つは、「公約違反罪」を立法化するよう、強力なキャンペーンを展開することだ。

選挙という民主政治の根幹にかかわる制度に、いつまでもインチキ臭いものを許し続けるとすれば、投票率はとめどもなく低下し続けるだろう。今のところ、国民は騙された口惜しさを、投票をさぼることで意思表示する以外、なす術をもたないのだから。

庶民が生活をする上で、さまざまな思惑から吐く嘘には許せるものが少なくない。しかし、教育と政治にかかわる部分での嘘の存在はいけない。もし、それを許し、見過ごし続ければ、やがてそのツケがとんでもない形で回ってくることを、覚悟しなければならない。その前兆がすでにわれわれの身の回りに表れはじめているように思えるのだが……。

# 19 自己実現

戦後まもない時期、大学を卒業する私たちに、主任教授から挨拶があった。その中で未だに記憶に残っているのは、「余人をもって替えがたい人間になれ」という一言だ。後々その言葉を反芻《はんすう》してみても、この言葉通りの人間になったとはとうてい思えないのだが、何か人生の指針を与えられたような気持ちがしたものだ。これが〈自己実現〉という概念であることに気づいたのは、かなり後のことであった。

若者にとって、昔も今も〈自己実現〉という言葉が、一種の興奮剤的な機能を持っていることに変わりはないようにみえる。それほどこの言葉が持つ響きは魅力的であるが、どうなれば〈自己実現〉したことになるのか。その基準や方法は、必ずしも明確ではない。

アメリカの心理学者A・H・マスローは、「〈自己実現〉の欲求は人間なら誰もが持っているもので、それは本質的な人間性である」と主張した。

彼によれば〈自己実現〉とは、「精神的な核心あるいは自己を、受け容れ、これを表現すること」であり、これには「潜在的な能力」「可能性を実現すること」「完全に働くこと」「人間性や個人の本質を活用すること」などの意味が含まれている。

マスローは「人間は二つの力によって動機づけられている」とみた。一つは《安全動機》である。われわれはさまざまな不安に怯え、より多くの安全を求めて生きようとする。これは、自分自身に欠乏している安全の充足を自分以外の者から期待するので、《欠乏動機》とも呼ばれる。もう一つは《成長動機》という。

自己の持つ可能性を意識し、それを試し、成長させることに喜びを覚える。最終的には自己の独自性の完成を目的として、ひたむきに努力を積み重ねていく。

さらにマスローは、《安全動機》から《成長動機》への発達は、一定の段階をたどって進行するとみた。第一段階は、生存を維持するための「身体的欲求の満足」であり、第二段階は、恐怖から身を守ろうとする「安全への欲求」だ。それらが満たされると第三段階として、「所属意識と愛情を求める」ようになる。以上の三つはいずれも《安全動機》に含まれ、これらが充足されると第四段階として、「自尊の欲求」が生まれる。そして最終的に《成長動機》として「自己実現の欲求」が意識されるようになる。つまり、人間的欲求は、より低次元の欲求が満たされることで、より高次元の欲求が芽生え、その充足が求められるというのだ。逆にいえば、健康な人間はいつまでも低次元の欲求の充足に安んじてはいない、ということだ（上田吉一訳『完全なる人間——魂のめざすもの』誠信書房、一九六四）。

マスローの理論は、戦後日本の高度成長期に産業界で注目されるようになる。

日本の多くの大企業は、一九六〇年代後半から七〇年代にかけて、ようやく従業員の生活安定への要求に、ほぼ対応可能となった。そして、さらなる生産性の向上へと従業員を駆り立てるため、新たな誘因が模索されはじめた。その頃、天啓のごとく注目されたのが、マスローのこの理論だった。「人間はいつまでも現状に満足し続けるものではなく、より高い欲求の充足をめざして行動する」。この理論は、不断の企業収益の増大を目指す経営者にとって、生産性向上を実現する経営戦略の決め手と評価された。

問題は、どうすれば企業組織の中で従業員が、〈自己実現〉の満足を味わうことが出来るかであった。日本の経営者が選んだ方法は、大きく分けて二つあった。一つは《目標管理》で、もう一つは《職場への小集団活動の導入》だ。

《目標管理》の理論は、当時のテキサス・インストルメンツ社人事開発部長、C・L・ヒューズによってもたらされた。彼の問題意識は、「スポーツやレジャーの時に、しばしば見られる目標達成へのあの〝ひたむきな〟モチベーションを、いかにして仕事の分野にもたらし得るか」という点にあった。

人が時として、一文の得にもならない〈遊び〉に対し、仕事よりはるかに大きな情熱を注ぐのはなぜか。この問いに対してヒューズは、「それは、人間の心に「成長したい〈becoming〉」という基本的願望があって、職場には、この願望を満足させる可能性がほとんどないからだ」と考えた。そこで彼は、「企業の目標達成」と「個人の成長への願望」が結びつくようなシステムを創ることを意図した。その結果生まれたのが、企業目的と関連した従業員個人の努力目標を申告させ、その達成実績に応じた報酬を提供するという、《目標管理のシステム》だった（小野豊明・戸田忠一訳『目標設定』ダイヤモンド社、一九六六）。

日本の産業界にこのシステムの導入が試みられたのは、六〇年代半ばの頃だった。しかし、正直なところ評判はあまり芳しくなく、その動きは徐々に下火になっていく。ただ最近になって、年俸制給与体系という形で、復活の兆しが見られる。

職場における〈自己実現〉の戦略として、日本の企業が積極的に取り入れたのは《職場への小集団活動の導入》であり、それはかなりの成果を上げた。「ＺＤ運動」（作業ミスや事故をゼロにする運動）や「ＣＱ活動」（製品やサービスの品質管理を基準通りに維持する活動）といった社内キャンペーンの推進母体を、職場単位の小集団活動にゆだねる。それがこの戦略の基本方針だった。

「小集団活動に従業員が自発的に参加し、共通テーマについて議論し、アイデアを出し合って実行する。そして、その成果を発表し、経営者に改善策として提案してゆく……」。この小集団活動による一連の過程の中で、従業員は単に言われたことを黙々と実行する受動的存在から、自発的に企業の生産性向上を考え積極的に参加する能動的存在へと変身する。つまり、職場の一員として〈自己実現〉が達成されるのだ。

これらの小集団活動のうち、とりわけ目覚ましい実績を上げたのが、「QC活動」だ。

アメリカの統計学者W・E・デミングが、企業における品質管理の重要性を、日本でも力説して歩いたのは六〇年代であった。それが具体的な成果として世界中から注目されるようになったのが八〇年代。たとえば、アメリカの代表的ビジネス雑誌『フォーチュン』は、八〇年一二月号で「品質への戦闘開始」というタイトルで特集を組んだ。その記事には、アメリカの権威ある消費製品テストで、日本の自動車やテレビが、自国アメリカ製品に比べ、故障率と欠陥率においてズバ抜けた優秀性を示していると指摘し、それを脅威と受け止めている。

また、同じ時期に朝日新聞社が八回にわたり、日本企業のTQC（全社的品質管理）に関する特集を組んだ。この特集記事の中で、次の三点が指摘されている。

第一に、デミングが提唱した理論を、具体的な経営管理法に仕立て、高度の品質管理へと結実することに成功したのは、世界中で日本の企業だけであること。第二に、TQCの実働部隊は「QCサークル」と名づけられた小集団であって、それは全国で一三万、参加人員は一〇〇万を越すと見られる。これらのサークルに共通する雰囲気は、〈企業一家主義〉とでも言うべき「連帯感」である。第三に、この「QC活動」によって、従業員一人当たり年間七回の改善提案が出され、企業が得た利益は九二六億円にも達している。ところが、企業が出した報奨金額は四九億円にすぎない。基本的には、従業員の「QCサークル」への「連帯感」と、社内全体で当該サークルが表彰される「名誉」が、彼らの大きな報酬部分となっている（『朝日新聞』一九八〇年一二月三日―一〇日）。

このTQCの成功によって、日本の企業は「量的生産性」だけでなく、「品質面の生産性」でも国際市場でトップクラスの地位を占めることになった。それは従業員のささやかな「自己実現の欲求」を、巧妙に組織エネルギーへ転換することに成功したからだと言える。

ところが、九〇年代に入りバブルが弾け、長期にわたる平成不況とリストラの進行に伴って、職場環境も大きく変化したように見受けられる。

『国民生活白書』（平成11年版）によると、最近の雇用形態には次のような変化がみられる。

第一に、年俸制を採り入れる企業が増えている。これを採用しているのは、従業員一〇〇〇人以上の企業で九四年七・九％だったが、九八年に二五・六％へ増加。一〇〇〇人未満の企業でも、四・六％から一五・〇％に増加している。

第二に、終身雇用の慣行についても、それを「重視する」企業は九〇年に二七・一％だったのが、九九年には九・九％に減少した。またこの慣行に「こだわらない」とするのは一〇〇〇人以下の企業に著しく、その割合は四〇％以上を占めた。

第三に、フルタイム労働者の割合が九〇年は八四・四％だったが、九八年には七八・七％に減少している。これに関連する現象として、転職を肯定的に受け止める傾向が強くなっていることがあげられる。一五―二九歳の若者の三三％が転職を経験している（労働省『若年者就業実態調査報告』一九九七）。

以上みてきた最近の雇用動向を分析すると、企業と個人の関係が益々クールでドライになってきた、といえる。換言すれば、かつての日本的な〈企業一家主義〉は影を潜め、限りなくグローバルスタンダードに近づいていると言えよう。

従業員の生活や〈自己実現〉の可能性をも企業がバックアップする時代は終わりを告げ、そのすべてを〈自己責任〉にゆだねる時代が幕を開けはじめたのだ。しかし、このような情況の展開には一抹の不安も伴う。日本を経済大国に押し上げた、目に見えぬ日本人の「マグマ」をも冷やすことにならぬだろうか……。

つい最近、サントリーの元部長がかつての部下に射殺されるという事件が発生した。自殺した部下は、部長によって人生を変えられたうらみを果たしたのだという。「殺された部長が自分を、開発部門の課長から人事部長に、自分の意に反して昇進させたのが不満だった……」。部下の遺書には、実に奇妙な理由が綴られていたそうだ。

この事件は改めて、〈自己実現〉の欲求を満足させることの難しさを認識させるものだった。

# 20　〈らしさ〉について

「戦後の日本社会で失われたものは」と尋ねられたら、枚挙に暇がない。中でも近頃、何かにつけて感じさせられるのは、〈らしさ〉の消失だ。〈男らしさ〉〈女らしさ〉は言わずもがな、〈親らしさ〉〈大人らしさ〉〈先生らしさ〉などなど。いずれもそのイメージが薄れつつある。その中で〝失われた〈男らしさ〉〟の基本理由と、それが何をもたらしたかについて考えてみよう。

もっとも、〈らしく〉振る舞うという現象には、どうしてもムリと嘘がつきまとう。だから人々の態度や行動から〈らしさ〉が消えることは、それだけ人間関係が素直になった証拠だと考えれば、あながち悪いことではないかもしれない。しかし、人々が〈らしさ〉をすべて脱ぎ捨てて、生身の人間関係に終始するのが、良い社会なのかどうかと考えると、一概にそうとも言い切れない。

社会生活を共にしている人たちは、何を手がかりにして安定した相互作用を営んでいるのか。この問題について社会心理学者は、《役割》という概念で説明しようとする。やや教科書風に定義すると、《役割》とは「地位のダイナミックな側面であって、ある地位を持つ人間がその内容にふさわしい権利と義務を実行すること」をいう。

換言すると、こうなる。「社会生活を送っている以上、人間は何らかの地位を占めている。だから、それにふさわしい行動をとるよう期待されている。その期待にどれだけ応えるかで、役割を果たしているか否か、の評価が下される」。

「役割理論」を掘り下げた社会心理学者にT・S・サービンがいる。彼は、人間がどんな役割行動をとるかは、（1）役割期待（2）役割知覚（3）役割実現。この三要素に左右されると考えた。

具体的にいうと、人がある役割を果たす場合、まずそうすることを誰からどれだけ期待されているか、次にどう行動すれば役割を果たしたことになるか、その内容をどれだけ認識しているか、そして役割を実行する能力をどれだけ備えているか。これが役割行動にかかわってくるというわけだ。サービンによれば、〈らしさ〉とは役割実現と直接関連する現象なのである。それは役割を実行するに当たり、どれだけ「○○であるかのように行動できるか（as if behavior）」の問題だ。自分の行動が相手にどのような反応を引き起こすかを予想しながら行動する能力でもある。

端的にいえば、自分に割り当てられた役割を、いかにそれらしく演ずるかという、演技能力なのだ。演劇と同様、社会生活でも一人の人間の行動が別の人間の行動と、うまく噛み合うかどうかはその人間の演技能力にかかっているのだ（土方文一郎訳『社会心理学講座Ⅰ　役割（ロール）の理論』みすず書房、一九五六）。

本題の〈男らしさ〉に入ろう。

戦後まもなくの時期、評論家の大宅壮一は「戦後強くなったものは、女と靴下」という名言を吐《は》いた。この言葉は、今日でもまったく修正の必要がないほど真実として通用する。その対句を考えると、「戦後弱くなったものは、男と障子紙」とでもなろうか（あまり上手くないな……）。

日本の戦後社会は「男女平等」の理念を揺るぎない規範として、さまざまな法整備がなされ、その実効性が強化されてきた。したがって、男女平等の原則に基づく限り、相対的に女は強くなり、男は弱くなっていくのも不思議ではない。

しかし、男女関係の問題はすべて原理・原則論で割り切れるほど、単純ではない。たとえば、「セクハラ禁止」の原則が、職場の隅々までいきわたれば、女性にとっては働きやすい環境になるだろう。しかし、規則によって押さえこまれた男性の感情が、予想もしないような副作用を生まないかといえば、その保証はない。要するに、男女の関係は、一片の法規や通達で万事解決というほど単純ではないのだ。

私のように戦前に生まれ育った人間の意識には、〈男らしさ〉について、牢固たる美学が根を張っている。その中身を分解すれば、〈男らしく〉あるためのいくつかの行動原理が浮かび上がってくる。

第一に、弱い者いじめをしない。できれば、弱い者をかばい、いじめる相手と戦うことも辞さない。

第二に、淡白であること。相手の心に自分への拒否反応があることがわかったら、未練がましい振る舞いをしない。色恋だけでなく、生き方全般にわたって「潔《いさぎよ》さ」を心がけることこそ〈男の美学〉なのだ。

第三に、虚飾を排除し、目前の利益のため「人に阿《おもね》る」ことを恥とする。そのような行為を「賤《いや》しい」と自覚する感性を持つことが〈男の意地〉なのだ。

第四に、何を主とし、何を従とするかについて確固たる判断を持ち、公私のけじめをキチンとつける。したがって、公的な場で私事を語ったり、自らの感情を顕わにすることは、男として軽蔑に値する振る舞いだ。とくに、泣くことで責任を回避するような振る舞いは、男として最も唾棄すべき行為なのだ。

ざっと振り返っても、以上のような〈男らしさ〉の美学が思い浮かぶ。

もし、こうした〈男らしさ〉へのこだわりが世代を超えて今日まで一つの文化として継承されていれば、「いじめ」とか「ストーカー」といった陰湿な問題が、かくも深刻化しなかったのではないかと思う。ではなぜ、〈男らしさ・女らしさ〉という基本的な文化の型が崩れはじめているのか。その原因は多岐にわたるが、主な原因を考えると、次のような事情が作用しているように思う。

戦前と戦後、教育制度で大きく変わったことの一つに「男女共学」の普及・拡大がある。公教育のほとんどの段階と学校で、共学であることが普遍的条件として定着している。

戦前世代の教育体験では、中学・高校・大学は言わずもがな。私のように小学校の六年間を「男組」で過ごした人間も決して珍しくはない。「男女別学」という隔離された教育システムの中で成長した人間にとって、〈男らしく〉あるいは〈女らしく〉なることは、いわば「第二の天性」として、極めて自然な成り行きだった。「男女別学」の中では、同性の者だけが共有する規範とコミュニケーションが、ごく自然に成り立ち得た。教師の側も、気兼ねすることなく〈男らしさ・女らしさ〉について語り、指導することもできた。

ところが「男女共学」の一般化に伴い、家庭科の授業が男女共に必修となった。それは良いとして、家庭科必修をきっかけに教育の現場――少なくとも公教育の現場――では、生徒指導に当たって「男らしくしろ」「女らしくしろ」が禁句になった。その影響か、年々〈らしさ〉のイメージを明確に持てない大学生も増えてきている。とくに〈らしさ〉の違いを、人間にとって本質的な「精神構造の違い」に由来することとして理解できない者が増えている（こんな話をしただけで、「テメェー、男女差別主義者かよ」などと〈男らしく〉罵《ののし》る女性もいるが……）。彼らは、ひたすらホスト擬《まが》いのサービスをすることが〈男らしさ〉だと錯覚しているフシがある。バブル全盛の時代には「アッシー君」「メッシー君」「ミツグ君」などいろいろいたが……。

もう一つ、戦後は年々、男性への「役割期待」が変化しているという見方もできる。「父よあなたは強かった」と歌われ、「男はつらいよ」という文句が説明抜きで理解された時代は過去のものとなった。今や男性は「強い存在」としてよりは、「優しい存在」であることが求められるようになっている。

その原因の第一に、戦後五〇余年、戦争を経験しないで過ごしたことで、かつてのように国防の前線を担う戦士としての「役割期待」を男性に寄せる意識が風化したことがあげられよう。何しろ防衛大学までも男女共学になった。自衛官や消防士など、かつての男の聖域が、現代では女性にとっても魅力ある職場になっている。

第二に、あまり注目されていないのが不思議だが、男性の結婚難がある。「昭和四〇年代末以来、一種の男性の結婚難の状況が生まれた」（厚生省人口問題研究所『日本の人口・日本の家族』一九八八）という。一九八五年の国勢調査では、三〇代の女性の未婚率は五％だったが、男性では一四％と、三倍近かった。また生涯未婚率は女性よりも男性の方がはるかに高い（女性五・二八％、男性九・〇七％、『人口統計資料集95年』）。

なぜこんな現象が生まれたか。その解釈はともかく、今の男性は昔のように、女性に対して「嫁に貰ってやる」などとふんぞり返っていられない。それどころか「どうしたら気に入ってもらえるか」に汲々とせねばならぬのが、どうやら現実らしい。

第三に、夫婦の役割期待も大きく変化している。NHKの世論調査によると、「理想の家庭像」は次のように変化している。

「父親は何かと家庭のことを気遣い、母親も暖かい家庭づくりに専念する」という〈家庭内協力型〉は、七三年では男性が二一％女性が二二％だった。それが、八八年になると男性三二％女性三七％へと、男女とも増大する。

これとは対照的に、「男は仕事、女は家事・育児」という〈役割分担型〉は、七三年では男性四一％、女性三七％だったが、八八年になると男性二八％、女性二二％へと激減した。要するに、「亭主関白」はもう許されなくなったのだ（NHK世論調査部『現代日本人の意識構造［第三版］』NHKブックス、一九九一）。

こうした現象は、単なる意識の変化ではなく、家計構造の変化にも裏づけられているようだ。

『家計調査報告』（総務庁、一九八七）によると、家計の中の可処分所得における妻の収入の割合は、七〇年には七・三％にすぎなかったが、八七年になると一三・三％へ増加している。しかもその使われ方は、「子供の教育費」「住宅ローンの支払い」に充てられるウエートが高い。大の頭が上がらなくなるのも無理はない。

かつてのように男性が〈男らしさ〉にこだわって、無理を重ねて痩せ我慢をする必要がなくなってきていることは、男性にとって幸せなのだろうか。意識調査で見ると、そうとも言えないようだ。博報堂生活総合研究所の調査した「生活感情指数」によると、男女の幸福度は八一年では男性が七五、女性が八〇だったのが、八三年になると男性七四、女性八〇と、ほぼ一貫して女性の方が男性よりも上回っている。

また文部省（現文部科学省）統計数理研究所の『国民性調査のコウホート分析［第三版］』（統計数理研究所、一九八五）によると、「生まれ変わるなら、男か女か」という質問に対して、「男に生まれたい」と答えた者が五〇年には六〇％だったが、七三年には四二％へ減少した。逆に「女に生まれたい」は　六％から五一％に激増している。

このようなデータで見る限り、「よくぞ男に生まれけり」という時代は終わった、と思わざるをえない。〈男らしさ〉が男性のイメージとして薄れていくにつれ、逆に女性の側ではますます〝野郎化〟が色濃くなっている。とくに日常の言葉遣いは〝野郎言葉〟の連発だ。ノーテンキな女子高生ならまだしも、時折テレビに登場して「フェミニズムの旗手」を自任している某大学の女性教授の発言など、心ある男性ならけっして使わないだろう、汚い〝野郎言葉〟の連発である。

そこで気がついたことがある。「フェミニズム」とは、女性が男性のできないことを実現し、その存在価値を認めさせることを主張しているのではない。女性が限りなく男性化——それも表面的に——することを理想と考えているにすぎない。女性がどれほど〝野郎化〟しようと、男性は決して尊敬しないだろうし、またその存在価値を再認識することはないだろう。そのことを、悲しいかな、一部の〝フェミニズムの闘女たち〟は理解していない。

それ以上に悲劇的なのは、〈男らしさ〉を忘れ去った男性たちの無限の増殖だ。〈男らしさ〉を失った男性の哀れさは、「唄を忘れたカナリヤ」の比ではないと思えるのだが……。

# 21 準拠枠と県民性

極めて日常的な現象から話を始めよう。同じ対象について、人はなぜ、それぞれ違った見方をするか、という問題がある。たとえば、観光地に出かけた人々が旅の思い出を残そうと、カメラのシャッターを切る。出来上がった写真を見ると、同じ景色を撮ったにもかかわらず、一人一人の構図には微妙な違いがあることが認められる。

かつてテレビの教育番組で、小学生の書いた通学路の地図が紹介されたことがあった。面白いことに、その地図には小学生一人一人の個性が端的に反映されていた。たとえば、怖い犬のいる家がもれなく記入されたり、通学路にある菓子屋がもれなく記入された地図もあった。つまり、小学生の地図には、かなり正直に彼らの関心が何に向けられているかが表現されていたわけだ。

人間はなぜ同じ対象について、十人十色の見方をするのか。これについて心理学は、《準拠枠》という概念で説明する。《準拠枠》とは、個人にとって特徴的な認知と判断の枠組みをいう。いわば、人間は自分専用のファインダーを持っていて、それを透かして客体を意識し評価しているのだと見る。

問題は、その準拠枠がなぜ個性的な特徴を持っているのかだ。この点について、社会心理学者たちは次のように説明する。

《準拠枠》が個性化するのは、第一に気質の違いがあるからだ。人間の気質は、性格構造の中で最も固く変化しにくい部分だが、それは体質と同様に遺伝に基づく。精神医学では、この気質を二つないしは三つに分類する。（1）躁鬱性気質（2）分裂性気質（3）癲癇《てんかん》性気質。〈躁鬱質〉の特徴としては、社交的、陽気、気の弱さなどが同居していて、置かれた状況により、そのどれかが表面化する。要するに陽と陰の性格が周期的に顔を出すのだ。認知、判断の特徴として、認知の範囲は広いが、大雑把で注意力に乏しい。また体質的には肥満タイプが多いという。

〈分裂質〉の性格の特徴としては、冷静、感情の抑制、内向的などが指摘される。しかし〈分裂質〉にも強気と弱気の違いがあり、強気の分裂質の人間は内向的ではなく、積極的に自己主張する。認知の特徴としては、一点集中型であって、範囲は狭いが細かいことも見逃さず、また深く理由や意味を追求しようとする。体質的には痩せ形が多いとみられている。〈躁鬱質〉と〈分裂質〉は、人間の気質としてひろくみられるタイプだが、少数派ながら注目される気質として〈癲癇性気質〉がある。

〈癲癇質〉の特徴は、頑固、几帳面、丁寧、怒りっぽさなどが指摘される。認知の特徴からいえば、分裂質に類似している。体質的には、筋肉質の人間に比較的多いという。

以上三つの気質が純粋に性格の特徴になることは、極めて珍しい。

これらの気質が、ある人間の行動や性格を純粋に支配するようなことがあれば異常であって、社会生活への適応はおそらく不可能となる。気質が遺伝性を持つことを考えれば、両親の気質が複雑にミックスされて子供の気質を形成しているはずで、ある気質が純粋に受け継がれることはまずありえない。

そこで《準拠枠》を規定する第二の条件が出てくる。人間が生きていく上で、さまざまな集団とかかわる必要があるのは当然だが、その際に《自分の準拠枠》を《集団の準拠枠（集団規範）》と重ね合わせないと、集団生活に適応できない。

それは集団の規則を守るというだけでなく、友達つき合いをしていく上でも不可欠の条件だ。要するに、人間はどんな集団とどのようなかかわりを持ったか、また人生でどのような友人関係を持ったかによって、その《準拠枠》は多様に変化する。古語に曰く「水は方円の器に随《したが》い、人は善悪の友による」とは、このあたりの事実を示している。

第三の規定条件は、最も多くの人の思考と感情に影響するもので社会的規範だ。それは、法、道徳、宗教、風俗、慣習などさまざまな形をとって私たちの意識に作用する。中でも、本人はあまり気づいていないが、かなり強烈に《準拠枠》に影響している社会的規範が「県民性」なのだ。ある地域に生活している人々、あるいはある地域の出身者が、極めて類似性の高い「ものの見方」をする事実がある。「県民性」と呼ばれる現象が、これに当たる。

私が「県民性」を強く意識させられたのは、一九四八年、旧制高校を受験した時だった。東京の中学を卒業した私からすれば、第一高等学校を受験するのが最も順当な選択だったが、残念ながら学力に不安があった。そこでやや可能性の高い私立高校を受験し、もう一つ鹿児島の第七高等学校を受験することにした。はるばる鹿児島くんだりまで出かけようと考えたのは、何よりも当時の東京に比べると食糧事情がはるかに恵まれていたことが、大きく作用していた。また鹿児島は母親の出身地でもある。

七高は、日本中の旧制高校の中で唯一、「造士館」というサブタイトルがついていた。鹿児島へ行って驚いたのは、地元の人たちが七高の生徒を「七高生さあ」と呼んでいることだった。鹿児島弁で「さあ」とは「さん」を意味している。一介の高校生を「さん」づけで呼んでいることとは、彼らに並々ならぬ期待がかけられていることがうかがえた。その「七高生さあ」が、休み時間に馬に乗って受験生のところにやってきて、演説を始めた。鹿児島弁でひどくわかりにくかったので、メモをとり、帰京後、母に翻訳してもらった。彼が述べたことは、次のようなことだった。「わが七高を、なぜ造士館と呼ぶか。それは、西郷先生の私学校以来の伝統を受け継いでいるからだ。お前たちが入校の暁には、おれたち先輩がこの伝統を、しっかり叩き込んでやるから、楽しみにしていろ」。

受験を済ませた数日後、合格通知を頂いたが、入学はご辞退申し上げた。いかに食物に困らないとはいえ、西南戦争の時代まで逆行するのは御免を被りたいという気持ちがあったからだ。鹿児島のエリートたちにとっては、西郷隆盛の教えは人類普遍の原理であり、時代を超えて受け継ぐのが当たり前と思っていたのだろう。しかし、時代の変化を敏感に意識し、何よりも偶像破壊を喜ぶ、東京人の感覚からすれば鹿児島人の時代主義に強い違和感を覚えたとしても不思議ではない。要するに「県民性」の違いなのだ。

「日本人の性格構造には、「県民性」の違いがはっきりと存在する。それは、地域によって住民の気質分布が異なることに原因しているからではないか……」。こんな仮説を実証しようと試みた社会心理学者が、宮城音弥だった。

彼は気質判定の質問紙を用意し、それに基づいて「県民性」の全国調査を試みた。その方法は（1）東京の大学を卒業後、地方勤務を数年経験したジャーナリスト（2）地方の高校を卒業し、東京の大学に二年以上通っている大学生。これらに該当する人々に、勤務地や出身地の「県民性」を質問紙に従ってチェックしてもらう。その結果を日本地図上にプロットし、日本全国の気質分布図を作り上げた。

その内容は厖大なもので、簡単に紹介するのは難しいが、宮城音弥の調査でわかったことは次のようなことだ。「今でも日本人は、その性格に「県民性」の違いが色濃く残留していて、それは日本列島沿岸を流れる海流に影響された、風土や生活様式・伝統・慣習などの違いによるとみられている」（宮城音弥『日本人の性格――県民性と歴史的人物』朝日新聞社、一九六九）。

宮城音弥の研究は、どちらかといえば個人研究に近く、それ故に全国的傾向を判断するには、ややキメが荒すぎるうらみがあった。この欠陥を補ったのが、ＮＨＫ放送世論調査所が七八年に実施した全国県民意識調査の結果報告だった。この調査で明らかになった意外な事実は「かなりの地域差が、今日、日本人の意識の広い領域にあること」だった。

それは「江戸時代の閉鎖的な幕藩体制のなかで、藩政のあり方などを反映して成熟していった地方文化が、百年あまり経た今日、まだ人びとの心に痕跡を残している」証拠として注目されている（ＮＨＫ放送世論調査所『日本人の県民性』日本放送出版協会、一九七九）。

以上、二つの調査研究によってわかることは、日本という国は面積としては極めて小さい国でありながら、「県民性意識」から見ると、はるかに変化に富んだ《準拠枠》を持つ国民が生活している、という事実だ。

日本各地からやってきた学生たちと話をすると、時として「当たり前」と思っていることの違いを、いたく意識させられることがある。しかし、若者にとっては、当面かれらの《準拠枠》に強く影響しているのは大衆文化であり、東京文化であるから、深刻な意識の対立には至らない。

問題は中高年であり老人だ。彼らは何一〇年間、東京で生活していようとも、ある年令段階になると、突然〈意識の先祖返り現象〉を示し、出身地の「県民性」とおぼしき価値観に固執しはじめる。それは、単に出身地への郷愁としては片づけられない執念のようなものを感じさせる。

まもなく公示される総選挙で、最大の争点になりそうなのが「神の国」発言であろう。

森首相が神道政治連盟国会議員懇談会での挨拶の中で、「日本の国が天皇を中心とする神の国であることを、しっかりと国民に承知していただく」と発言したことは、おそらく本人が予想もしなかった大波紋をひろげることになった。私も驚愕した一人だ。戦前の学校で、教育勅語や皇国史観——とくに平泉澄の史観——、あるいは軍人勅諭などによって繰り返し叩き込まれた思想が、二一世紀を目前とした今日、ゾンビのごとく甦ったのは、ただごとではない。私の記憶に間違いがなければ、森首相の言葉は戦時中、中学生以上が必読書として読まされた『国體《こくたい》の本義』の中の一節とほぼ同じだ。

問題は、私よりはるかに若く、釈明会見でご本人も強調していたように、「戦後一貫して六・三制教育を受けた人間」が、なぜゾンビのごとき『国體の本義』思想に取り憑かれたか、である。

この疑問を解くカギの一つは、彼の「県民性」にあるとみた。

前出、宮城音弥の「気質分布図」によれば、森首相の出身地、石川県は〈外向型の躁鬱気質地帯〉だ。宮城はその性格を、「朗らかで、頭の回転が早く、でしゃばりで無遠慮、かつ、いきいきとしている」と特徴づけている。このうち〝頭の回転〟については異論も出ようが、他はそのものズバリの感がある。

NHK県民調査を見ると、「県民性意識」の中で「天皇崇拝」「宗教依存」などの意識は、富山・石川・福井の三県は全国平均よりはるかに強い。「神の国」発言が単なるリップサービスではなく、《準拠枠》に固くまとわりついた「土着の発想」である可能性が高い。だから記者会見でも、頑として発言撤回を拒否し続けたのだ。おそらく、論理ではなく、心情的に撤回を許さない何かが作用していた……。こう推測するのは邪推だろうか。

かつて〈大衆社会〉を取り上げた時、「体制的地均《なら》し」の不安について記した。その原稿を書いている際は、いささか年寄りの取越し苦労ではないかという気持ちもあった。しかし、今回の「神の国」発言騒動を見聞するにつけ、「体制的地均し」の不安が杞憂ではなく、すでに政治権力の中枢でスケジュール化されていることが見えてきたように思えてならない。

唯一救いがあるとすれば、今回は珍しく日本のマスコミが足並み揃えて批判の姿勢をとったことだろう。しかし、一度墓場から甦ったゾンビ思想が、おいそれと墓場に戻るとは思えないのだが……。

# 22 対人認知——パーソナリティ・マーケット

ある人間が別の人間と初めて会った時、相手にどのような印象を与えるか。この問題は、昔から「第一印象」という言葉で語られ、その重要性が強調されたものである。社会心理学でもこの問題は、《対人認知》現象としてさまざまな角度から分析されてきた。選挙もたけなわの頃となったが、にっこり笑った候補者の大きな顔写真が載ったポスターを見ると、《対人認知》のことを思い出してしまう。

立候補者にしてみれば〝にっこりポスター〟を出来るだけ多く貼り回ることで、多数の有権者に自分の存在を印象づけ、より多くの得票があることを期待しているに違いない。しかし、自分の顔が有権者にどのような印象を与えるかについて、どの程度自信を持っているのか、疑わしいケースも少なくない。公職選挙法の規定に「立候補者は必ず顔写真入りのポスターを掲示しなければならない」という条項があるのかどうか。そのような条項がなければ、顔写真は入れない方が良いのではないか、と思う候補者が少なからず目につく。とくに気になるのは、この手の顔写真のほとんどが笑顔で写っていることだ。写真屋さんの常套手段、「はい、笑って……」という合図のままにパチリと写されることで、ポスターが出来上がるのだろうが、笑顔を湛《たた》えた表情がすべての人に好意的に受け入れられる保証はない。

「笑い」といっても、その内容は決して単純ではない。国語辞典を見ても、嘲笑、憫笑、愛想笑い、微苦笑、あるいは破顔などなど。その表現する内容は実に多岐にわたる。

笑顔でいれば皆が自分のことを善人で温かい人柄だと思うだろうと考えるのは、極めて単純な発想だ。笑顔の写真を見て「こいつ人をバカにしていやがる」「見え透いた媚を売っている」あるいは「何だ、このバカ面」などと思われ、逆効果になることもないとは言えない。

《対人認知》に関しては、古くは一九二〇年代にアメリカの心理学者C・A・ラクミックが実験により、人間が他人の表情を判断する場合、顔の上半分で知性や性格の特徴を、下半分で情動の特徴を、それぞれ印象づけていることを発見している。

しかし、それ以後の研究によって、〈印象形成〉に関係する因子の数はどんどん増え、この分野の研究はまだ進行中だ。とくに最近のコンピュータグラフィックス技術の発達に伴い、表情の変化と印象の関係を解明する研究は飛躍的に進んでいる。

初対面の人間の性格について、パッと見ただけでそのすべてがわかるというのは、超能力に近い。現実は自分が感じた印象が、第三者から得た情報により補強されたり、修正されたりして、それは安定する。つまり、〈印象形成〉は〈言語情報〉に左右されるということだ。たとえば「お見合い」の場合、当事者について、どのような紹介がなされるかによって、相手に対する印象が大きく変化することが、これに当たる。最も信用できない言葉の代表として「仲人口」があげられている。

〈印象形成〉に強く影響する〈言語情報〉が、どのような性質を持っているのかについては、アメリカの社会心理学者S・E・アッシュの研究がよく知られている。

彼は実験により、ある人物を紹介する形容詞で最も影響力の強いものは「温かい（warm）」と「冷たい（cool）」であることを発見した。そして人々は、この形容詞のどちらかにこだわって性格・特性を関連づけ、全体の印象を形づくるとみた。このような強い影響を持つ形容詞を〈中心特性〉と呼んだ。

さらに、ある人を印象づける場合、この〈中心特性〉を最初に強調すると、それ以後の印象は、すべて最初に〈中心特性〉に調和する形で解釈されることも発見し、これを〈初頭効果〉と名づけた。

もう少し具体的に説明すると、こういうことになる。たとえば、ある課長が新入社員を紹介する時、「今度、わが課に配属されたA君は、彼の先輩によれば〈温かい性格〉の持ち主ということであって……」と言うのと、これをたとえば〈冷たい《クールな》性格〉と紹介するのとでは、彼がそれ以降にとる行動の解釈がまったく異なってくる。〈温かいA君〉が同僚のOLの手助けをすれば、〈優しい〉と受けとられる可能性が高い。しかし同じことを〈冷たいA君〉がすれば「何か下心があるのでは……」と疑われることにもなりかねない。

アッシュの研究に先立ち、H・ケリーは大学生を対象としてある実験を試みた。ゼミナールの講師を紹介するに当たって、あるクラスでは彼を〈温かい〉人間と紹介し、他のクラスでは〈冷たい〉人間と紹介した。紹介する言葉はかなり長いものだったが、「温かい」と「冷たい」以外は二つのクラスでまったく同じ内容だった。

そして学生に、この講師のゼミに参加したいかどうかのアンケートをとった。結果、「温かい」と紹介したクラスでは五六%の学生が参加を希望したが、「冷たい」と紹介したクラスでは三二%にとどまった（南博監訳『現代の心理学6』講談社、一九七七）。

これらの研究報告を見ると、世間に氾濫する〝にっこり広告〟や立候補者の〝にっこりポスター〟の意図もよくわかる。つまり結果はともかくとして、とりあえず〈初頭効果〉だけでも点数を稼ごうという計算なのだろう。しかし〝にっこり〟していれば、皆が皆、好意を持ってくれるほど、世間は甘くない。現代社会は、人間性の評価について、かなり厳しい眼を持っているのだ。

社会心理学者のE・フロムは、名著『自由からの逃走』（日高六郎訳、創元社、一九六五）の中で次のようなことを述べていた。

「（現代では）あらゆる社会的・対人的関係に、市場法則がルールとして働いている……他の商品と同様に、人間の価値を決定し、その存在性を左右するのは市場なのだ。もしその人間が持ち合わせている素質が市場で何の役にも立たなければ、彼は無価値な存在にすぎない。それは丁度、それ自体は価値のある商品でも、売れない商品が無価値なのと全く同じことである」。

このような指摘から、現代社会を《パーソナリティ・マーケット》と特徴づける見方が生まれた。つまり、現代社会に生きる人間は大なり小なり自分を売り込むマーケットの商品評価に適合するように、〈装い〉を凝らさないと弾き出される結果になるということなのだ。

「パーソナリティ」という英語は、本来ラテン語の「ペルソナ＝お面」を語源としている。要するに、演技に応じて使い分けるお面をどれだけ持ち、状況にかなった使い分けが上手く出来るかが、人間の性格の本質だ、ということになる。こうした本質を、痛切に思い知らされるのが現代だ。いじめの標的にされないためにも、就職に成功するためにも、はたまた結婚のためにも、自分が選び身に着ける「ペルソナ」に、意識的にならざるをえない。

総務庁青少年対策本部の調査によれば、青少年の「悩み」として「自分の性格」をあげる者は、七〇年には二一・六％だったが、九〇年には一二・五％に減少した。

これに対して、「容姿」を悩んでいる者は、この間五・九％から七・六％に増加した。この傾向は、年齢的には一〇代の半ばと、二〇代の前半に著しい（総務庁青少年対策本部『現代の青少年』一九九一）。

この調査結果で見る限り、現代の若者たちは、「自分だけが知っている自己」よりも、「他人に見られている自己」に強くこだわるようになってきたと言えそうだ。

しかし、この傾向は若者だけだろうか。程度の差こそあれ、現代人は年齢・性別の違いを超えて、〈装える自我〉に関心を強めているようにみえる。それは中高年層（とくに女性）にも「ファッションの若造り」が目立ちはじめてきていることにうかがえる。古い人間の目から見れば、「いい年齢《とし》をして……」と、苦々しい思いを感じさせる〝若造り〟も、何らかの市場価値の計算に裏づけられているのかもしれない。ただし、いかに装いを凝らしてもマニュアル本は共通なので、結果的には皆、同じ「ペルソナ」に落ち着くのは皮肉だ。

「他人に見られている自己」の「装い」に、我も我もと意識を集中する結果、それが裏目に出てかえって無個性化し《パーソナリティ・マーケット》での価値の下落を招く現象は珍しいことではない。その典型は、就職活動に奔走する大学生だ。一様にリクルートスーツに身を包み、面接用語で受け答えする。採用する側としては個性的な若者を発見するために、あの手この手と工夫せざるをえない。

学生から聞いて面白いと思ったのは、あるアパレル関係の会社の採用試験を受けた時の話だ。その会社は二次面接の際、「君が普段、街中に出かける時の服装で、面接に来ること」を要求したという。その学生は、この課題をどう考えたらよいのか、迷いに迷ったという。

現代社会では〝さりげなく個性的〟であることは、難事中の難事にちがいない。しかし、いまや《パーソナリティ・マーケット》は、それを必要とするまでに成熟しているのだ。私のように流行とか、ファッションとかにまったく関心を持たない人間にとって、どんな装いを凝らすのがおシャレなのか、皆目見当もつかない。ただ街中を往来している人たちの服装、言動を見聞するにつけ、今しきりに頭の中を去来する言葉がある。

それは、世阿弥が『花伝書』の中で述べている「秘すれば花」という言葉だ。『花伝書』にはこれについて、次のような文句がみられる。

「一つ、秘する花を知ること。秘すれば花なり、秘せずば花なるべからずとなり……見る人のため、花ぞとも知らでこそ、仕手の花にはなるべけれ」。

つまり、さりげなく個性を表現できることが本当のおシャレであり、人に好感を持たれる秘策でもある、ということだろう。そういえば、もう死語になりつつある言葉だが、「奥ゆかし」という表現もある。

選挙戦たけなわともなれば、候補者はあの手この手を使って、さまざまな「ペルソナ」を取っ替え引っ替えして一票に結びつけようとする。しかし、《パーソナリティ・マーケット》で日々生活している選挙民の眼は節穴ではない。「ペルソナ」の下の素顔を、見抜いていることもある。見抜いた素顔の〈中心特性〉を手がかりに、公約の嘘も見抜いているかもしれない。

# 23 共感性――もののあわれについて

人間もまた動物の一種である以上、何がしかの残忍さを意識の闇の部分に残していることは否定できない。しかし、その残忍さを実際の行動に移すことが出来るか否かは、さまざまな心理的規制が作用する。これもまた、人間の〝普通の在り方〟だ。とくに「子供は残忍な生き物」であると言われるように、幼児期の人間が残酷な意識も持たずに、むごい行動に走ることは珍しくはない。しかし成長するにつれ、このような幼児的な残酷さは影を潜めていく。少なくとも、人間に対しての残酷な行動を簡単にとれなくなるのが「正常な人間」の基本条件とみられる。

しかし最近の凶悪事件について気になることがある。犯行手口がいかにも残忍非情になってきている点だ。もともと凶悪犯罪自体、その本質において「むごいもの」である以上、その手口の凶悪さは五十歩百歩であり比較の対象にはならないのかもしれない。しかし、私が最近の凶悪事件の手口で一番気になるのは、被害者を生きながらにして、焼き殺す事件が連続していることだ。

その最たるものは、宇都宮市の宝石店で発生した女子店員六人を全員焼殺した事件だろう。その犯人は無分別な若者ではなく、四九歳の所帯持ちの男だった。マスコミの報ずるところでは、かくも冷酷な犯行を思い立った動機は、金欲しさと〝面割れ〟を恐れたことだったという。

同じ栃木県で、一九歳の若者が同年代の三人の若者に監禁され、多額の金銭を脅し取られたあげくに殺される事件も発生した。その被害者は殺される前に、加害者に熱湯シャワーを面白半分に浴びせられ、全身火傷の状態だったという。この事件の信じがたい残酷さは、加害者が、被害者を殺す寸前にその目の前で死体を隠すための穴を掘る作業を始めた、という事実だ。こうした報道に接すると、「人間はここまで残酷になれるものか」と改めて慄然とする。さらに驚かされたのは、主犯の若者が公判で「被害者の分まで長生きして、恋人と幸せな人生を送りたい」などと陳述したという点だ。ここには人間としての感性を微塵も認められない。

なぜそうした凶悪犯罪を実行できる人間になるのか。心理学者は、人間の感情における《共感（empathy）》という機能で説明する。最も標準的な心理学の教科書は、《共感》について次のように解説している。「《共感》とは、他人の感情や態度を感知する能力である……われわれが自分自身を他の人の境遇に移し替えられるようになればなるほど、よりよく共感できるようになる」。

この解説からもうかがえるように、《共感能力》とは、他人に対してどれだけ〈感情移入〉できるかにかかわってくる。

では人間はどのような育てられ方により《共感性》を失っていくのだろうか。アメリカの精神医学者W・H・ミッシルダインは、自分でコントロールできない感情に悩む数多くの成人患者に対する臨床経験から、ある精神医学理論を発見した。

それは、このような人は自分の意識に根づいた過去の自分、つまり「自分の内なる〈過去の子供〉」と、「今や大人である自分」との深刻な葛藤に原因していると分析した。言い換えれば、自分がどのようなタイプの親に育てられたかが、過去にとどまらず、現在まで尾を引きどうにもならない感情と行動を引き起こしているということだ。

たとえば（1）カッとなりやすい傾向（2）速いスピードで車を運転したがる傾向（3）突然、衝動的に行動する傾向（4）他人が自分の思うようにならないと、自分がバカにされていると思う傾向。これらの行動傾向は、子供の言い分に〈盲従〉する親に育てられたことに原因しているとみられている。

親が子供に〈盲従〉する傾向は、子供が長子とか一人っ子とか、また親が年をとってから生まれた場合などに著しくみられるという（泉ひさ訳『幼児的人間』黎明書房、一九七六）。

〈盲従型の親〉に育てられ、自制力を欠いて感情のままに行動する傾向は、近頃流行《はや》りの〈ジコチュウ（自己中心型）人間〉に特徴的な性格だろう。そして、このような性格の人間は、他人に対して《共感》する能力を決して持てない。だから、事と次第では平然として残忍な行動もとれるのだろう。

問題は、このような《共感性》の欠落した〈ジコチュウ人間〉が多数派か否かだ。また多数派になる可能性が、われわれの社会にあるかどうかだ。この点について、気になるデータがある。

東洋大学心理学科教授の中里至正は、一九七八年以降の、二〇年にわたる実験と調査によって、日本の子供たちの意識から著しく〈愛他心〉が失われている事実を指摘している。ここで中里が〈愛他心〉と呼んでいる意識は《共感性》と同じ意識だ。

教授の実験結果によると、小学二年生の〈愛他心〉指数は七八年では八三・〇だったが、八七年には四六・六に減少した。また小学五年生では、同じ時期に七七・八から四五・八に減少した。〈愛他心〉の低下傾向は、その後同じ実験を繰り返しても回復の兆しはみられないという。

また中里は八九年から九〇年にかけて、高校生を対象とした〈愛他心〉の国際比較調査を実施した。その結果、日本の高校生はアメリカ、中国、韓国の高校生に比べると、〈愛他心〉が最も低いことがわかった。

これらの実験や調査を綜合して、中里教授は次のように結論を下している。

「現在の日本は愛他心の欠如という、非行や犯罪を凶悪化させ、悪質化させる条件が十分にそろっている……我々が○○景気などと浮かれて物質中心志向に走っている間の忘れ物、それが愛他心だったのではなかろうか」(「今後の非行問題を考える」=全国少年補導員協議会編『少年問題の現状と課題』ぎょうせい、一九九二)。

以上のリポートからも明らかなように、今日の日本の若い世代の意識には、《共感性》の空洞化が確実に進行している兆候がみられる。またそれを実証するかのような犯罪も続出している。

冒頭で述べたように、それらの犯罪の中には人間性の存在を疑わせるような、残忍極まりないものも珍しくはなくなってきている。このような現実を見聞するにつけ、日本社会は今、一種の〈根腐れ現象〉を起こしはじめているのではないかと考えざるをえない。つまり、戦後、世代が若くなるほど、その人間性に多くの腐食部分を抱え込んで大人になっていく傾向があるのではないか……。そういう疑いを捨てきれない。

それがどこに原因しているのかについては、簡単に答えを出せない。戦後社会の展開過程で、次々にわれわれの身の回りに入り込んできた新しい生活様式や生活手段が、知らず知らずのうちに精神を荒廃させる「複合汚染」をもたらしたと考えられそうだ。

「複合汚染」の感染源の特定は難しい。しかし、あえて独断と偏見のそしりを覚悟して、問題点を指摘したい。

第一に、「平和の代償」として犯罪の残酷化が進行したのではないか。

社会心理学の古典的理論のなかに〈内集団と外集団の相互補強関係〉という考え方がある。それは、集団成員が自分の集団と対抗する集団を強く意識すればするほど、仲間意識も強くなるという法則だ。

ありふれた例をあげれば、スポーツの場合、ライバルチームがはっきりすると、チームメイトの団結心が強まる。企業の場合も、社員にライバル企業を意識させることで、会社全体の士気が高まる。戦時中の経験を振り返ると、庶民の間で喧嘩が始まりそうになった時、仲裁に入る人間が決まり文句として言ったことは「同じ日本人同士じゃないか……」だった。この言葉の裏には「喧嘩するなら、敵とやれ」という意味がこめられていた。過去を美化するつもりはないが、空襲により焼き出された庶民同士の労《いたわ》り合いには、今の時代では想像もできないほど、キメ細かいものがあったと記憶している。

戦後五〇年、――それ自体としては有難いことだが――日本人は平和な日々を送ることができた。その反面、脅威を感じさせる〈外集団〉を意識しないことが、日本人同志の内集団意識をも弱める結果を招いたのではないだろうか。換言すれば、〈内集団・外集団〉の関係が「国家対国家」の関係ではなくなり、個別化したとも考えられる。つまり、自分と他人の関係へ収縮した結果、〈ジコチュウ人間〉は至る所に「敵」を意識し、情け容赦なき攻撃を平然と加えるような情緒構造をつくりあげたのかもしれない。

誤解のないようにつけ加えておくと、日本人が昔のような優しさを取り戻すため、軍国主義の時代に逆行しろなどと主張するつもりは毛頭ない。長きにわたる平和を享受したお陰で、「平和ボケ」の一つの症状として〈敵・味方意識〉のとんでもない倒錯が根づきはじめていることを懸念するにすぎない。

第二に、「豊かさの代償」を原因の一つとして、疑わざるをえない。すでに述べたように、自己制御能力を持たない、衝動的な行動を特徴とする人間は、〈盲従型の親〉によってつくり出されるという。

日本社会が全体として貧しい時代、大部分の親にとって子供の要求に盲従することなど、出来ない相談だった。それは愛情の問題ではなく、経済の問題だった。

ところが、戦後の高度成長の結果、いわゆる「一億総中流化現象」が出現し、親子関係の愛情問題は経済問題と深く重なり合うようになった。

それが子供の成長にプラスになるか、マイナスになるかを深く考えることもなく、一種の〈横並び意識〉

に駆り立てられて、子供の欲しがる物、皆がそうしていることを家計の許す限り叶えてやろうとする親が圧倒的に増えた。

日本青少年問題研究所が実施した国際比較調査のデータによると、「個室の子供部屋」を持っている子供の比率は、日本七六%、アメリカ五九%、イギリス五四%。日本がずば抜けて高い。

報告書は、この現象を「うさぎ小屋の中の子供部屋」と揶揄し、それが子供のエゴイズムの増長をもたらす温床になるのではないかと懸念している（千石保・飯長喜一郎『日本の小学生——国際比較でみる』NHKブックス、一九七九）。

「個室の子供部屋」の普及率のずば抜けた高さという現象、つまり〈うさぎ小屋の中の子供部屋〉現象は、日本の若者にみられる〈根腐れ現象〉と関連が深い。今や、あらゆる社会病理現象にかかわっている〈引きこもり症候群〉の温床は、すでに二〇年も前から準備されていたとみることもできる。

第三に、私のような老人が最近、気になっていることに、日本人の感性から「もののあわれ」を感知する能力が欠落したのではないか、という疑いがある。日本の伝統文化の基調は「もののあわれ」を感知する能力に磨きをかけ、それをいかに洗練した形で表現するかにあった。その一例として、漱石の『草枕』の一節を引用しておく。

「「あぶない。出ますよ」と云う声の下から、未練のない鉄車の音がごっとりごっとりと調子をとって動きだす……茶色のはげた中折帽の下から、髭だらけな野武士が名残り惜気に首を出した。そのとき、那美さんと野武士は思わず顔を見合わせた……那美さんは茫然として、行く汽車を見送る。其茫然のうちには不思議にも今迄かつて見たことのない〈哀れ〉が一面に浮いている。「それだ！　それだ！　それが出れば画になりますよ」と余は那美さんの肩を叩きながら小声で云った」。

漱石は、この那美さんなる女性を、明治の時代としては異質な〈非人情〉に徹した女として描いている。「野武士」は別れた亭主であって、日本では暮らせなくなり満州へ旅立つ。引用したのはその場面だ。非人情な那美さんが、一瞬みせる哀れみの表情。それが欠けては日本人の心に訴える「絵」にはならないのだ。映画『寅さん』シリーズ——それも三〇作台あたりまで——には、まだ漱石の言うところの「絵」の気配が濃厚だった。

「もののあわれ」という日本人の最も豊かな《共感性》を失った世代……。彼らが二一世紀の日本に氾濫するのかと思うと、早めにこの世からおさらばする方が、幸せなのかもしれない。

# 24 地位の協和性——人物とポストの関係は

人はある人間をそのポストにふさわしい人物だと、何を基準にして判断するのだろうか。アメリカの産業社会学者A・ゼイルズニクは、アメリカの産業社会で地位評価の基準として（1）給与（2）勤続年数（3）年齢（4）学歴（5）人種の五つであることを指摘している。人種が評価基準に入っているのは、いかにもアメリカ的であるし、日本ではおそらく「性別」は無視できない基準になるだろう。それはさておき、彼の研究の注目すべき点は、地位の評価基準ではなく、ある人間がその地位にふさわしいと、周りの人間がなぜ思うかを分析したところにある。彼によると、それは地位評価基準における五つの要素の間にどれだけ一貫性がみられるかにかかっている。

つまり、勤続年数が短いのに給与が高いとか、年が若いのに地位が高いということは、職場に一種の違和感をもたらす。彼はこのような一貫性を、《地位の協和性（status consistency）》と呼んだ。そして、この《地位の協和性》が保たれているかどうかを判定する数式を考え、協和性指数によってさまざまな職場集団を比較した。その結果、協和性が低い——あるいは、保たれていない——職場ほど、欠勤率・退職率・トラブルの発生率などが高いことを発見した（野田一夫・堀城治訳『職場集団の理論』誠信書房、一九五八）。

ゼイルズニクの研究が物語っていることは、衆目の一致するような人事がなされないと、もやもやした気持ちが大小さまざまなトラブルを招く温床を準備することになる、といった極めて常識的な事実にすぎない。《地位の協和性》の問題を、ゼイルズニクとは違った角度から考察したのがアメリカの社会学者G・C・

ホマンズだ。彼によれば、人と人とがどうつき合うかは、そのつき合いによって得られるメリット（報酬）が、デメリット（損失）を上回るか否かで決まる。このような社会的行動の在り方をホマンズは「人間的交換」と呼んだ。この現象は、ともすると経済現象のことを考えがちだが、彼によれば人々の日常的な、自然なつき合いにみられる心理的報酬と損失のほうに重要な意味があり、つき合いの過程で意識させられる「恥」と「尊敬」とのバランスシートが、社会的行動の在り方を左右するとみた。

ホマンズの考えでは、人々が地位を得るということは、恥と尊敬の感情をバランスさせる上で重要な意味がある。たとえば、人が誰かにわからないことを教えてもらう時、相手が自分の先生だとか、自分よりも地位が上の人であれば、「恥」の損失は少なくて得るものは大きい。また教える側は「尊敬」という報酬が得られる。こういった場合、地位の違いは人間関係を損なわず、むしろスムースにする要因として機能する。つまり、《地位の協和性》が保たれるのだ。もうつそれが保たれるのは、たとえば職場の上司には仕事上の権限では、一方的に命令される立場にあるが、パソコンの操作ではいつも上司に相談され教える立場にある、といった場合だ。このケースでは、地位の上下は固定的な劣等感と優越感との不協和な関係に陥らないですむ。

要するにホマンズの考えは、どんな組織でも制度でもその基礎には、「人間的交換」が機能しているのだから、そのことを念頭において《地位の協和性》を保つ必要があるということなのだ（橋本茂訳『社会的行動』誠信書房、一九七八）。

ホマンズ的な発想を、身の回りの現象に当てはめて考えると、そこからいくつかの教訓が得られそうである。第一に地位が上の立場にあるものは、人にものを教えたり指示するに当たって、不必要な屈辱感を与えたり偉そうな態度をとったりしてはいけない。それは人間的交換をアンバランスにし、断絶するかもしれない。第二に、地位が上の立場にある人間は、意識的にヌけた部分を残しておく必要もある。すべてにわたって優れている人間は、つき合い難い人間でもある。同窓会などで、しばしば経験することだが、かつて秀才の名を欲しいままにした人間の周りには、あまり人が近寄らないものだ。天才や秀才はいつの時代でも、孤独になることが運命づけられている。

ある人間が一つのポストに就くに当たって、大方の納得が得られやすい基準はたぶん年齢、経験、学歴（資格）などだろう。ここで難しいのは、性別の問題だ。とくに日本の場合、職場における男女平等の歴史が浅く、女性が男性の上司として管理・監督の任に当たることは、まだ少なからぬ抵抗があるといわれる。では、男女平等主義の本場アメリカでは、まったく問題ないかといえば、そうでもないらしい。

アメリカの社会心理学者T・ヘラーは、彼女の最初に就職した職場で女性の上司と、深刻なトラブルを経験した。彼女は「何ヵ月もの間、私と上司の間には激しい争いが続いた。仕事を始めて二年目のある日、怒りが爆発し、私は辞任した……私が想定していた人間的な女性上司像は打ち壊された。彼女が私を仕事の上で成長させてくれるだろうという、私の期待は間違ったものだったことが証明された……」と述べている。

このような経験からヘラーは、女性はリーダーとして男性とどう違うのか、あるいは本質的には違わないのかを実証的に分析しようと思い立った。アメリカにおける類似の研究では、女性指導者のタイプが両極端に位置づけられていることがわかった。一方の極は、服従的・感情的なタイプであって、「母親」「ペット」「性的アイドル」「平等主義者」などと呼ばれている。もう一方の極には、攻撃的で怒りっぽいタイプが位置づけられる。それらは「鉄の女」「仕事中毒」「巧妙な操作人」などと呼ばれている。これらの対照的な特徴づけは、男性指導者にはほとんどみられない現象だという。

ヘラーは自分が実施した調査のデータを綿密に分析した結果、女性指導者が男性に比べはっきり違う特徴を持つことをつきとめた。それは、女性指導者は自分の最大の支持者として、自分の上司を強く意識しあたかも「父親」でもあるかのような関係に立とうとする。また自分に対して批判的な存在として、同僚と部下——それも同性の——を強く意識している。これとは対照的に男性指導者は、自分の支持者としては同僚と部下を、そして批判者としては上司を強く意識している。ヘラーはこのような男女の指導者の違いを、生かすも殺すも組織の在り方にかかっている、と結論づけた（矢嶋仁訳『リーダーとしての女性そして男性』頸草書房、一九八五）。

ヘラーが指摘したような女性指導者の特徴が、日本社会でも当てはまるかどうかについては、まだこの種の研究が発表されていないので何ともいえない。ただ日本でも今後、各分野で女性の指導者は確実に増大していくだろうから、その場合、上司と部下の関係においてどのような「不協和音」が発生するか、おおいに注目する価値がある。

最近、岡山の高校の野球部員が、下級生の部員のいじめに遭い、下級生部員を金属バットで殴った上、自分の母親を殺して、一六日間の逃亡生活を続けた事件がマスコミに取り上げられた。奇異に感じたのは体育会系の伝統ともいうべき、先輩・後輩関係の厳しさが今の時代、かなり様変わりしていることだった。その様変わりの状態が、たぶん中途半端であるため、加害少年にとって下級生部員にからかわれることが、抑えようのない怒りとなって暴発したのだろう。見方によっては、この事件は《地位の協和性》がひび割れしたことによって誘発された、「割れ目噴火」のような事件だった。

かつて日本社会の諸事万般にわたる問題の説明原理として「タテ社会原理」がもてはやされた。日本社会で賢く生きる秘訣は、上下の秩序からはみ出さないことという、文化人類学的な発想が説得力を発揮していた時代が長きにわたって続いた。しかし、そろそろこの「タテ社会原理」も色あせはじめてきている。第一に、今度の総選挙で注目をひいたのは、絶対的な強さを持っていた閣僚経験を持つ候補者がバタバタと落選した事実だ。このことは、「偉い人」を評価する日本人の基準がかなり変化しはじめたことを物語っているように思える。言うなれば、「一葉落ちて天下の秋を知る」といった趣きがある。第二に、今後の日本の雇用制度は好むと否とにかかわりなく、「年功序列型」から「能力重視型」へとシフトしていくだろう。したがって、「年功序列型」の組織の中で治まっていた《地位の協和性》も、大きく様変わりすることを余儀なくされるだろう。この様変わりの過程で、地位を巡るさまざまなトラブルの発生も懸念される。それが深刻な結果を招かないためにも、人事担当者はこの《地位の協和性》という古くして新しい永遠のテーマを、忘れてはならないと思うのだが。

# 25 天の邪鬼――異端者

あと一月ほどたつと、オリンピックが始まる。私にとっては、陰うつな季節の始まりでもある。なぜかといえば、ほとんどすべてのＴＶチャンネルがオリンピック関連の番組によって占領されてしまうからだ。私のように、小学校時代から運動会が大嫌いだった人間にとって、これでもかこれでもかとばかりに、オリンピック中継とそれに関連する番組を押しつけられることは、大変腹立たしい。それなら、ＴＶを見ないでひたすら読書に励み、教養を豊かにすればよいではないかと批判されそうだが、そこまで教養人にはなりきれない。第一、現代では決まった時間にお気にいりの番組を必ず見るというのは、決まった時間に食事をとるのと同様、ほぼ生活習慣として固定化している。こういった生活パターンを突然狂わされるのは、なんとも腹が立つ。

こういう不満を人に話せば、「世界中の人たちが関心を持ってる、国際的イベントなんだから、お前も素直に日本選手の活躍を応援しろよ」とたしなめられそうだ。それが世間の常識というものだ、とわかってはいるが、私自身にはそういった常識を頑として認めない、何かが心に居座っている。そして、一人心の中でこんなことをつぶやく。「何が国際的イベントだ、何が国家の名誉だ、規模が大きくても要するに運動会じゃないか。そこで金メダルをいくつ取った取らないということが、そんなに重大なことか。こんなことに、血相変えて騒ぎ立てるのは、一種の愚民政策にすぎないのではないか……」。

この類の不満をため込んで、世間の常識を素直に受け入れようとしない人間は一般的に「天の邪鬼」と呼ばれる。国語辞典を引いてみると、天の邪鬼とは「仁王の像が踏みつけている、小鬼のこと」とある。この説明はなかなか興味深い。ちなみに、英語ではどう表現されるのかを調べたら〈cross-grained person〉と出ていた。なお、〈cross-grained〉とは「木目が斜めに走っている状態」を言うらしい。日本語で表現すれば、「つむじ曲がり」とか「へそ曲がり」と言うことか。

東洋的発想からすれば、正義の守護神たる仁王様に身動きならないように、踏みつけられている小鬼――しかも大鬼でないところが、面白い――である天の邪鬼とは、世間並みの生活が許されない異端者だ。しかし、西欧的発想では扱いにくいが、一つの個性として評価される存在になっている気配もうかがえる。たとえば、フランスの劇作家モリエールの有名な戯曲『人間ぎらい』には次のようなせりふが見られる。

「この方、反対を言わずには気の済まないお方ですわ。この方の考えを皆と同じ考えにしようと思ったって、持ってお生れになったねじけたお心が、所きらわず爆発しようとするのを抑えようとしたって、それは駄目なことですわ……始終他人とは反対な意見を持っていらして、誰かと同じ考えでも持っているように世間が思ったら、それこそご自分が、一山百文の男も同じとお思いになるお方ですのよ……」（内藤濯訳、新潮文庫、一九八〇）。

モリエールは、このような性格の人間が、自分の思惑とはまったく逆に、その正義感が空回りしついには周囲の人々から孤立していく過程を、〈喜劇〉として描写しようとしたのであった。しかし、後世の評論家はこれを〈喜劇〉ではなく、〈悲劇〉として評価する傾向が強い、という。

漱石は『吾輩は猫である』のなかで、自分を戯画化した〈苦紗弥先生〉をまぎれもなく、天の邪鬼として描写している。たとえば、文中には次のようなやりとりが見られる。

「只怒るばかりじゃないのよ。人が右と言えば左。左と言えば右で、何でも人の言う通りにした事がない、そりゃ強情ですよ」「天探女（天の邪鬼）でしょう。叔父さんはあれが道楽なのよ。だから何かさせようと思ったら、〝うら〟を云うと、此方の思い通りになるのよ……」（新潮文庫、一九八一）。

漱石の年譜を追えばわかるように、『猫』の創作時期は彼自身、世間の常識と自己実現の願望との板挟みに、深刻に悩んだ時期でもあった。大学教授という明治の特権階級の地位を捨て、朝日新聞社員という「江湖の処士」——これは漱石自身の表現だが——の境遇に身を置く以上、そのよりどころを「天の邪鬼の精神」に求めざるをえなかったという推測も成り立つ。「天の邪鬼の精神」とは何だろうか。それを積極的に評価すれば、時代の流れに阿《おもね》ることを潔《いさぎよ》しとしない、〈反骨精神〉ということになるだろうが、世間の常識からみれば単に〈世をすねた生き方〉を良とする変人にすぎない。

アメリカの社会心理学者J・M・ジャクソンは、個人の集団（社会）とのかかわり方には基本的に九つのタイプがあると分類した。この分類は、二つの座標軸上の位置によって区別される。その座標軸の一つは、個人がどれだけある集団に「魅力」を感じているかを示す尺度だ。もう一つの座標軸は、ある個人がその集団にどれだけ「受容」されているかを示す尺度だ。個人が集団とどうかかわり合っているかは——あくまでも心理的にだが——、この二つの座標軸のプラスとマイナスのどの辺に位置しているかで決まってくる。ジャクソンの図式によれば、いま問題としている天の邪鬼は〈ひねくれた関係（crank relationship）〉と名づけられたものに近い。この関係は、「魅力」の座標軸ではマイナスに、そして「受容」の座標軸ではゼロ、つまり〝どっちつかず〟の曖昧な状態として位置づけられている。具体的にいえば、ある人間が自分がかかわっている集団や社会に批判的ではあるが、差し当たり、すぐそこから飛び出すあてても勇気もない時、ともすれば「すねた生き方」に傾くということなのだ（大橋幸「集団現象の行動科学的分析」福武直・青井和夫編『集団と社会心理』中央公論社、一九七二）。

天の邪鬼的人間とは、モリエールや漱石が描いたように、単なる幼稚な〈目立ちたがり屋〉とか〈変人〉として黙殺されるだけの価値しか持てない存在なのだろうか。冒頭に述べたように、私自身、かなりの天の邪鬼だと自認しているためか、この性格をいま改めて積極的に評価したい気分が強い。それというのも、このところ日本のマスコミやジャーナリズムに携わる人たちに、意図的かどうかはわからないが、どうも「反骨精神」が失われてしまったように思えてならないからだ。少なくとも、現状をいささかなりとも変革するような、腰の据わった批判精神は、影を潜めてしまったように見受けられる。

かつてアメリカの評論家が自国のマスコミを〈メトロ・ゴールドウインメイヤーのライオン〉とけなしたことを覚えている。現在も存続しているのかどうかはわからないが、私が若い頃に観たアメリカ映画の大半は、このMGM社の作品であった。冒頭にライオンが登場し、三度吠えると消えていく。この評論家が言いたかったのは、アメリカのマスコミの批判精神とはせいぜい三度吠えて消えていく程度の影響力しか持っていないが、それでいいのかという点だった。ひるがえって、日本のマスコミの活動を注目すると、どうもMGMのライオンのように、ある問題について三度も吠えてはいないのではないかと疑いたくなる。

もはや、遠い過去になったような気持ちもするが、九〇年代初頭のバブル真っ盛りの時、それがまさに危険なバブルであることを、真っ向から警告し批判したマスコミがどれだけ日本に存在していただろうか。私が記憶している限りでは、皆無だったのではないかと思う。そればかりでなく、ある大新聞社は週末の特集記事として、継続的に「財テク記事」を掲載し、結果的にはバブルを膨張させることに手を貸していた。

マスコミも事業である以上、営業利益を度外視した企業活動はできないことは、よくわかる。時代の流れに逆らって、記事を書き、報道をすることの危険性もまた理解できない訳ではない。したがって、この問題は批判しなければ禍根を残す、と思っても編集部や報道部が正面に出てそれを行なうことをためらう。そうした際は適当な人物を選んで談話を取材し、それを記事や映像にする手法をとる。要するに、直接話法を避け間接話法で批判をしようというわけだ。このような手法に乗せられた、苦い経験が私にもある。

今から一〇年ほど過去のことだったと思うが、正確ではない。当時、教育の現場では、校則を厳しく守らせることを学校教育の基本とする風潮が強く見られた。いわゆる管理教育の強化と呼ばれた現象である。これに対して、マスコミや教育ジャーナリストは一斉に批判を浴びせた。

その頃、細かいことは忘れたが、北九州の中学で授業中、勝手に教室を歩き回ったりして授業妨害をやめない生徒を、教師がひっぱたいた。この件について、親は子供が受けた精神的ショックに対する慰謝料を求め、民事裁判を提訴し結果的に勝訴した。どれほどの慰謝料を支払わせたかは、記憶にない。問題はこの後に、我が身に降りかかった災難だった。

事件当時、ある週刊誌から電話取材され、この判決についてどのような感想を持つか、と意見を求められた。この時、当時の風潮に従って「当然の判決だ」と話せば問題は起きなかった。しかし長年飼い続けた「天の邪鬼の虫」が騒いだせいもあって、逆の意見を述べてしまった。

「たしかに体罰禁止の規定に違反する行為を教師がとったことは、責められても仕方がない。しかし教師が体罰を加えざるをえなかった事情を考えると、非は明らかに生徒の側にあり、謝罪すべきはそんな子供を育てた親の側にある。それを忘れて、裁判に訴えるとは理不尽極まる」と、まあこんな趣旨の意見を述べたと記憶している。

週刊誌が発行されて数日後、一通の手紙が手元に届いた。その内容には次のようなことが書かれていた。

「私は関西で有名な〇〇組の構成員の一人です。先日、週刊△△の記事を読み、腹が立ったので手紙を書きました。あなたは生徒を殴った教師よりも、殴られた生徒の親が悪いといったことを言っているが、もし殴られた生徒が自分の子供でも、同じことを言うのか。私としてはあなたの意見に、まったく納得出来ないので責任ある回答を求める」。

手紙には、はっきりした住所も書いてなかったので、返事は書かずじまいだった。この手紙の持つ不気味な雰囲気は、暴力団の影をちらつかせていた点にあった。もっとも差出人が、ほんとに組員であるかどうかは、確かめようもなかったが。

このささやかな——私のような臆病者には、ささやかではないが——事件から得た教訓は、天の邪鬼に徹するのはよほど度胸を据える必要がある、ということだった。度胸もないくせに、世の風潮に逆らうことは、しょせんさまざまに姿を変える〈仁王様〉に踏みつぶされる運命が待っている。だがしかし、と考える。個人としての天の邪鬼は〈小鬼〉にすぎないが、組織としての天の邪鬼は踏みつぶそうとする仁王を、逆に横転させる力を持っているのではないか。

少なくとも、戦前の日本でいつも特高警察の影におびえながら、何かを発信していた言論人や文化人に比べれば、比較にならないほど強力な批判を展開する可能性を持っているはずだ。問題は、何を不条理として批判の対象とするか、またそれがいかに不条理であるかを大衆に理解させる説得力を、今のマスコミが持ち合わせているかだろう。

ささやかな新聞発行人の家庭に生まれ、戦前の言論不自由の時代にせっせと原稿を書く父親の背中を見て育った人間としては、今のマスコミが何か「天の邪鬼の精神」を忘れているように見えるのが、なんとも歯がゆい。今の時代が「すべて世は事もなし」と言えるほど、平穏無事だとはとうてい思えない。そのことは、報道にたずさわる人々の知性と感性が十分認識しているはずだ。だとすれば、時には「天の邪鬼」に活躍の舞台を与えてやって欲しいと思う。

# 26 死の文化と生の文化

毎年のことながら、八月一五日という日を迎えると、私たち戦中派にとってこの日付に「生死の別れ目」という言葉がダブッてくる。終戦当時、私は中学三年生で、いわゆる勤労動員によって羽田の軍需工場に毎日通う日々を送っていた。工場とはいっても、すでに空襲によって完全に破壊され、私たち中学生はその焼け跡整理に汗を流すだけだった。しかも制空権を失った当時の状況では、羽田沖から飛来するグラマン戦闘機の機銃掃射を常に警戒しながらの作業であり、戦場に身をおいているのと大差ない状態だった。疲れ果てて自宅に帰ってきても、毎晩のように空襲にさらされ防空壕で暑い夜を過ごすのを日課とするありさまだった。

ある日、工場に行くと友人の一人が、B29がまいていったビラを見せた。そのビラには、「広島と長崎はもう地上から消えました。次は東京です。早く逃げて下さい」といった文句が書いてある。すでに私たち中学生の間にも、原爆が投下されたらしいという噂は、なんとなく広まっていたし、それが皆殺し兵器であることも薄々気づいていた。このビラは、東京で生活している限り数日後には確実に死が訪れることを予告するものだった。

軍国主義体制の中で成長してきた私たちは、〈生きがい〉とは〈死にがい〉である、というイデオロギーを繰り返し叩き込まれていたから、観念的にはいつでも死ぬ覚悟ができていると思い込んでいた。しかし、それが目前に迫っていることを予告されれば、当然のことながら内心では青ざめていかざるをえない。せめてもの救いは、アメリカの新型爆弾——当時は原爆のことをこう呼んでいた——はそれが炸裂すると一瞬にして死ぬという情報だった。生と死の狭間に揺れ動く気持ちを持ち続けながら、八月一五日を迎えることになったが、その時思ったことは「助かった」ということに尽きる。「助かった」という気持ちには、いうまでもなく死なないで済んだという実感ばかりでなく、国家によって〈死〉を強制されることから解放された、という嬉しさも含まれていたと思う。それはまた、日本人を長きにわたって支配してきた「死の文化」からの解放も意味していた。

ここで日本社会における「死の文化」の軌跡を少々たどってみよう。明治以後の日本の近代化過程において、指導者たちを常に悩ませた問題は欧米先進国とは比較にならないような経済力の貧しさの中で、いかにして近代国家としての体裁を整えるかという点にあった。とくに巨大な財政支出を伴う、軍備の充実は頭の痛い問題だった。その唯一の解決方法は、生存を度外視した武器体系の配備と〈死を恐れざる精兵〉の大量調達だった。要するに、近代化に伴う文明条件の貧困を文化（イデオロギー）で埋め合わせるという手法を選んだのだ。

たとえば、作家の司馬遼太郎は自らの陸軍戦車隊での体験も交えて、次のような考察を語っている。「なにぶん戦車は値段がたかすぎた……昭和一〇年頃に戦車は三五万円もかかった。当時の小さな借家なら、戦車一台で三五〇軒はたつ。やたらと作れるものではなかった。日本には分不相応な兵器なのである……ノモンハンでの日本戦車の射撃はじつに正確だったそうだが、実際は相手に命中してもタドンを投げつけたように貫通せず、タマは敵戦車にあたってはコロコロところがった。ところがBT戦車を操縦するモンゴル人の大砲は、命中するごとにブリキのような八九式戦車を串刺しにして、ほとんど全滅させた」（司馬遼太郎『歴史と小説』集英社文庫、一九七九）。

技術体系に依存しない限り、戦力として成り立たない海軍においても、戦艦や航空母艦を除いて兵員の犠牲を最小限にとどめようとする発想はみられなかった。とくに太平洋戦争の航空戦で主役を担った零戦や一式陸攻といった軍用機の防御装備はなきに等しい状態のまま、大量生産が図られた。たとえば、ラバウルで空戦に参加したパイロットは次のような目撃談を語っている。

「白い煙を引いて墜落してゆくのはグラマンF6F、黒い煙はP38、火ダルマは零戦である。敵機は消化装置がよくできているので、なかなか火をふかないが、零戦はそれが簡単なので、すぐに火をふく」（小高登貫『ああ青春零戦隊』光人社、一九六九）。

零戦の場合には、パイロットの熟練によって、まだ生き残りの可能性が残されていたが、悲惨を極めたのは爆撃機の一式陸攻だった。この爆撃機はその航続距離を飛躍的に伸ばすため、機体の空間をほとんど燃料タンクにした。そのため、わずかに被弾しただけで、いとも簡単に火災を起こし七人の搭乗員はなす術もなく戦死することになる。アメリカ軍はこの爆撃機を〈ワンショット・ライター〉と呼んだという。

アメリカの軍事思想に、いかに「生き残り重視」の発想が徹底していたかを物語るエピソードがある。「捕獲した敵機をみて知ったことであるが、空戦性能を犠牲にしても、おとされない工夫がほどこされ、救命ブイには救急箱、食糧、タバコ、無線機、色素材など、いたれりつくせりの気がくばられ、釣り竿からエサまでが用意され、どんな必要があるのか、コンドームまでが用意されているのには感心をとおりこして、むしろあきれてしまったものだ」（坂井三郎『大空のサムライ　続編』光人社、一九七〇）。

これらの記述に見られるような、〈サバイバル・コスト〉を考慮することなく、近代戦に突入した日本軍部が戦力維持のためなし得た唯一の手段とは、「死の文化」の徹底だった。太平洋戦争直後に中学へ入学した私たちが、音楽の時間に繰り返し歌わされたのは、「海ゆかば」という曲だった。

万葉集からとられた歌詞、「海行《ゆ》かば水漬《みづ》く屍《かばね》、山行《ゆ》かば草蒸す屍、大君の辺《へ》にこそ死なめ、かえりみはせじ」を陰陰滅滅としたメロディで歌わされるのだった。数一〇〇万に及ぶ日本の将兵は、まさにこの歌の通り、サバイバルの手段もないままに、海に陸にむなしく屍をさらす結果となる。

明治以降の流行歌について、その内容分析を行なった高橋勇悦の研究結果によると、昭和六年から一九年にかけて庶民の心に流行歌を通して浸透し広がっていった心情は、「死の文化」にふさわしい漂泊感、無常感、そしてあきらめ感であるという（大橋幸編『達成動機の社会学的研究』文部省科学研究報告書、一九八一）。

「死の文化」の内容は大きく分けると、〈死にがい〉を追求する積極的発想と〈来世の幸せ〉を期待する消極的発想になる。消極的発想は無常感に基礎をおく仏教文化の影響によって、庶民の間に古くから根づいた発想だった。積極的発想は本来は武士階級のモラルであって、庶民階級には無縁の発想であったはずだった。

ところが、明治以降の富国強兵政策の一環として、義務教育課程の中に取り込まれ「教化」目標とされることになった。そして三〇年代から、消極・積極それぞれの発想はドッキングのテンポを速め、太平洋戦争に突入する頃には、紛れもなく日本文化そのものとなる。

四五年の敗戦は、日本が死の文化から「生の文化」へ変貌する転機となった。戦後の日本社会で一貫して日本人　の価値観で最上位にランクされているのは「健康」だ。

NHKの意識調査によれば、日本人が「生活充実の手段」として重視している第一位は「健康な体」であって、七三年が七八％、八八年では七七％と一五年間ほとんど変化が見られない。この間、注目される変化を見せている項目は「豊かな趣味」であって、これを一位から三位までにあげた者の比率は、七三年では一七％だったが八八年には二六％まで増加している（NHK世論調査部『現代日本人の意識構造〔第三版〕』NHKブックス、一九九一）。

また〈長生き願望〉を、六〇歳以上の男女についてみると、「長生きしたい」と思っている者が五四年から七〇年の間に男性で六七％から八八％へ、女性で五九％から八〇％へそれぞれ増加している（ＮＨＫ放送世論調査所編『図説　戦後世論史』ＮＨＫブックス、一九七五）。

以上の限られたデータを見ただけでも、戦後の日本人の意識からは死はその姿を薄め、ひたすら命の長からんことへの強い願望がうかがえる。そればかりではなく、戦後社会は戦前の罪を償うがごとく、あらゆる制度が「人命優先」をその基本とする形で整備されてきた。誠に良い時代になったものだと素直に喜ぶべきだろう。

しかし人間はいかに人知の限りを尽くしても、時間の経過とともに老い死を迎えることは厳然とした事実であることに変わりはない。そうであるならば、〈死〉を〈生〉と同様に意識させる文化があってしかるべきではないか。スイスの哲学者じ・ヒルティは、日記形式のエッセーの中で次のような言葉を残している。「人が一握りの土に帰る日を、あらかじめ正確に知っていたら、彼は恐らく、もはや決して人を激しく怒らないだろう」（草間平作訳『眠られぬ夜のために〈上・下〉』岩波文庫、一九三六）。

昨今、毎日のように血生臭い事件がこれでもかこれでもかと報道される。とくに、いわゆる「一七歳の少年」の冷酷無残な殺人は目に余るものがある。例によって、文部省（現文部科学省）は「命の尊さを教える教育」の実施を検討し、カリキュラム化することを計画中だという。いささか泥縄めいた対策の感があるが、効果があると思うなら是非おやりいただきたい。

しかし「命の尊さ」を正面きって説教しても、あまり効果は期待できないのではないか。ヒルティの言葉に暗示されているように、人が死ぬことの冷厳な現実をどう受けとめさせるか、つまり〈死の文化〉を新しい観点からどう意識させるかが「命の尊さ」を悟らせるポイントだと思う。

私もいつ死んでも不思議でない年齢となった。〝今までは、他人《ひと》のことだと思いしに、俺が死ぬとはこいつぁたまらぬ〟といった狂歌の皮肉が痛切に響く。いつ、どのような形でとどめを刺されるか予測し難いが、願わくばあまり見苦しくなく、楽に人生のピリオドを打たせてもらいたい。

そこで、「生の文化」が支配する現代においてはムリだろうが、ぜひ〈尊厳死〉〈安楽死〉を合法とする法律を立法化してもらいたい。これこそ高齢化社会における究極の福祉政策だと思うからだ。

# 27 犯罪意識——罪悪感の欠落

最近頻発している少年犯罪の報道を見聞していて、妙に気にかかる現象がある。それは犯行に走った少年がいずれも極めて冷静で、逮捕に向かった捜査員が彼は犯人ではないのではないか、と一瞬戸惑ったというケースが多いということだ。大分県で一家六人を殺傷した一五歳の少年の場合など、その典型といえよう。また、犯罪少年について周辺の人たちの印象、評判も多くの場合、決して悪いものではない。彼らの日常生活にみられる態度として、「おとなしい」「親切」「礼儀正しい」など、プラスイメージの比重がはるかに大きい。だから、岡山で後輩部員に重傷を負わせ、母親を殺害、逃走を図った高校生についても地域の人々の間に、減刑嘆願の署名運動まで起こったという。

この岡山の高校生の場合、理解に苦しむのは逃走に当たって、リュックに大量のポケモン・カードとゲーム機を詰め込んでいたという点だ。殺人傷害事件を犯した人間がとる行動としては、あまりにも軽く日常的でありすぎる。たぶん彼は、長い逃亡生活で退屈した時の生活必需品として、これらの品々を持ち出したのだろう。そこには、犯罪者としてのおびえや気持ちの動転などはまったくうかがえない。

現代の少年——必ずしも少年に限られるものではないが——犯罪に共通するキーワードは「淡々とした犯罪」ということになりそうだ。かつては、前科一〇数犯の犯罪者にして可能だった、冷静・淡々とした犯行を、今や中学・高校生が初犯にして可能としているのはなぜか、考えてみる必要がある。

アメリカの行動心理学者コブスとスニグは共著の中で、次のような理論を主張している。それは、人間がどう行動するかは彼らが意識している現象の特徴次第だという考えだ。彼らによれば、このような意識は三層構造をとっている。一番中心には〈自意識〉があって、「自分はどのような存在として生き、人からどう見られているか」という意識だ。この意識に隣接して〈現象的自己〉の意識がある。それは自意識と密接に関連しているが、自分そのものではない存在として意識されているものの、たとえば自分の家族・学校・職業などの社会的属性、また自分がこだわり愛着を覚えているものもこれに含まれる。たとえば自分がカッコいいと思うファッション、自分のバイクや車、あるいはペット、ポケモン・カードなどもこれに含まれるかもしれない。

自意識から最も遠くに意識されている領域が〈現象的環境〉だ。それは自分の生活領域として存在していることは意識するが、よほどのことがない限り自分にとってかかわりあいのない存在だ。つまり「自分とは無関係（not self）」として意識されているにすぎない（A.W.Combs and Snygg,D. *Individual Behavior*.1959）。

コブスとスニグの考えによれば、人がある状況でなぜそのように行動したかを理解するためには、その人間の意識の三層構造それぞれに、何がどう配置されているかを理解する必要がある、ということになる。

たとえば、自分の母親をためらいもなく殺す少年や自分の子供を保険金目当てに殺す母親など、私たち戦前教育を受けた世代には思いもよらない事件だが、彼らが親や子を、〈現象的自己〉ではなく〈現象的環境〉に配置し続けて成長してきたと考えれば、納得できる。そういえば、一九八〇年代に入る頃、子供たちの間で一種の流行語化した言葉が「関係ない」だった。多くの親が自分の子供を叱り、注意した時、子供から返ってくる言葉がこの「関係ない」であり、それに親は愕然としたものだった。今や子供に「関係ない」と言われても、日本の親はそれほどショックを覚えなくなっているのではなかろうか。

ところで、若い世代の間で〈現象的自己〉に取り込むことが当たり前とされた人間関係を、どんどん〈現象的環境〉に放り出す傾向が目立ちはじめたのは、「新人類」なる流行語が盛んに使われた、八〇年代半ばの頃だったと思われる。

ＮＨＫ世論調査部が八五年に全国の一三歳—二九歳までの男女三六〇〇人を対象に行なった意識調査の結果には、若者たちの間に、新しい対人関係のパターンが芽生えはじめた様子がよくうかがえる。若者たちに特徴的なコミュニケーション関係とは、「相手のプライドも傷つけないし自分のプライドも傷つけられたくない」（八三％）、「相手のプライバシーにも深入りしないし、自分も深入りされたくない」（七九％）だった。要するに、「切りたくもないし、切られたくもない」ため、できるだけお互いの「間合い」を十分にとりたい、という傾向がはっきり見てとれるというわけだ（ＮＨＫ世論調査部編『日本の若者——その意識と行動』日本出版協会、一九八六）。

そういえば、八八年から八九年にかけて発生した宮崎勤の連続幼児誘拐事件をきっかけに、「おたく族」なる若者集団がマスコミの注目の的となり、その奇々怪々な生活ぶりが明らかになった（『別冊宝島１０４　おたくの本』ＪＩＣＣ出版局＝現宝島社、一九八九）。

考えてみれば、この他人を「おたく」と呼ぶ表現ほど、現代の若者の対人関係を見事に表現している言葉はない。そこには、多少のかかわりあいは認めても、決して深入りは許さない姿勢がうかがえる。若者にとって、一番身近な人間関係はいつの時代でも友人関係のはずだが、この常識も九〇年代に入る頃になると、様変わりの様相をみせてくる。

九一年に総務庁が出した、青少年の友人関係に関する国際比較調査報告書には、日本の若者の友人関係が希薄化していることの片鱗がうかがえる。「友人関係はわりとあっさりしている」という項目に「はい」と回答したのが、日本の青少年は六五・四％、旧西ドイツでは八・五％だ。また、「友達といるよりも、ひとりでいる方が気が落ち着く」についても日本は二九・七％、旧西ドイツは一三・三％。「友達が悪いことをしたら注意する」も、日本は六二・四％、旧西ドイツは七九・〇％と、差が開いている。全体として見れば、日本の青少年の友達意識は、旧西ドイツに比べ明らかに濃度が薄い（総務庁青少年対策本部『青少年の友人関係』一九九一）。

今、若者たちの意識に投影されている現象的世界について、想像をたくましくしてみると、彼らと他人や社会の関係はいわば〈回転ずし〉のお客のような関係ではないかという気がする。たまたま自分の目の前に回ってきたネタが気に入ったら、その皿を取るが、そうでなければ無理しないで見送る。何といっても、食べるのは自分であって、たぶんそのコストを支払うのも自分なのだから、妙なこだわりにとらわれる必要もない。彼らにとって、自分以外の存在はそのほとんどが「自分ではない（not self）」以上、それがどうなろうと関心もなければ動揺することもない。だからといって、すべての対象に執着を持たないで生きられるほど、悟りを開いているわけではないから、たまたま愛着の対象を発見すると、常軌を逸脱した執念に燃えて、それを「現象的自己」の領域に固定化しようとする。

小学校四年の女の子を拉致し、九年二ヵ月にわたって自室に監禁し続けた、新潟県の佐藤宣行の犯行などはその典型だろう。そのほかにも、続発するストーカー犯罪のすべてが、自分勝手な思い込みに駆られて現象的自己への囲い込みに執念を燃やした結果とみられる。悲惨なことには、その囲い込みがかなわなくなると、とまどいもなく相手を〈死〉の領域に放り出し、平然としている点だろう。

たとえば、昨年八月、愛知県西尾市で女子高校生が元同級生の少年に通学途上、刺殺される事件が起きた。被害者の両親は本来非公開の裁判資料や本人の供述調書などを、弁護士を通して入手し、それに基づいて手記を発表した（『週刊文春』二〇〇〇年九月一四日号）。その中ではこの少年の恐るべき残酷性が明らかにされているのだが、その内、ここでは次の部分に注目したい。法廷で彼は次のように陳述をしている。「今後は高校も卒業し……彼女を作って結婚して子供を育てて平和に暮らし、天寿を全うしたいと思います」。この言葉が単なる空想ではない証拠として、彼は被害者の次に好きでストーカーもしていた女子高生に、三通も獄中から手紙を送り、そのなかで「外にでたらまた逢いたい」と書いていたという。この見事なまでの罪悪感の欠落は、まさに自分の犯罪までもあっという間に《現象的環境》に放り投げてしまう能力が身についていることをうかがわせる。

テレビなどで、野放図な生活をしている中高生に、「こんなことをして、大人になったらどうするの」と聞くと、彼らからは「リセットするから平気」という言葉が決まったように返ってくる。今の若者の意識・行動を説明するキーワードは、まさにこの「リセット」という言葉のなかに秘められているのではないか。人生のデータ・インプットをミスっても、対人ゲームに飽きても、リセットすれば過去の痕跡はきれいに消えて、まっさらの画面に戻る、といった感覚が彼らの意識に根づいているように思える。これこそまさに、「IT（情報技術）革命」の隠れた側面として見逃せないのではないか。かつてM・ウェーバーは、近代資本主義の行き着く先に出現するだろう究極の人間像について、次のように予告した。「精神のない専門人、心情のない享楽人、この無のものは、かつて達せられたことのない人間性の段階まですでに登りつめた、と自惚れるのだ」（梶山力・大塚久雄訳『プロテスタンティズムの倫理と資本主義の精神〈上・下〉』岩波文庫、一九六二）。

今われわれの身の回りで、日々発生している事故・事件を見聞すると、この言葉が恐ろしいまでに現実味を帯びてきているような気がしてならない。

# 28 うつ型社会

今年も残すところ、わずかとなった。師走を迎えると、その日暮らしに追われて生きている者でも、なんとなく〈越し方行く末〉について思いを巡らす気分になるものだ。

私は、いまの日本社会が人間でいえばかなり重度のうつ病を患っているように思えてならない。それがどのような徴候として現実化しているか、その点検はしばらくおくとして、とりあえず「うつ病」の特徴について触れておこう。

精神医学者の大原健士郎によると、うつ病の症状とは次のようなものだという。（1）感情が悲哀的で、ささいなことも悲観的に考える。疲労感が強く、無気力になる（2）すべてに自信が持てず、過去は失敗だらけだったと考えがちだ（3）さまざまな妄想に囚われる。自分は不治の病気にかかっているといった「心気妄想」、極端な貧困に見舞われるにちがいないという「貧困妄想」、他人が悪い噂を立てたり、監視しているといった「関係妄想」、人にいじめられている、殺されるといった「被害妄想」などだ（4）性格的には、真面目で几帳面な人間が罹りやすいとみられる。したがって、自分で自分を責め、自殺に走る危険度が高い（『うつ病の時代』講談社現代新書、一九八一）。

スイスの精神医学者L・ビンスワンガーは、うつ病患者の心理を「過去への執着と未来の可能性への絶望」と特徴づけている。しかも、過去への執着は多くの場合、「もしあの時……でなかったら」という後悔の感情を伴う。また未来志向については、新たに何かを始めようとする意欲の喪失と、何をやっても成功するわけはないという無気力が支配的であるという。

要するに過去と未来とを関連させる充実した現実感が持てないのが、うつ病患者の精神構造だと彼は分析している（山本巌夫・宇野昌人・森山公夫訳『うつ病と躁病』みすず書房、一九七二）。

先週、二つの週刊誌が日本経済の絶望的状況について、特集記事を掲載している。内容的にはとくに目新しいものではなく、日本人の多くが薄々感じている不安を具体的に検証したにとどまるのだが、改めて数字で示されると慄然とするものがある。

『週刊文春』の記事では、まず国の借金がすでに一〇〇〇兆円を超える状態にあることが指摘されている。個人とは異なり、国は自己破産ができないから、この借金は国民の負担として重くのしかかってくる。それは、納税者一人当たり五〇〇〇万円に上るという。

もちろん国民一人一人にこれだけの負担がただちにのしかかるわけではなく、財政的に時間をかけて処理されていくことになるわけだが、日本社会の未来を暗くする事態は避けられない。

たとえば、消費税を三〇％まで引き上げる、老人福祉・医療の予算を激減する、公務員を半減する、公共事業をすべて中止する、所得税を二倍にする……。どれ一つをとっても深刻な生活不安をもたらす政策ばかりだ。

しかもこれらの政策は、遅かれ早かれその実施が避けられないという（「日本はすでに破綻している」『週刊文春』一二月一四日号）。

もう一つの『週刊新潮』の記事も文春と同様に、財政破綻の恐怖を突きつけている。新潮の方は、国と地方の借金を六四五兆円と、文春よりは少なめに見積もっているが、その返済による国民負担へのしわ寄せの内容については、その深刻さにおいて変わりはない。

現在三六・九％の国民負担率は、二〇二五年には七一・八％に上昇する。消費税は二〇〇二年度には二五・五％まで上げられなければならない。それでも、二〇一一年には年金支給のレベルを四〇％引き下げざるをえなくなる。

これらの事態を回避する政策の選択肢は、財政法で禁じられている日銀による国債の購入と、その結果に伴う大インフレ以外残されていない、という（「年金激減・保険金負担増そしてやってくる大増税時代にわれわれは耐えられるか」『週刊新潮』一二月一四日号）。

これらの記事内容を、週刊誌ジャーナリズムらしいセンセーショナリズムだとして無視することはできるかもしれない。しかし日本経済にセットされている〈時限爆弾〉を、確実に処理する方策を政府が示さない以上、国民は未来に明るい展望を持てないのは当然だ。

私たち老人はどうせ先は長くないのだから、この世で地獄を見ないうちにうまく食い逃げしてあの世へ行けるだろう、と開き直ることもできるが、大多数の国民はそうもいくまい。かくして、うつ型社会の基本条件が成立することになる。

うつ型社会の特徴を端的に示すものは、自殺者の増加だ。日本社会の自殺者の現状はどうかと、インターネットで検索してみると、予想通りのデータが示されていた。厚生省（現厚生労働省）が調査した結果によると、第一に戦後一貫して上昇してきた男性の平均寿命が下降に転じはじめた。

第二に一九九八年一年間の自殺者数は前年に比べ、三四・七％増加し、三万二八六三人に達する。第三に自殺者の中身で見ると、中高年の自殺者が七割増と激増し、職業別では自営業者が四三・八％増、管理職が三八・二％増となっているのが目立っている。

日本の自殺者数を、国際比較すると一〇万人当たり一六・九人で、アメリカの一二・〇人、イギリスの七・五人、ドイツの一五・六人に比べてもかなり高い水準にある。

日本より高い自殺率を示しているのは、フランス二一・二人、デンマーク二二・三人、フィンランド一七・三人などだ。ただしこれらのデータはいずれも九四年の数値であるから、現時点で比較するとさらに悲観的なデータが示される可能性もある（経済企画庁国民生活局『新国民生活指標　平成11年版』）。

かつては比較的若い年齢層に多かった自殺者が、中高年層に著しく増加が見られ、しかも階層的にも中の上に増加傾向が及んでいるというのは、見逃せない深刻な病巣が、われわれの社会に存在していることを暗示している。しかもその病巣が将来、縮小する可能性がまったくないことは、すでに見た通りだ。

時事通信社が一〇月に行なった世論調査によると、生活に「ゆとりを感じない」日本人は五六・四％で、「感じている」人の四二・一％を上回っている。また「日本人は欧米人に比べ、ゆとりある生活をしていると思うか」という質問に対して、六九・八％が否定的な答えをしたという（『時事解説』二〇〇〇年一一月一七日号）。

ここにもまた、今のわれわれの生活意識がかなりブルーであることがうかがえる。

先日、学生に二一世紀の日本社会に希望が持てるか、と聞いてみたらほぼ全員が希望より不安の方が大きいと答えた。そこで、自分の人生はどうかと聞くと、希望を持っている者と「わからない」と答えた者とが半々だった。

もとよりこの結果はきちんとした調査に基づくものではないから、断定的なことは言えないが若い世代を覆う暗雲の存在をなんとなく推測させる。

うつ病は一般的にそううつ病と呼ばれるように、一貫して暗い表情や無感情な態度を保っているわけではなく、しばしば異常にはしゃいだり、おしゃべりになったりすることもある。

これをK・シュナイダーという精神医学者は、「不安性のそう病」あるいは「逃避的なそう病」と特徴づけた。うつ状態に追い込まれる条件が深刻であればあるほど、その深刻さを緩和し、それにのめり込まないように気晴らしを求め、はしゃぎまわる必要が強く意識される。

今、われわれの周辺ではさまざまな「癒し文化」がにわかにブームとなっている。また、テレビのコマーシャルも最近目立って〈絶叫型〉もしくは〈ばか騒ぎ型〉のものが目立って増えてきた。

それればかりではない。オリンピックに代表されるスポーツイベントへの官民あげての熱狂ぶりなども、社会的そう病の徴候とみられないこともない。

しかし、社会の基底部分に大きな不安を抱え、それが人々の意識に重いうつ的気分を醸成している以上、あの手この手のそう病的演出も事態を好転させる結果とはなりえないだろう。社会的現実から目をそむけ、意味もなくはしゃいでみても、それはまさに「噴火山上の饗宴」にすぎない。

ほんの一〇数年前までは、日本は完全雇用を誇り終身雇用を当然とする、先進国では最も安定した生活条件を誇った国だったはずだ。

したがって、「安全神話」も神話ではなく現実でありえた。このように過去を懐かしむ人間が増えるほど、うつ型社会はその憂色を濃くしていくことになるだろう。

うつ型社会からの脱出は、絶望的なほど難しい問題だろうが、「雇用の回復と安定」を突破口としてなんとか光明を見出すことが出来るのではあるまいか。幸い、そう病型の首相を頂いていることでもあるし、おおいに期待したい。

# 29 表の機能と裏の機能

いよいよ二一世紀が幕を開けた。だからどうした、と言われても個人的には何も答えようがない。しかし、何か画期的な事業や制度改革を展開しようとする社会的動きに、弾みをつけるきっかけになることは間違いない。いわゆる時代の節目という状況の展開が、新しい人間のエネルギーを噴出させてきたことは、否定できない歴史的事実でもある。

二〇世紀を終えるに当たって、まさに世紀末と呼ぶにふさわしい末期的現象が、これでもかこれでもかと、われわれの身の回りに連日報道された。おかげで、ちょっとやそっとのことでは驚かない事件不感症とでもいうべき感覚が身についてしまった。

しかし、単なる一過性の事件ではなく、戦後日本の社会的体質に深く根ざしているのではないか、と疑わざるをえない現象がさまざまな事件の衣をまとって続生していたのは、見逃せない事実だ。

中でも、「一七歳」をキーワードとする少年犯罪の不条理極まる凶悪化、警察官・医療従事者・教員・高級官僚などによる、相次ぐ社会的信頼の失墜などは、われわれの社会が抱え込んでいる病根の深さを推測させる。かつては、このような現象は発生件数も少なく、その原因も比較的単純で、何よりも一般市民とは一線を画した、異常人格者の行動と割り切ることも出来た。

ところが、今われわれの身の回りで毎日のように起きている事件の当事者の多くは、決して異常人格者ではない。事件を起こすまでは、ごく普通の人間として市民生活を送り、顔見知りの挨拶を交わしていた間柄の人間であることも少なくはない。この日常性の中から、ある日あっけにとられる事件が発生するという構図はかなり不気味だ。向こうから歩いてくる普通の人間に、ひょっとすると刺されるかもしれない、そういう時代に私たちは生きている。

E・フロムという社会心理学者は、「正常性の病理学」という次のような発想を提唱した。われわれが、当たり前（正常）と考えている生活の在り方が、別の基準で見直すとかなり異常なのではないか。問題はこれまでの生活に慣らされ、その異常さに気づかないままに、精神の健康を次第に失い、気がついた時にはとりかえしのつかない状態に落ち込んでいることだ。

彼によると、人間の健康な精神を損なう組織や制度、また生活習慣などが当たり前のこととして維持され、拡大していないかをもう一度点検する必要がある。その場合、異常か正常かを判断する基準はあくまでも「人間性」を育てるか、損なうかに置かれる。その社会で多数を占める人間の「人間性」が歪み、病んでいるとしたら、いかに整然と機能し安定した社会でも、それは〝正気の社会〟ではない、とフロムは主張する（加藤正明・佐瀬隆夫訳『正気の社会』社会思想社、一九五八）。

ヨーロッパの寓話《ぐうわ》に、こんな話がある。片目の猿だけが住んでいたある森に両目の猿が迷いこんだところ、仲間外れにされ続け、ついに自分で片目を潰して仲間にしてもらった、という。フロムが主張したかったのは、たぶんこの寓話にもりこまれた教訓であり、警告だと思う。

郵政省（現総務省）の調べで、携帯電話の普及率が昨年末に五〇・三％に達した（『朝日新聞』二〇〇一年一月二一日）。急激な普及の牽引車は一〇代、二〇代の若者たちだというから、この世代に属しながら携帯を持たない若者は、さぞ片身の狭い思いをするだろうし、仲間外れの苦痛も味わっているのではないか。携帯電話で所構わず無駄話にふけりメールを送り、あげくの果てに膨大な電話料金の請求に苦しむ。こんなライフスタイルは決して〈正気〉の生き方と思えないが、この流れに抗するのは若者にとってはもはや絶望的だろう。

問題は「正常な目的」で始めたことが、予想もしなかった「異常な結果」を生み出すのはなぜかという点だろう。この現象を説明する理論として、社会学者R・K・マートンは「表の機能（manifest function）」と「裏の機能（latent function）」との食違いということを唱えた。

彼にいわせれば、「社会生活とは、最初に考えたほど単純なものではない」。だからこれは素晴らしいと思って始めたことが、逆効果を産んでも不思議ではない。

たとえば官僚制組織とはM・ウェーバーが指摘したように、「合理的な法規」と「法にのみ忠実で、情に流されない専門家としての官僚」との組合せとして組織され機能する。そこでは当然合理的で、無駄のないサービスが「表の機能」として期待される。ところが、現実の官僚制組織は「お役所仕事」という言葉で表現されるように、非能率・不親切な仕事ぶりの代名詞になっている。

マートンは、まさにこの表の機能が、予想もしなかった裏の機能を刺激する条件になっているという。法規に忠実に仕事をするということは、法規外の仕事は必要な仕事でもやらない理由になる。また職務権限に規定された仕事に専念することを要求される専門家としての官僚は、自分の職務外の仕事に手をだすことは許されないと考えるから、できるだけ余計な仕事は抱え込まないようにする。かくて合理的・能率的な表の機能を実現するための組織が、現実的にはきわめて非能率的でサービス精神に欠けた裏の機能を強めていく、という次第である（森東吾・森好夫ほか訳『社会理論と社会構造』みすず書房、一九六一）。

アメリカの社会学者A・W・グールドナーは、ある鉱山会社での実態調査の結果を基に、会社の規則は従業員の地位の違いで、同じ規則が二つの異なった解釈をされていることを発見した。管理者の立場での解釈では「規則とは個人の努力の最低限」を決めたものだが、一般従業員の解釈では「規則とは個人の努力の最高限」を決めたものと受け止められる。たとえば、午前九時出勤という規則を管理者は、九時よりも早く出勤するのが当然、と考えるが一般従業員は九時ギリギリに間に合えば十分と考える。ここに組織における生産性の低下の原因がある、とグールドナーは指摘する（岡本秀昭・塩原勉訳『産業における官僚制』ダイヤモンド社、一九六三）。

グールドナーの発見もマートンの分析とほぼ同じ事実を物語っているといえる。ベストを狙い計画し実行したが、裏目に出るのは、まことに皮肉な社会現象だが、決してまれなケースではないように思える。

見方によっては戦後半世紀の日本の政治は、その政策がどのような裏の機能を活性化するかという配慮を欠いて、ひたすら表の機能だけをがむしゃらに推進し続けたものが少なくない。その最たるものが戦後の教育政策ではないか、と私は思っている。

民主教育の推進を大義名分として六・三制教育を進めた結果、教育という営みに不可欠なハングリー精神と緊張感が年々歳々薄れ、その結果今日見られるさまざまな教育問題が一気に噴出するに至っている。たとえば不登校に走る児童・生徒の数は一貫して増加し続け、減少の気配もない。また、いわゆる学級崩壊と呼ばれる教育機能の停止現象、それと少なからず関連している学力低下など、一言でいえば戦後の教育はもはや表の機能をはるかに上回る裏の機能が活性化しはじめている。

この教育機能の逆転現象がいつごろから始まったかについてはその時期を確定しえないが、私のみるところでは一九九二年にスタートし、今後拡大が予定されている「学校週五日制」と「ゆとりの教育」に端を発していると思う。近く実施が決まっているゆとり教育のための「新学習指導要領」では学習量の減少が予定され、早くも学力の大幅低下を懸念する声が出はじめている。

一度緩んだ教育への緊張感を、元に戻すのは絶望的な困難を伴う。したがって、事態はずるずると若い世代の質的レベルの低下へと、地滑りし続けることになるだろう。

表の機能と裏の機能の逆転現象はもちろん教育政策ばかりではない。いわゆる平成不況からの生き残りをかけ、日本企業が一斉に開始しはじめた「日本的経営」の見直しや廃止、そしてグローバルスタンダードの積極的導入なども、企業収益の増大と企業戦力の強化という表の機能をレベルアップすることに繋がるだろうが、その反面、企業内犯罪の増加や必要な人材の流出という裏の機能もまた刺激することが懸念される。それればかりではない。近ごろ、かつて日本が世界に誇った工業製品の品質管理の高さにも、レベルダウンの兆しが見られはじめたという。日本的経営と品質管理の高さには密接な関連があることは、すでに考察した（本書19「自己実現」）。

景気回復のために厖大な公債を乱発し続けた結果、国の累積借金は六六六兆円に達した。それが、さまざまな社会的うつ症状を招いている。これもまた表の機能と裏の機能の逆転現象とみてもよいのではないか。

どんな効き目の良い薬でも、その開発と投薬に当たっては必ず副作用を検証しなければならないのは、薬理学では常識になっている。ところが、政治や教育の世界ではこうした発想はまったく見られないか、あっても極めて鈍感だ。そのツケが二一世紀にドッと回ってきているのが、否定出来ない現実だ。

表の機能と裏の機能という考察は、高度の理論的分析を必要とする問題であるが、反面、ありふれた常識的発想でもある。新世紀の発足に当たって、戒心することの一つとしてあえてこの常識を目覚めさせることを、提案したい。子供の頃、父親が口癖のように説教した言葉が今でも頭にこびりついている。それは、「その始むるや終わりを知るべし」という文句であった。誰がどの文献に記した文句であるかについては、教えてくれなかったが、なかなか説得力のある言葉だなと、最近思い返す機会が増えたような気がする。

# 30 公私のけじめ

最近のマスコミ報道の中で、国民の多くが怒り、かつやりきれない気持ちにさせられた二つの事件がある。一つは、外務省幹部による公金横領事件であり、もう一つは検察官と裁判所とのなれ合いによる、高裁判事の妻の犯罪隠蔽工作だ。

外務省幹部の公金横領事件は、その内容が明らかになるにつれ、金額の巨大さもさることながら、その使われ方の中身にただもうあきれ返るばかりだ。

いわく競争馬一四頭、高級マンション、ゴルフ会員権、ヨット数隻、愛人の生活費等々、まさにむき出しの私欲の噴出と充足だ。そこには公務員としての一片の良心もなければ、自らの卑しさについての寸毫《すんごう》の恥じらいも見られない。

もう一つの事件も、その内容が明らかになるにつれて絶望的様相を濃くするものだった。「法の下の平等」という司法の大原則を平然と無視して、検事は判事に身内の捜査情報を流し、判事は妻の犯罪の証拠隠滅に狂奔する。こういった構図がなぜ成り立つのだろう。

この事件にかかわった司法関係者は、自分たちのやったことが、いかに司法の公正を損ない、社会秩序の根幹すら揺るがしかねないかを、いささかも意識しなかったのであろうか。検事や判事をクビになっても、弁護士になれば食うには困らないなどと、高をくくっていたのではと勘繰りたくもなる。

この二つの事件を眺めて、そこに共通のキーワードが浮き出ていることに気づいた。それは「公私のけじめの欠落」という事実である。社会心理学では、このような現象を一般的に「私化現象」と呼ぶが、この現象は個人や家族の私的な利害・関心を優先させ、そこからあらゆる社会的事象にかかわっていこうとする心理を特徴とする。一言でいえば「滅私奉公」ではなく「滅公奉私」なのだ。

戦前の日本社会は長きにわたって、「滅私奉公」の強迫観念を国民に植え続けてきた。教育勅語にいわく「常ニ国憲ヲ重シ国法ニ従ヒ一旦緩急アレハ義勇公ニ奉シ以テ天壌無窮ノ皇運ヲ扶翼スヘシ」と。

小学生の頃からことあるごとに、この種の規範を呪文のごとく聞かされ続ければ、とても私益を主張する余地は残されない。だからといって戦前の日本人が、すべて私利私欲に走ることがなかったなどと非現実的なことを言うつもりはない。ただ、今日ほど公益に私益を優先させて、恥じることない雰囲気は薄かったと思う。

敗戦によって、教育勅語をはじめとする諸々の思想の呪縛《じゅばく》から解放され、加えて民需主導の消費社会の熟成に伴って、私益は一挙に公益として認知される状況が生まれた。いわば戦前の国家体制によって厳重に封印されていた、〈私益〉という名のパンドラの箱が一気に開かれたわけだ。

NHK世論調査所は戦後世論の変化について、次のような指摘をしている。一九六五年ごろになると、次のような三つの意識の変化が国民の中に目立ちはじめる。

それは（1）プライバシーを守る態度が広がってくる（2）個人の社会的責任を重視する人々が明らかに減少しはじめる（3）「国のために何かをしたい」という意識は減退し、「国から何とかしてもらいたい」という受益者意識が拡大しはじめる。以上の三つである。

以上の傾向を総括し次のようにコメントしている。「かつて私たちは、〈滅私奉公〉というスローガンが叫ばれた時代を体験した。そして戦後、四〇年代前半には〝一人のために世界はあるの〟という歌謡曲を愛唱した。その歌は〈私的なもの＝二人〉こそ主であり、〈公的なもの＝世界〉は従である、という公然とした主張だった」（NHK放送世論調査所編『図説　戦後世論史』NHKブックス、一九七五）。

ここ数年、かつての教え子たちからもらう年賀状に目立つ傾向の一つは、一家全員の写った写真や結婚式のスナップ写真などを印刷したものが増えている点だ。私のように古い人間は、無暗に自分の私生活を人目にさらすのは「はしたないこと」という意識が強い。したがって昔の人は、自分の家族のことを他人に語るときなど、ことさらに「愚妻」とか「豚児」「愚息」などと表現し、また聞かれない限り身内の話はしない、というのが大人のたしなみだと考えていた。

ところが、いつとはなしに日本人の間にも、アメリカ並みに家族の写真を持ち歩いてやたらと人に見せたがったり、自分の事務机に飾ったりするのが普通になってきている。

今から二〇年ほど昔になるが、私のいた研究室の助手がいつも家族の写真をポケットに忍ばせ、ことあるごとに私に見せたがって閉口したことがあった。その被害が学生にまで拡大するに至って、黙っていられなくなり、その助手に言ってやったことがあった。

「君は誰彼かまわずその写真を見せたがるそうだが、少し考えたらどうだ。とくに学生にまで「どうだうちの〇〇ちゃんは可愛いだろう」などと押しつけがましいことを言うのはやめた方がいい。家族自慢などというものは、自分のパンツを人目にさらして自慢するようなもので、迷惑極まりない話だ」。

その三〇代の助手は、私の言葉を憮然とした表情で聞いていた。

こんな身辺雑事を取り上げたのも、「公私混同」の萌芽《ほうが》がこういった私事を臆面《おくめん》もなく他人にまで拡大し、共感を得ようとする無神経さに根ざしているように思えてならないからだ。

もちろん、私のように拒絶反応を示すのは少数者であって、たぶん多くの人はむしろほほ笑ましいと受け止めるのかもしれない。ただ、私事のとめどもない拡大は、ほほ笑ましいでは片づけられない諸々の現象を生んでいるように思える。

たとえば、マスコミを賑わした成人式の大騒ぎ、電車内での飲食や化粧、携帯電話でのあたり構わぬおしゃべり……。あげればきりがないほど公的状況への私事の拡大は日常化している。困ったことに、こういった傍若無人の行動が、それに対する有効な抑止機能がないためか、何やら一つの文化になる気配すらうかがえる。

たとえば、私の大学では講義中の飲食は禁止すると数年前から繰り返し注意し続けてきたが、学生の側ではいっこうに守る気配もないままに、今やそれが当たり前の受講スタイルになってしまった。このような現実をさまざまな形で見聞すると、改めて今の人々はどこに公私の一線を画しているのか、疑問に思えてくる。

アメリカの心理学者C・ロジャースはその著作の中で、人間の「私」意識は自分の要求が満たされる可能性（通路）と関連して形づくられる、とみている。

たとえば、一月五万円の小遣いを自由に使える高校生は、一月一万円の小遣いの使途をいちいち親にチェックされる高校生と比較して、五倍も「私意識」は膨張することになる。彼にいわせれば、「私意識」とは「自己の存在と環境との機能関係についてのはっきりとした意識」にほかならない（『ロージアズ選書　精神療法』友田不二男訳、岩崎書店、一九五五）。

自分の欲求が社会環境の中で、どのような形でどれだけ満たされるかによって、公私の意識の区画整理はなされる。だとすれば、今日見られる公私混同もしくは私益の膨張という現象は、われわれの社会が「私」意識をコントロールして、それがアメーバのように際限もなくあらゆる生活領域に入り込むのを防止する、有効な手段を失っていることを物語っている。

かなり昔のことになるが、私がはじめて国立大学の教師になった時、先輩が次のような忠告をしてくれたことを、記憶している。「国立大学に勤務する場合、最低限度二つのことはやってはいけないと心得ておけ。その一つは研究費を私的目的に流用することであり、もう一つは女子学生と性的関係を持つことだ。この二つのどちらか一つでもやったら、絶対クビになるぞ」。

もちろん国家公務員が免職になる不祥事は、この二つだけではないのだが、先輩が教えてくれたのはともすれば陥りやすい、職業上の落し穴を警告してくれたのだと思う。長年公務員として働いていれば、規則としての禁止事項についてはかなり知識も豊富になって、それを犯せばどれだけヤバイかもわかってくる。問題は、良くないことでも、それが明るみに出なければ儲けものという役得が組織には結構多いことだ。細かいことを言えば、会社で使っているボールペンやトイレットペーパを自宅に持って帰ることに罪悪感を意識するサラリーマンは、そんなに多くはないはずだ。

この手の小さな犯罪が、クビをかけた犯罪にまでエスカレートする一歩手前で、踏みとどまれるか否かだ。この場合、意外と効くのが人生の先輩による経験談であり、教訓なのだと思う。

いわゆる貧官汚吏とでもいうべき公務員の堕落腐敗にとどまらず、日本社会至る所に「公私のけじめ」意識を欠落した大小無数の不祥事が発生して、社会の不快指数は上昇し続けている。

# 31 懸念される人材のデフレスパイラル

最近、政府は日本経済がデフレ状態にあることを公式に認めた。そして、それが危険なデフレスパイラルに突入しないため、緊急の経済対策をまとめた。その対策がどの程度効果を上げるのか、すべては新内閣の成立待ちというところらしい。

経済のデフレ対策は、すでにいくつかの処方箋も存在し、要はそれをどれだけ迅速に決定し実行するかにかかっている。その意味で、むしろ対応の見通しは明るい、とさえ考えられる。

私が今、ひそかに恐れているのは、日本人の人間的資質にデフレ傾向が進行し、それが今やデフレスパイラルへ突入しはじめているのではないかという点だ。〈デフレ〉について政府は、「物価の下落傾向が、一時的ではなく持続し続けること」をいうと解説する。この定義を人材デフレに当てはめると、「人間の人格と能力が、一時的ではなく持続的にレベルダウンし続けること」だと言える。

もし人格の平均値とでもいうべき数値があるとすれば、この傾向を客観的に、説得力を持った傾向として指摘できるのだが、残念ながら今のところ、そこまでの説得力は示しえない。したがって現段階では、断片的な現象をつづり合わせることによって、〈人材デフレ〉を印象づけざるをえない。

［現象その一］警察庁の最近の調査によると、一九九五年から九九年までに全国の殺人（未遂や予備を含む）事件で逮捕、送検された容疑者六四九九人のうち、最も多かった年齢は四九歳だった。この五年間、四九歳は一八五人で最も多く、次いで四七歳が一六四人、四八歳が一六〇人、四五歳が一五九人と続く。

この調査結果を詳しく報道した『朝日新聞』の解説によれば、こういった傾向はバブル崩壊後のリストラのあらしが、この団塊の世代を直撃し、深刻なストレスを意識せざるをえなくなっているからだ、と説明されている(二〇〇一年四月六日)。

たしかに長きにわたる平成不況の荒波にもまれ続けてきた団塊の世代が、他の世代よりも大量のストレスをため込んでいる可能性は否定できない。しかし、そのはけ口を殺人に求めるというのは、何とも異常だ。これまでの常識からすれば、五〇歳前後の人間は「分別盛り」と呼ばれ、殺人犯のイメージからははるかに遠い存在だった。

ところが、以上のデータが物語っているのは、一〇代の若者と同様に「キレる」おじさんがいるという事実だ。五〇年近くの年輪を重ねても、なお幼児的衝動をコントロールできない大人が少なからず存在しているというのは、やはり「人材デフレ」の徴候の一つではないだろうか。

[現象その二] 厚生労働省の全国調査の結果によれば、「ひきこもり」人口の数は一〇万人に達すると推計される。年齢別にみると、一六—二〇歳が最も多く約三〇%、二一—二五歳、二六—三〇歳がそれぞれ二〇%、三〇歳以上が一五%程度いるとみられている(『サンデー毎日』二〇〇一年四月一五日)。

「引きこもり」人口については最近のテレビ報道によると、民間の研究団体の調査結果で八〇万人に上ることが判明した。この調査報告を直接見たわけではないから、厚生労働省の調査とこの民間調査とどちらが正確なのか、判断できない。なお、文部科学省の九九年度の調査では、小・中学校の不登校児童・生徒数は約一二万八〇〇〇人とされている。

「引きこもり」と「不登校」の該当者数は、全人口数の中で占める割合からすれば微々たるもの、とみることができるかもしれない。しかし問題は、各年齢階層における生活意欲が年々無気力化している兆候が、これらのデータから汲みとれる点だろう。

一言でいえば、日本人の活力が時間進行に伴って徐々に失われ、低落の一途をたどっているのではないか、という懸念を持たざるをえない。

［現象その三］このところ、毎日のようにマスコミを賑わせている事件として、幼児虐待・致死事件がある。その報道内容を見聞すると、事件を引き起こした親達が何を考えて子供をつくり育てようとしたのかが、さっぱり理解できないケースがあまりにも多い。自動車の運転免許証と同様、親に対して育児免許証を義務づける必要があるのでは、と真剣に考えてしまうこともある。

かつてアメリカの文化人類学者ルース・ベネディクトは、日本の親たちが子供を育てる動機には「単に、情緒的満足を得るためだけではなく、もし家の血統を絶やすようなことになれば、彼らは人生の失敗者となるからである」との分析を行なった。そして、このような動機は、アメリカではるかに小さい比重しかもたない、とも説明している（長谷川松治訳『菊と刀――日本文化の型』現代教養文庫、社会思想社、一九六七）。

家制度の枠組みが戦後日本の社会で弱体化し、消滅していく過程に伴って、それに代わる積極的な子育て動機も見いだせないままに、親の身勝手な欲望だけが先行する、という子育ての構図が年々歳々際立ってきている、ということなのだろう。

［現象その四］今、世間でひそかに懸念され、将来への不安の種となっている問題がある。それは若い世代に進行しつつある「学力低下」の事実だ。財団法人地球産業文化研究所が、大学の研究者に委託して行なった日本の教育の現状分析の結論として、小学校から大学院まで、そこに学ぶ若い世代に憂慮すべき学力低下が進行していることが明らかとなった。

たとえば、「国際教育到達度評価学会」によるテストの結果では、八一年度、日本の中学生の学力は数学でトップ、理科で二位だったが、九九年度では数学は五位、理科は四位にまで低下している。また、東京大学工学部が四年ごとに行なっている数学学力調査の結果では八三年—九〇年の間で、平均点が八・九点低下した（西村和雄編『学力低下が国を滅ぼす』日本経済新聞社、二〇〇一）。

以上のデータは学力低下を示すほんの一部にすぎない。しかもあきれたことに、この学力低下に拍車をかけるような文教政策が予定されているのだ。それは、学校五日制の完全実施に伴い、二〇〇二年度から小・中学校での教育内容が三割削減される点だ。

文部科学省のスポークスマンを務める寺脇研は、この新政策によって学力低下にはならない、と強弁する。彼は次のようにコメントする。

「今度の〝三割削減〟というのは、〝全員が共通にやらなければならない基礎・基本の勉強の量〟を三割減らすということであって、もっとやりたい子はいくらでもできるようにしています」（寺脇研『21世紀の学校はこうなる』ＯＨ！文庫、新潮社、二〇〇一）。

このコメントは一見もっともらしいが、考えればいくつか奇妙な発想が含まれている。第一に、学習量を三割減らせば今後どのような教育効果が期待できるのか、について語られていない。

「教育は国家百年の計」という古い言葉を持ち出すまでもなく、教育政策は常に未来の国民と国家についての効果予測が前提とされなければ意味がない。その前提を抜きにして、学習量の削減を断行するというのであれば、それは〈愚民政策〉のそしりを免れない。

第二に、授業時間と授業内容の削減により、教育効果のさらなる向上が期待できるならば、週五日制だとか三割削減などとケチなことを言わずに、週三日制とか七割削減にすれば、もっと効果が上がるのではないか。いっそ義務教育などは、廃止した方がいいということになるだろう。

第三に、年をとってしみじみわかってきたことだが、人間の記憶容量に深く刻みこまれ、一種のデータバンクとして機能する情報の取り込み能力には、年齢制限があるということだ。

かつて国立の精神病院の付属看護学校で講師をしていたとき、その学校の教頭だった婦長さんに聞いた話がある。それはどんなに痴呆《ちほう》が進んだ患者でも、小学校時代に習った「鉄道唱歌」や「教育勅語」などを、正確に覚えているのには感心させられる、という話だった。この一事を考えても、思いつきで教育改革に手をつけるべきではないし、それをする以上、結果に全責任を負う覚悟をすべきだろう。

人材デフレの恐ろしいことは、それが世代連鎖によってとめどもないデフレスパイラルへと進行する点だ。しかもその弊害に気づいても、経済のデフレのように早期の対策はのぞめない。いま、その進行を多少なりとも遅らせるために、何ができるのだろうか。

かつて司馬遼太郎は、大河小説『坂の上の雲』によって明治の若者たちが、頭上に輝く「理想の雲」を見つめながら、近代化の坂道を、力を尽くして登りつめる姿を見事に描写してみせた。

私たちが今抱え込んでいる諸々の不満と不幸は、戦後日本社会が半世紀にわたって「坂の上の雲」を意識することなく、漫然と今日に至ったことに原因しているのではないか。

# 32 余暇がそれほど大切か

少々、古い時代の話をさせていただく。私が小学校生活を送ったのは、一九三〇年代半ばから四〇年代にかけての時期だった。通っていた学校は東京・信濃町にある慶応病院の裏手に位置していた。

どのようなわけか、通学路にはこじきの数が目立って多かったと記憶している。今にして思えば、病院へ見舞いに訪れる人々の仏心を当てにして、集まったのだろう。

ある時、担任の先生が授業中、こんな話をしたことを覚えている。

「日本の小学校教育の合言葉は、〈よく学び、よく遊べ〉だ。しかし、学びと遊びの割合を間違えてはいけない。もし遊びの割合を、学びの割合よりうんと多くしたら、お前たちは間違いなく校門の前に座って、通行人に頭を下げ、物ごいする人間になるぞ」。

この教訓は、毎日の通学路で実物を眼にしているだけに、私にとって説得力があった。「勉強（労働）をないがしろにして、遊びにふけることは、身の破滅を招く」という教訓は、一人小学生にとどまらず戦前の日本人全体にいきわたっていた文化だったように思う。

したがって、「遊び」は常に背徳感を伴う日本語として用いられてきた傾向があった。たとえば、「遊び人」「遊興」「遊女」「遊廓」「遊客」など。これらの「遊び」排撃の言葉使いには、遊びにエネルギー配分をすることが、個人にとっても国家・社会にとっても貧困と破滅につながることを、警告する機能を含んでいたのだろう。「稼ぎに追いつく貧乏なし」といった庶民道徳はその典型だ。

寛永四（一六二七）年頃に刊行されたと推定されている『長者教』という書物がある。この本は一世紀以上にわたって、町人道徳の教本として読み続けられたというが、その中に次のような「きょうくん（教訓）のうた」がある。

うき世をば　ゆめとおもひて　あそぶこそ　しなねば（死ななければ）のちは　こじく（こじき）ばかりよ

長きにわたって、貧困の恐怖に堪え続けてきた日本の庶民にとって、遊びを罪悪視することが一種のカタルシス（自己浄化）の機能を果たしていたと考えられる。

したがって、戦後、高度成長の成果がひろく大衆の各層にまで浸透するにつれ、日本人は過去の歴史にその例を見ないほど、積極的に「遊民化」していくことになる。この流れは、政府による余暇政策の推進という形で公認され、新しい大衆的エネルギーとして日本の経済と文化にさまざまな影響を及ぼしていくことになる。

戦後、余暇問題について政府が関心を持ち、その推進をサポートする姿勢が見られるようになったのは、七〇年代の初め頃と見られる。

七三年に刊行された、経済企画庁余暇開発室編「余暇社会への構図――余暇政策の今後のあり方」というリポートには、次のような提言がみられる。

第一に、この時期ようやく新しい労働慣行になりはじめているものに、週休二日制と夏季休暇などの長期休暇制度があり、余暇時間が明らかに増大しはじめている。これをいかに有効に活用するかは、個人的関心にとどまらず、社会的にも重要な問題だ。

第二に、余暇時間の増大は、内需の増加やそれによる国際経済における貿易摩擦の回避という点で、重要な意味を持っている。

第三に、高度経済成長によって失われがちな、自然と人間との触れ合いや労働疎外による人間性の回復などにとって、余暇の増加は不可欠だ。

以上、三つの理由からも、余暇社会の発展と整備は、重要な政策課題として無視できない。この場合、余暇の内容が休養的・娯楽的なものから、自己実現的なものへとレベルアップしていくような配慮が必要である。

皮肉にも、このリポートが出たその年に日本経済は「オイルショック」に見舞われ、いわゆる狂乱物価が発生し、レジャーどころではないという状態が出現した。とはいえ、この経済の混乱も数年で沈静化の方向に向かい、余暇を仕事と同等――あるいはそれ以上――に重視する傾向は衰えず、今日まで一貫して続いている。

たとえば、ＮＨＫの世論調査によると、「余暇優先」の意識は国民全体で七三年では三二％もあり、七八年は一時的に二九％へ落ち込むが、八八年には再び三四％へ回復している。対照的に「仕事重視」の意識は七三年の四四％から、八八年の三一％へと下降の一途をたどっている。

この傾向には、世代の違いがはっきり見られ、三〇年代以前に生まれた世代には「仕事重視」の意識が強く、五〇年代以降に生まれた世代には「余暇重視」の意識が明らかな特徴となっている。この傾向を見ると、戦後世代になって日本人は初めて「遊び」を罪悪視する文化から解放されたことがうかがえる（ＮＨＫ世論調査部編『現代日本人の意識構造［第三版］』ＮＨＫブックス、一九九一）。

五〇年代以降に生まれた中高年世代はリストラの影におびえ、若者世代にはフリーターが増大する現状は、心ならずも「余暇」と向き合って生活する可能性が増大することにもなるだろう。しかし、そのことを「自己実現」の機会に恵まれたと、心から喜べる人間が果たして何人いるだろうか。

たぶん、大多数の人たちは、安定した職業生活が保証されてこそ、『余暇』の意味があることをやがて骨身に徹して悟ることになるだろう。とはいえ、ゴールデンウィークともなれば、日本の総人口の半分にもなろうかという大量の人々が、国内外へいわゆる民族の大移動する状態をテレビで見聞していると、本当に今の日本が不景気なのか、疑わしくさえ思えてくる。

八〇年代後半の頃、日本の勤労者の自由時間は年間一八五八時間であった。これはアメリカの二一八四時間、ドイツの二六九六時間、イギリスの二四〇三時間などと比べても明らかに少なかった。

これに対して、一人当たりの国内総生産（GDP）は、日本一六二〇ドル（八六年）であり、これはアメリカの一七二〇ドルに次いで世界第二位の高さを誇っていた。したがって、政府も「わが国は、所得水準に比べ自由時間が少なく、バランスを欠いた状況にある」との認識を持っていた（経済企画庁総合計画局編『時間と消費』一九八七）。

このような認識を追い風に、「労働時間」の短縮、いわゆる〈時短〉を促進する動きが加速する。その結果、週休二日制を適用される勤労者の比率は八五年には七六・五％だったのが、九七年には九五・四％へ拡大する。また、週当たり労働時間も九五年には三六・七時間となり、これは先進国の中で、アメリカに次ぐ短い時間数となった。

ついでながら、九五年を一〇〇とした実質賃金指数でみると、八五年は八七・一だったが、九七年には一〇二・〇へと増加している。ただし、失業率もこの間、二・六％から三・四％へ増加している（以上のデータはいずれも、経済企画庁国民生活局『新国民生活指標　平成11年版』）。

余暇の充実にとって必要な条件は、金・ヒマ・意識（欲）の三つに恵まれることだという。以上にあげた諸々の指標でみる限り、日本の勤労者が余暇の充実を可能とする基礎条件は、金とヒマに関する限り満たされつつあると言えるかもしれない。問題は余暇についての意識、もしくは意欲だろう。要するに、「何のための余暇か」という問題意識を持てるかどうか、ということだ。

ひと頃、オランダの歴史哲学者J・ホイジンガの著作『ホモ・ルーデンス』という本が話題になったことがある。この難解な内容に満ちた大著を、どれだけの人が最後まで読み、正確に理解したのかは疑問だが、「人間の文化の本質は〈遊び〉にあり、遊ぶことの重要性を現代社会は見失っている」という発想は、豊かさのあかしをレジャーの豊かさに求める社会的潮流にマッチするものがあったのだろう。

彼によれば、遊戯とは「本気ではないもの」「日常生活の外にあるもの」「物質的な利害とは無関係なもの」「人を心の底までとらえてしまうような自由な活動」といった本質を持っている。

そしてこの本質があるゆえに、現代の硬直化した社会と文化にとって、不可欠な要素であり、現代人は遊びのなかに道徳感や利害意識を持ち込んだりすることを避けるべきだ、と考えた（高橋英夫訳、中央公論社、一九七一）。

ホイジンガが遊戯に見いだした、その本質的な要素は、輝かしい文化の芽生えとしての一面を持つ反面、無気力と非生産性そして救いようのない怠け癖に変貌する危険性も併せ持っているのではないだろうか。

少なくとも、一国の基本方針として〈ゆとり〉の名称の下に、まともに生きる姿勢を曖昧にし、自由放埓《ほうらつ》に生きるのが人間らしいのだ、などと錯覚させることがあっては困る。

「小人閑居して不善をなす」とはいつの時代にも通用する真理だと、最近改めて思い知らされることがあまりにも多いことに気づく。

# 33 児童保育について

小泉内閣の目玉政策の一つとして、「保育所の待機児童ゼロ作戦と学童保育の受け入れ態勢の大幅拡充」があげられている。具体的にいえば、政府としては仕事と子育ての両立を支援するため、（1）保育所への「待機児童」数を、来年度中に五万人削減する（2）学童保育施設を二〇〇四年度までに一万五千ヵ所増設する、という方針を決めたという。

厚生労働省によると、「待機児童」数は全国で一〇万人を越えると推計しており、来年度中にはその半数が解消され、二〇〇四年度までにすべてが保育所で受け入れ可能になるという。そのための予算として、一千億円程度が必要と算定している（『朝日新聞』二〇〇一年五月二二日）。

この政策を推進することによって、もたらされるだろうメリットとして、次のような結果が期待されている。

第一に、男女共同参画社会の実現がより充実し、子供を持った女性がこれまでとは比較にならないほど働きやすくなり、近い将来にやってくる労働力不足の解消が可能になる。

第二に、共働き家庭の増加で、勤労者世帯の所得の増加と消費の拡大が期待できる。それはまた、結果的に国内総生産（GDP）を押し上げることにもなる。

第三に、育児の心理的負担が軽減することによって、出産の意欲も高まり、少子化傾向への歯止めがかかる。

第四に、ただでさえ女性の間に高い人気を得ている小泉純一郎首相は、この家庭と仕事の両立政策を具体化することによって、参議院選挙で女性票を圧倒的に取り込むことが予想される。なぜなら、一九七〇年代に盛り上がったウーマンリブの運動で、運動家の女性が声高に主張したのは「郵便ポストの数ほどに保育所を」ということだった。

今まさにそれが実現しようとしているのだから、女性票は雪崩を打って自民党へ投ぜられるに違いない。

このように見てくると、児童保育の大幅拡大作戦は一石二鳥どころか、三鳥、四鳥の政策効果が期待できる。とはいえ、この政策にも厚生労働省サイドから見ると、一抹の不安もある。それは、実際に受け入れ枠を増やせば増やすほど「子供を預けられるなら、私も働きたい」という新たな保育需要を掘り起こす〈いたちごっこ現象〉も浮かび上がってくることが予想されるからだ（「入所待ち解消で〈いたちごっこ〉？」『時事解説』時事通信社、二〇〇一年五月二二日号）。

〈児童保育の公営化〉という極めて魅力的な政策が、なぜ今まで選挙公約としてクローズアップされないで今日に至ったのか、不思議といえば不思議だ。そこには、子育ては保育所任せで安心、とは割り切れない不安がさまざまな形で親の意識にわだかまっていたからだ。

その不安の代表的なものに、「三歳児神話」と称する育児理論がある。この理論の中身を要約すれば、「子供は生まれてから三歳までの間に、人間性の基礎が形作られるから、この期間は親（実際は母親）によって注意深く育てられる必要がある」という主張だ。

この考え方は、仕事を持つ母親たちに子育てを人任せにすることの、不安感と後ろめたさを、一種の脅迫観念として持たせ続けてきた。そのことが、「郵便ポストほどの保育所増設を」という運動や、幼児保育の公営化にとって逆風として作用したことは否めない。したがって、働く女性たちの間ではこの「三歳児神話」

を、あくまでも科学的根拠のない理論、つまり「神話」として葬りたいという願望が、ここ数年強くなっている。その願いにピッタリ応える研究報告が最近発表され、注目を浴びた。

国立精神・神経センター精神保健研究所の菅原ますみ家族地域研究室室長は、二〇〇一年四月二一日、日本赤ちゃん学会での調査報告で次のような事実を指摘した。

八四年八月から八六年二月まで神奈川県内の病院で出産した一二六〇組の母子の協力を得て、最終的に二七〇組の母子を一四歳まで追跡調査を行なった。その結果、三歳未満の時に母親が働いていたグループの方が、働いていなかったグループより、むしろ子供の問題傾向が少ないことがわかった。この点について、菅原室長は次のように語っている。「乳幼児期は、働く母のこどもの方が集団の中で育てられる機会が多く、ルールを学びやすい環境にあるからだと思われます」(『アエラ』二〇〇一年五月二八日号)。

この調査報告によって、「三歳児神話」はまさに神話であって、科学的には根拠がないのだと、ホッとする子育て中の女性も少なくないかもしれない。しかし、この調査結果を全面的に信用しきれない疑問点も残されている。

第一に、調査がスタートした時は一二六〇組の協力者がいたのに、最終的には二七〇組をフォローして結論を導き出しているが、約千組が調査対象から脱落したのはなぜか。サンプル全体のわずか二〇％程度の分析結果を取り上げて、断定的な結論を主張することは決して科学的とは言えないはずだが。

第二に、育児の在り方と子供の問題行動との関連を明らかにしようとするならば、問題児グループを分析対象として選ぶべきだ。問題児の成育歴の中で母親が職業生活を続けたことが、子供の問題行動や情緒不安に影響しているのか、いないのかを検証する方が、問題点をより明確にしただろう。

第三に、調査者の利害にかかわる問題についてなされた、調査分析の結論には意図的ではないにせよ、何らかの歪曲が混入する可能性がある。これは、組織の内部監査が信用度が低いのと似ている。菅原室長はその地位からいって、当然キャリアウーマンであり、もし結婚をし子供を持っていれば、この種の調査責任者として、ややその客観性を欠くとはいえまいか。

菅原調査の結論を危ぶませるような調査報告が、アメリカから届いた。米国立衛生研究所が研究費を出し、アメリカの一〇都市の乳幼児一三六四人の成長過程を一〇年にわたって追跡調査を行なった。その結果、生後三カ月から四歳半までの時期に、保育園などに週三〇時間以上預けられた子供のうち一七%は、幼稚園でほかの子に乱暴に振る舞ったり、先生に反抗したりする傾向が強かった。週一〇時間以下の子供が問題行動に走るケースは六%以下だった。

研究責任者のロンドン大学J・ベルスキー博士は次のように語った。「週何時間までなら大丈夫という線引はだれにもできない。ただ、託児時間をなるべく短くした方が子供によい結果を生むということはできる」(『朝日新聞』二〇〇一年四月二八日)。

菅原調査とこのアメリカの調査の、どちらに信憑性を認めるかは自由だ。もしアメリカの調査結果を信頼すれば、児童保育の拡大に伴う不安材料は、依然として拭いきれないで残り続けることとなる。

アメリカの児童精神医R・スピッツは、幼児期から保護施設で育てられた子供たちに、さまざまな人格障害の徴候が見られることを発見した。それらの主なものは、だらしなさ、言語障害、他人への冷淡さ、摂食障害などだ(R.A.Spitz,Hospitalism:An inquiry into the genesis of psychiatric conditions in early childhood, *Psychoanalitic Study of the Child.* 1945, 1:53-74)。

これらの人格障害の根本原因は、親の愛情の欠落から発生した、情緒剥奪(emotional deprivation)――感情の働きが活性化しないこと――にあると解釈した。彼の論文が発表されたのは、一九四五年であるから、かなり昔のことになる。しかし、スピッツの研究は現在でも、古典的な価値のある理論として高い評価が認められている。

一九八九年、東京都足立区綾瀬において一八歳から一六歳の少年四人によって、一七歳の女子高生が四〇日間にわたり監禁・暴行され、死に至らしめられた。その死体はドラム缶にコンクリート詰めされ、空き地に放置された。この事件は当時、「人の仮面をかぶった鬼畜の所業」と法廷で断罪され、世間の人々は若者がなぜここまで残忍になれるのかと、困惑した。

ジャーナリストの佐瀬稔は、この事件の背景や公判の進行を徹底的に取材し、犯罪に走った少年たちの心理に共通するものがあることを発見した。彼はそれを「見捨てられ感情」と表現し、この感情が少年たちの親子関係の空白に深く根差していたと分析している。

二人の少年の家庭は共働きを続け、一人の少年の家庭は離婚した母によって幼い時から支えられている。主犯の少年は生後八ヵ月の時、母親が夫の浮気に悩んで、親子心中寸前までいった。その後も夫婦関係は冷却したまま継続していた（佐瀬稔『うちの子が、なぜ！　――女子高生コンクリート詰め殺人事件』草思社、一九九〇）。

この事件は、子育ての手抜き（空白）が、いかに大きなツケとなって回ってくるかを、改めて世の親に突きつけた。その後も、若者のすさんだ心情を反映する事件は後を断たない。そして、その背景には依然として親子関係の空白が、有力な要因として作用していることが多い。

育児の手間を、保育施設の増大によって大幅に肩代わりしようとする政策は、大衆から拍手を持って受け入れられることは間違いない。しかし、その裏には次の世代の心の荒廃を拡大する危険が潜んでいることを、念頭に入れておくのも無駄ではない。

# 34　電車内暴力について

最近、電車内での些細なトラブルが引き金になって、殺人にまで発展した事件が相次いで二件発生し、にわかに車内暴力事件が社会問題としてクローズアップされはじめた。そして、主要なターミナル駅を中心として、警察官による駅構内のパトロールも強化されている。

私自身は幸いにも、四〇年に及ぶ教師生活のほとんどをマイカー通勤でこなしてきたので、電車内トラブルとは無縁の生活を送ってきた。したがって、それがどれほど不快で危険な出来事なのか、実感に乏しい。それでもたまに必要に迫られ、通勤の時間帯に電車を利用すると、思いもよらないことで、見知らぬ乗客から殺気にも似た攻撃性を示されたことは、幾度か経験している。

通勤電車内という、ごく日常的な市民の生活空間が、自分の知らないうちに一種の仁義なき修羅場に化けてしまっていたことを思い知らされ、愕然とした。

昔読んだ、寺田寅彦の「田園雑感」というエッセーに次のような文章があったことを思い出した。

「田舎では草も木も石も人間臭い呼吸をして四方から私に話しかけ私にとりすがるが、都会ではぎっしり詰まった満員電車の乗客でも磧の石塊同士のやうに黙って銘々が自分の事を考えている。そのおかげで私は電車の中で難解の書物をゆっくり落ち着いて読み耽ることが出来る……これで都会に入り込んで居る「田舎の人」が居なければどんなに静かな事であろう」（小宮豊隆編『寺田寅彦随筆集　第一巻』岩波文庫、一九四七）。

このエッセーが書かれたのは、大正一〇（一九二一）年だというから、あまりにも昔すぎて比較の対象にもならない、と思うかもしれない。しかし驚くべきことに、東京を走る電車内の雰囲気は、寺田寅彦が描写した状態を、少なくとも七〇年代までは保ち続けていた。それは、私自身がこの頃までは仕事の必要上、電車内で活字に眼を通す時間が多かった体験に基づいている。

「磧《かわら》の石塊同士」のように静で、慎ましかった乗客が、磧の砂利のように騒々しく、また時限爆弾のようにいつ暴発するかわからない物騒な人々の群れに、いつ、なぜ変貌したのだろう。いつ、ということになれば、あえて私の独断と偏見で言うが、やはり九〇年代あたりがその始まりではなかったかと思う。

なぜ、ということになると、漠然とした表現だが「抑圧された〈怒り〉のエネルギー」を、慢性的に溜め込んだ日本人が異常なほど増殖しているのではないか、と推測せざるをえない。

T・デンボーという心理学者は、今日なお評価の高い〈怒り〉の実験を試みた。それは次のような仕組みで実行された。

実験室の床には、一辺が二・五メートル四方の木の枠がつくられ、被験者はこの枠内に入れられる。また枠内には被験者が休むための椅子が一つ置かれている。枠から一・二メートル離れた所には、木台があってその上に花が生けられた花瓶が乗せてある。

被験者は課題として、枠から体を離さずに花瓶の花を取ることを要求される。さらに、その方法は三つあるので全部発見することも要求される。しかし実際には、可能な方法は二つだけで三番目の方法はないのだった。

被験者は比較的簡単に、二つの方法を発見し勢いに乗って三番目の方法に挑戦するのだが、なかなか成功しない。もともとありもしない解決法にとり組むわけだから、無駄な努力の積み重ねということで、時間が経つほど当然イライラが募ってくる。

被験者の中には、比較的早い時期に〈怒り〉を爆発させ実験室から出ていってしまう者もいたが、多くの被験者はそうはしないで、実験に最後まで協力しようと努力を続けた。その協力の過程で、〈怒り〉はさまざまな行動に姿を変えながら高まっていくのが観察された。

まず最初に表れるのは、「気晴らし行動」だ。実験者に冗談を言ったり、歌を唄ったり、椅子に座って新聞を読んだりしてイライラを沈静化しようとするのだ。しかし実験者に「真面目に実験を続けるように」と注意されると、第二の行動が表れる。

それは「代償行動」と呼ばれるもので、やさしい解決方法で満足しようとするやり方だ。たとえば、枠の比較的近い場所に花瓶が置かれてあるのを発見し、その花を取ってできたと喜ぶ。ところが、実験者から「その花はこの実験とは無関係です」と拒否されると、第三の行動に走るようになる。

それは「空想行動」や「まじない行動」とみられるものだ。たとえば、「いま大地震が起きれば、あの花瓶は転がってくるだろう」と嘆いたり、呪文を唱えて花瓶を引き寄せようとしたりする。これらの行動は、実験者によって遊びとみなされ、被験者は再び問題解決にとり組むことを厳しく催促される。

それから後は、無駄な努力の繰り返しと、イライラ解消のための行動パターンの再現をしながら、次第に〈怒り〉の爆発点へと突き進むことになる。この期間が長いほど、〈怒り〉の爆発はすさまじいものになる。ただしその行動は、攻撃的行動だけではない。中には大声をあげて泣きだす者もいる。

デンボーはこの実験によって、人が怒りの感情を暴発させるか否かは、その人間の性格に原因を求めるだけでは不十分だと考えた。それだけではなく人間がたまたま置かれた状況が、〈怒り〉のエネルギーを穏やかに放出できるものか、それとも閉塞《へいそく》的でエネルギーを圧縮し暴発へと導くものか、この行動状況の特徴が大きくかかわっていることを指摘した（T.Dembo, Der Ärger als dynamisches Problem, *Psychologische Forschung.*

1931,15:1-144)。

またデンボーの実験によって、人間は自らの内部に蓄積されつつある〈怒り〉の感情を暴発させないように、さまざまなガス抜き行動をとっていることもわかった。この実験で解明された事実は、われわれが常識として理解しているものであって、ことさら目新しい発見とはいえないかもしれない。

しかしこの実験が浮き彫りにした、「怒りの状況と行動」の構図は、現代社会が内包しているさまざまな暴力場面を分析する上で、未だに色褪せない鮮度を保っている。

もし電車内暴力事件の多発が一時的現象ではなく、今後とも増加の一途をたどる傾向があるとすれば（テレビ報道によれば、二〇〇一年度の発生件数は前年度の一・五倍に上るという）、その発生基盤を深く掘り下げる必要がある。

第一に考えられる原因は、いわゆる「空白の一〇年」と呼ばれるバブル崩壊後の日本経済の長期にわたる停滞と不振が、国民に一種の閉塞感をいきわたらせたことにある。

問題状況を解決する有効な政策展望も示されないままに、事態だけがズルズルと悪くなっていく、そういった不安と苛立ちが一〇年の時間をかけて、ひろく国民の意識に浸透している現実を考慮する必要がある。それはあたかも長雨が続いた後の地盤が、崩壊しやすくなっているのに似ている。

第二に、閉塞状況に最も敏感に反応するのは、若い世代である。彼らは他の世代に比べて、はるかに長い迷路を歩み続けなければならない。しかも頼りになる案内図もなく、むなしい試行錯誤を繰り返すことを強いられる。

車内暴力が世間の注目を集める発端となった「三軒茶屋駅サラリーマン撲殺」事件の犯人である四人の少年にも、閉塞状況の迷路をさまよう若者の姿が色濃くみられる。彼らはいずれも今年三月、高校を卒業しとくに進学も就職もすることなく過ごしていた。事件は、誘い合って渋谷のセンター街で遊んだ帰りに起きた。彼らの家庭にとくに問題はなく、父親はとび職の親方、教習所の教官、土木技師など、どちらかといえば堅い職業に就いている。

しかし彼らの行動に強く影響していたのは、家庭ではなく渋谷にたむろするカラーギャングと呼ばれる一団であったという（『週刊新潮』二〇〇一年五月二四日号）。要するに、その日暮らしの気晴らし行動の生活の過程で、たまたま出会った気に障る堅気の人間を、一匹のハエでも叩きつぶすかのように、寄ってたかって撲殺したのである。

第三に逃げ場のない生活状況の中で、若者の陥りやすい行動として代償行動がある。これは安逸な生き方に満足を見出す傾向で、フリーターなどはその典型だろう。この種の行動の系統に「近道反応」がある。ある目的を遂げるために、必要な手続きや過程を省略して成果だけを手に入れようとする傾向をいう。

最近、最も社会の怒りを集めた事件は大阪教育大付属小学校で起きた児童の大量殺傷事件だった。犯人がこれまで送ってきた人生について、逐一報道されるにつれて、世の中にこれだけワルに徹しきれる人間がいることに驚かされる。『週刊朝日』に、この男が高校時代に書いた反省文なるものが、全文掲載されている。それを読んでみると、興味深い記述があることを発見した。

「僕は、パイロットをめざしている割りには、勉強量がたらない。つまり、希望は人より大きい希望をえがくが、その割りには努力がたりないという事です。その性格が、今まで尾を引く事になったのです……とにかく僕は、希望は、大きく持っているが、現実を意識せずに今まで来た……」（『週刊朝日』二〇〇一年六月二九日号）。

この記述には、見事に「近道反応」へ走る人間心理が表現されている。しかも、宅間守という男は、この近道反応の生き方を、軌道修正する努力を一切することなく、太い一本の線を引くように生き続けたのだ。そして、自らの人生の幕引きまで——おそらく本音だろうが——破戒無残な犯行の見返りとしての死刑に委ねたい、と望む徹底ぶりだ。

宅間容疑者ほどではないにせよ、中間の手間をできるだけ省略して、嬉しい結果を手にしたいという傾向は、今や日本人の第二の天性になりはじめている。何しろ、スポーツくじの胴元を文部科学省が務める時代なのだから。

日本社会そのものが、八方ふさがりの閉塞状況に置かれている現実が長きにわたって続き、今さまざまな怒りの感情が生活空間のあちこちで、メタンガスのようにふつふつと噴き出しているのではないか。そうだとすれば社会の縮図ともいえる、電車内での暴力沙汰の根絶も当分は望めそうもない。

# 35 戦後社会が育てた人間

先日、これまで録画してきたビデオテープを整理していた時、一本の古い映画のテープを発見し、思わず全部観てしまった。それは、小津安二郎監督の『秋刀魚の味』というタイトルの作品で、製作されたのは昭和三七（一九六二）年だった。内容は小津作品の特徴である、中流家庭に見られる人間ドラマを、父親と娘を中心として、淡々と描いたものだった。

私が興味を持ったのは、この映画のメインテーマではなく、さりげなく描かれた一つのシーンだった。行きつけのトリスバー――この言葉も今では説明が必要になってしまったが――で主人公の中年サラリーマンが一杯やっている。

そこへ偶然、昔、駆逐艦の艦長をやっていた時に部下だった男に声をかけられる。この機関兵曹の男が、バーのマダムに「例のやつを、かけてくれ」と頼むと、軍艦マーチが流れはじめた。飲むほどに、酔うほどにすっかりご機嫌になった部下は艦長とともに、店内を音楽に合わせて行進して歩く。

ひとしきり気分が盛り上がったところで、この男は艦長と次のような会話を始める。

「ねえ艦長、日本はどうして戦争に負けたんですかね」「さあどうしてだろう」「もし戦争に勝っていたら、今頃はニューヨークの料理屋か何かで、青い目の芸者を上げて、ドンチャン騒ぎをしてたかもしれませんネ」「うん」「でも、最近戦争に負けてよかったと思いはじめているんです。負けたおかげで、バイク販売の店も持てたし、何よりもバカな奴に、いや艦長のことじゃないですよ、くだらない人間にむやみと威張られなくなっただけでも、せいせいしまさあ」。

笠智衆演じる艦長と、加東大介演じる部下との間でさりげなく交わされるこの会話の中に、日本が戦後の焼跡から脱して高度経済成長へ踏み出しはじめた時代の、国民的気分がよく表現されている。

「敗戦は悔しいけれど、よく考えれば良い時代になったもんだ」、そんな複雑な気分が、一九六二年には一般的だったと思う。まさにタイトル通り、一抹のホロ苦さも混じってはいるが否定できないうまさがある、「秋刀魚の味」のする時代が始まっていた。

この時代から早くも四〇年の歳月が流れ、今や二一世紀に突入している。その最初の終戦記念日を迎えると、改めて戦後日本社会は日本人に何を与え、何を奪ったか、そして全体としてどんな人間を拡大再生産し続けていくのか、そんな疑問にぶつかる。この疑問に答えを出すのは、とても一個人のなし得ることではない大問題だ。

しかし、この疑問にこだわり、人それぞれが問題意識を持たない限り、日本という国はなし崩し的に破局に向かって行進し続けることになるのではないか、そんな気持ちがしてならない。

最近、ある週刊誌が「日本人の劣化」をテーマとして特集を組んだ。そして、その特徴を、〈知力低下〉〈欲望肥大〉〈自信喪失〉〈倫理崩壊〉〈拝金主義〉の五つに要約してみせた。さすが大ジャーナリズムだけあって、その指摘は空虚な抽象論ではなく、取材に裏づけられた説得力に富むものだった（『週刊朝日』二〇〇一年八月一七・二四日合併号）。

私もかつて、身の程知らずにもこの大問題に関心を持ち、わずかの研究費を頼りに意識調査を試みたことがあった（大橋幸「戦後社会と意識構造」東京学芸大学紀要、一九七四）。もとより、限られた予算の範囲内での研究だったので、小さいスプーンでプールの水をすくうようなもので、発見し得た事実ははなはだ心もとない結果に終わった。

しかし、この研究によって、戦後日本社会がひたすら栄養補給を続けた結果、日本人の心に芽生え、旺盛に成長しはじめたいくつかの意識があることに気づいた。

第一に、それは「欲望肯定の態度」だ。

「欲しがりません勝つまでは」という戦時中のスローガンに代表されるように、庶民の文化史は長きにわたって禁欲、もしくは欲望否定の文化だった。戦後、〈骸骨《がいこつ》が鎧《よろい》を着ているような軍需経済〉から民需中心経済への転換は、大衆の欲望を刺激し続けることが企業の成長にとって、不可欠の条件になった。いわゆる消費社会の出現だ。

いわば、大衆の欲望という海面温度の上昇が、巨大な経済成長という台風を育てていくといった仕組みが、いつの間にか日本社会の現実として、庶民生活に浸透していく。

一九五九年の『国民生活白書』には、すでに大衆消費行動が、月賦販売の活性化に助けられて盛り上がっていく状態が報告されている。たとえば、都市世帯の四九・三%が月賦を利用し、主な購入対象はミシン、テレビ、電気洗濯機、電気冷蔵庫などであり、その割合は四〇%以上になる、と分析していた。

冒頭にあげた映画『秋刀魚の味』にも、平凡なサラリーマン夫婦が家電商品とゴルフセットのどちらを月賦購入するかで、険悪な空気がただようシーンが描かれている。この場面で、妻は夫を批判して言う。

「あなた程度の給料で、ゴルフなんて生意気よ。やめなさい」。

たしかに、六〇年代あたりまではゴルフとは金持ちのスポーツで、庶民が手をだすのは身分不相応だという気分が濃厚だった。しかし七〇年代、高度経済成長が進展するにつれて、ゴルフは大衆娯楽化し会員権も利殖の手段として、ひろく関心が持たれるようになった。

要するに、あれが欲しい、これを楽しみたいということに、〈身分の違い〉を意識し我慢する文化は消滅したのだ。多少の無理は承知の上で、欲しいものは手に入れ、楽しみたいことは楽しむ、そのどこが悪いというのか、というのが戦後社会に根づいた大衆文化なのだ。

禁欲文化という欲望の歯止めを失った戦後世代は、ブレーキのないスポーツカーのように、欲望の肥大化によって、いくらでも暴走する危険性を持つようになった。

第二に、戦後世代の意識に定着したものとして、「消費的思考」がある。消費的思考とは、消費に異常な関心を持つ、ということではなく、思考心理学でいわれる「生産的思考」とは反対の発想をいう。

ドイツの心理学者M・ウェルトハイマーによれば、「生産的思考」とは問題の答えに関心を持つよりは、解決に値する問題は何か、ということに関心を持つ。そして答えよりは、それを発見するまでの過程を重視する。要するに生産的思考とは「挫折と闘争を伴う一つのドラマ」だという（矢田部達郎訳『生産的思考』岩波書店、一九五二）。

消費的思考とは、生産的思考とは反対にその答え（結論）はどのような過程を経て生まれたかを重視するのではなく、結論それ自体を重視する。よく会議などで、「説明はもういいから、結論を言え」とせかす傾向がこれに当たる。

したがって、この傾向はさまざまな出来事について、用意されている解釈を鵜呑みにしてそれを疑おうとしない思考も育てることになる。いわば、既製品的解釈への依存症候群といえよう。

戦後、情報化社会の目覚ましい進展に伴って、ありとあらゆる分野において膨大な情報が提供されるようになった。しかもマスコミ機能の活性化により、労することなく多種多様な情報に接することが可能となった。しかも、その内容の解釈や評価まであらかじめ味つけされているから、受手の方は何も考える必要もなく、ただ情報の消費者にとどまるだけで済む。いわば、情報のスナック菓子化だ。

情報が学問知識を含めて、どんどんスナック菓子化していくことによって、二つの問題点が生まれたように思う。その一つは、情報をかみ砕き味わう思考の咀嚼《そしゃく》力の低下、もしくは喪失だ。長年、大学教師を勤めてきた体験からいっても、大学生がその思考能力もしくは努力を年々歳々失っていく状態は、あぜんとするものがあった。

オウム真理教（現アーレフ）の犯罪に深くかかわった若者たちの多くは、受験エリートだった。世間の常識からすれば、こんな秀才たちがなぜ麻原彰晃（本名・松本智津夫）被告ごときの詐欺師の言うことを信じて、大量殺人という愚行に走ったのか、理解に苦しんだ。

しかしこれこそ、消費的思考に慣らされた若者の悲劇なのだ。彼らは結論だけにこだわり、それが導き出される論理の組み立てや矛盾には関心を持たない習慣を長年続けてきた結果、ドグマ（独善的教理）に対する免疫力を失ってしまったのだ。

もう一つの問題点は、情報飽和とでも名づけられる現象だ。お手軽ではあるが、食欲がわかない大量の情報の供給と氾濫は、情報の有効利用への動機づけを低下させる。たとえば、情報の消費率は一九六〇年には二五％だったのが、六八年には一六％、八七年には四・七％までに低下している（『国民生活白書　昭和45年版』、『国民生活指標　平成2年版』いずれも旧経済企画庁（現内閣府）による）。

今後、「ＩＴ（情報技術）革命」の大衆生活への浸透と携帯電話に代表される情報ツールの個人化・モバイル化などが加速されれば、消費的思考はますます強化され、やがて人々は自分で考え解決する能力をほとんど持てなくなることも懸念される。

第三に、戦後世代に芽生え成長した意識の特徴として、「受益者意識もしくは私権の乱用」が指摘されよう。簡単に言えば、いわゆる〈ジコチュウ人間〉の増殖だ。

日本人は戦後初めて民主主義を、思想としてではなく生活様式として経験する機会に恵まれた。そしてさまざまな試行錯誤を積み重ねた後、それが「公的サービスを最大限に受ける権利」「個人の基本的人権を尊重し保護する義務」「多数者の主張と選択が正義であるという価値観」などによって支えられていることに気づき、それらが自分のエゴイズムを正当化する根拠として利用できることを、学習した。

その結果、私たちの社会は数限りない〈ジコチュウ人間〉を繁殖させ、毎日のように不愉快な光景を目にし、また不条理極まりない犯罪の増加におびえて暮らすのも日常化した。

戦後世代を特徴づけている〈欲望優先〉〈消費的思考〉〈受益者意識〉などは、一種の複合汚染の様相を帯びはじめている。

小泉純一郎首相は、今日の日本の繁栄と平和は、国家のため命を捧げた英霊の犠牲の上に成り立っている以上、英霊に感謝と哀悼の気持ちを表明するのは当然として、靖国参拝を決行した。

その是非をあげつらうつもりは毛頭ないが、その際、祖国の未来に希望を託して命を捧げた兵士たちが、果たしてこんな日本になったことを喜んでいるかどうか、この点もぜひ「熟慮」すべきではないか。

# 36 失業問題の現代的背景

八月二八日に総務省は、七月、八月共に、完全失業率が五％になったことを発表した。この数値は、一九五三年に失業率調査が始まって以来、最悪のものだという。ここのところ、日本のマスコミではこの失業率をめぐって、さまざまな論議が噴出している。政府も雇用対策を当面の最大の政策課題と考え、秋の臨時国会を雇用対策国会と位置づけていた。

五三年という年は、私が大学を卒業した年でもある。この年は未だに戦後不況の余燼《よじん》がくすぶっていた時期で、大学卒業生にとって就職は楽観を許さない情勢だった。私にとっても、これから何で食っていくかということは、切実な問題だった。

幸い、この年新聞社・出版社・放送局などのマスコミ産業は将来の事業拡大を見越して、新卒の大学生を積極的に採用する意欲を示していた。とくに私が籍をおいていた社会学科は、有利だったと記憶している。したがって、本人がやる気を出して入社試験に挑戦すれば、どこかのマスコミ企業に潜り込む可能性は、多分にあった。

あえてそうしなかったのには、私の側に大きな問題があったからにほかならない。それは私が典型的な「夜型人間」で、早起きがまったく不可能だったからだ。夜型人間とマスコミ、これはどうみてもミスマッチだとあきらめた。そこで考えたのは、朝寝坊でも勤まる職業はないかということだ。いろいろ物色した結果、定時制高校の教師が最適だと思い、早速就職活動にとりかかった。

当時はまだ教員採用試験が制度化されておらず、希望者は直接学校に赴いて校長や教頭に会い、教員に採用してくれるよう希望を述べる形をとっていた。そこで自宅近辺の高校を、片っ端から訪問して定時制高校に勤務したいと、お願いして回った。結果はみるも無残なもので、完全な失敗に終わった。どこの高校でも必ず質問されたのは、「君のような新卒の学生が、なぜ最初から定時制高校に勤めたいと考えたのか、その理由は」という点だった。私は正直に、「早起きが苦手ですから」と答えたのだが、面接した校長は一様に疑わしそうな表情を示したものだ。どうやら、その頃に活発だった共産党の細胞活動の一員として、高校に潜り込もうとしているに違いない、と思われたらしい。卒業の時は、刻一刻と近づいてくるのに、私の就職先はいっこうに見えてこない。

そんな焦りと苛立ちの気持ちを抱えて大学の講義を受けていた時、天啓のごとく一つの職業がひらめいた。そうだ、大学教師になろう。知っている限り、大学の先生はほとんど午後から講義をする。しかも出講時間は自分で決めることもできるらしい。これこそ自分のためにあるような職業ではないか。そこで早速、大学院入学の手続きを済ませてしまった。

真理の探求とか抜きんでた研究の成果を世に問う、といった高尚な動機とは無縁に、ただ早起きをしたくないという低次元の欲求から大学教師の道に踏み込んだ、といったら怒り狂う人もあろう。しかし私としては、この選択は正しかったと今でも考えている。

就職の時期を迎えた学生たちに、私がよくアドバイスしたのは、「君たちは自分のやりたいことが出来るかどうかを重視して職場を選ぶのが普通だろうが、もう一つ、やりたくないことをしないで済むという基準で職場を選ぶことも重要だと考えてほしい」ということだった。

職業に就くことの逃れられない条件の一つは、労働の継続だ。その労働の継続が嫌悪感の継続であるとしたら、それはもはや労働ではなく「苦役」であって、とうてい長続きするわけがない。それを長続きさせようと無理を重ねれば、自分を痛めつけるだけでなく、さまざまな人間関係上のトラブルの種を周囲にばらまくことにもなる。

ここ四、五年の失業動向で目立つのは、三〇歳以下の若年層の職場定着率が年々低下の一途をたどっている現象である。労働省（現厚生労働省）の調査によれば、転職を経験した一五―二九歳の若者の割合は三三％にもなっている。とくに学歴の低い（中・高校卒）若者では七〇％以上が二、三社以上転職している（労働省『若年者就業実態調査報告』一九九七）。

こういった流れの中から、若年勤労者のいわゆるフリーター化も増大してくる。総務庁（現総務省）の調査によれば、九七年の時点でその数は一五五万人に上ると推測されている。また同調査によると、大学・大学院を卒業した二〇代の無職者数は九七年には二八万人で、戦後最高に達している（総務庁『就業構造基本調査報告』一九九七）。

これらのデータを見せられると、若年層と中高年層の失業問題は、分けて考える必要があるし、異なった対策がなされなければならぬのではと思う。八〇年代の初め、自分の夢を追い続けて定職を持とうとしない若者が目立つようになった。マスコミは彼らの心理を《青い鳥症候群》と呼んだ。

その頃はせいぜい少数のヒッピーまがいの若者に限られた現象として話題にはなったが、さして深刻な問題として受け止められなかった。しかし、いまやフーテン暮らしで生きてゆくことに抵抗を感じない若者たちは少数派ではなく、年々歳々確実にその数を増していく。

その傾向と関連するような事件が今年（二〇〇一年）に入って相次いだ。その中で、私がとくに注目した二つの事件がある。

その一つは、たしか四月頃だったと記憶しているが、関西の都市部にある高層マンションから、女子高生二人がその上層階から身投げして自殺した事件だ。私がとくに関心を持ったのは、報道された遺書の内容だ。そこには「死ななければならない理由はないが、生きていなければならない理由もない」と書かれていたという。〈死ぬ理由もないが、生きる理由も見当たらない〉ということで、自らの人生を早々に断つという行為は、今の若者の心に深い空洞があって、ちょうどブラックホールのように生きる希望も可能性も、すべて無にしてしまうのだろう。

もう一つは八月七日、宮城県鹿島台町で三二歳の兄と二六歳の兄弟が自宅で餓死していた、という事件だ。発見された時は、死後一ヵ月以上が経過していたという。屋内にはまったく食物はなく、冷蔵庫にはわずかに数個の梅干しが残されていたという。

兄は県内の会社に勤め、弟も六年間、地元の郵便局に勤め、勤務態度は真面目だったが、九九年夏に突然退職する。兄弟は五年ほど前に、三千万円のローンを組んで現在の家を購入した。この家に妹二人と父母そして祖母たちと暮らしていたが、ここ二、三年のうちに父母と祖母が相次いで死亡した。妹二人は、兄に借金があるのを嫌って別居した。二人の死体は司法解剖され、死因は栄養失調による衰弱死、つまり餓死であることが確認された。

地元の人々は、家のまわりには野菜をはじめいくらでも食物がなっているのに、なぜ餓死するまで追い込まれたのか、その理由がわからないという（『朝日新聞』二〇〇一年九月五日夕刊）。

ここにも他人には理解できない、人生についてのニヒリズムが機能していた、としか考えられない。楽しいことばかりではないが、コツコツ働いて自分の人生を積み上げていこうとする持続力が、どういうわけか現代の若者に欠落しているように思えてならない。

私たちの文化には、この持続力の価値を意識させる格言がたくさんあった。いわく「石の上にも三年」「若いうちの苦労は買ってでもしろ」「艱難汝を玉にす《かんなんなんじ》」など。また私の好きな川柳に、「ぼうふらや、蚊になるまでの浮き沈み」というのもある。

これらの教訓が、今の若者たちにほとんど説得力を持たないことは、容易に理解できる。もし説得力があれば、すでに見たように若くして早々に人生に見切りをつけたり、餓死するまで働くことを忌避することはありえないだろう。また、フリーターやインテリフーテンといった浮草生活の積み重ねによって、虚しく年老いてゆく若者たちが、年々歳々増大していくというのも現代の失業問題として見逃せない現象ではないだろうか。

彼らに共通する心象風景とは、「人生という書物」を目次だけ見て中身を読もうとしないか、パラパラと飛ばし読みして、もっと面白い本はないものか、と目移りすることの繰り返しなのではないか。要するに、彼らに最も欠けている意識は、安定した〈時間的展望〉と〈持続力〉なのだ。

心理学者のK・レビンは失業者の心理を分析した論文の中で、時間的展望を放棄した人間がいかにすさんだ心にむしばまれていくか、について次のように述べている。

「人は希望を放棄した時に初めて「積極的に手を伸ばす」ことを止める。かれはエネルギーを喪失し、計画することをやめ、終には、よりよき未来を望むことすら止めてしまう……彼はプリミティブ（幼稚）な受け身の生活に閉じこもる」（末永俊郎訳『社会的葛藤の解決』創元社、一九五四）。

失業問題の深刻さは、若年層より中高年層にあることは言うまでもない。したがって、当面、この年齢層に失業対策の重点が置かれるのは、当然だろう。しかし、次の時代の経済成長を考慮すれば、今の若い労働力が持つ可能性をより成長させる施策を考えることは、もっと重要な意味を持っている。

この問題を解くカギは、彼らに〈希望〉という名の時間的展望を、社会がどれだけ明確に印象づけられるかにある。今日、日本の企業が先を争って廃止の方向に動いている、終身雇用と年功序列型賃金という制度は、こと時間的展望の安定に関する限り、極めて勝れたシステムだった。この点は、かつてアメリカの経営学者J・C・アベグレンが最大限の評価を与えていた日本的経営の利点だった（占部都美訳『日本の経営から何を学ぶか』ダイヤモンド社、一九七四）。

時代に逆行することは覚悟の上で、あえてこの日本的経営に固執してみようとする経営者は出てこないものだろうか。

## 37 教師の職業倫理

ここ一〇数年来、日本社会に目立ちはじめた傾向の一つに職業倫理の低下という現象がある。とくに社会的信頼が命ともいえる職業に従事する人々——司法関係者、警察官、公務員、医者など——の間に信頼を裏切るような非行・犯罪に手を染めるケースが頻繁に発生して、世の中どうなっているんだ、という嘆きを増幅している。

どんな職業でも、それ相応に守られなければならない職業倫理はあるが、それが守られないことによって発生する被害の大きさには、おのずから濃淡がある。

教師という職業はどちらかといえば、モラルの欠落によってもたらされる被害が大きい方だと思う。私は長い期間、教員養成大学の教師を勤めたのだが、卒業の挨拶など折に触れて次のような話をした。「君たちはこれまで、必ずしも有意義とは思えない大学の講義を、じっと我慢して聞かされ続けたという点で、ある意味では被害者だった。しかしこれから教師として児童・生徒と接していく人生を選んだ以上、これからは加害者になる可能性が多分にあることを、心に留めてほしい」。

明治五（一八七二）年、日本全土に近代的学校制度が公布されて以来、学校教師に不可欠の資質として厳しく要求されたのは、庶民の常識をはるかに越えたモラルの遵守だった。

このことは、教員を長きにわたって一種独特の職業人として、世間から疎外される結果を生んだ。よく知られた、「先生と言われるほどのバカでなし」という川柳は、このあたりの事情を端的に表現したものだ。

教育学者の中島太郎は教員の歴史に見られる、教職観の特徴をある論文の中で次のように要約している。(1)天職(聖職)観の確立(2)社会性の否定(3)政治性の否定(4)専門性の否定(5)劣等感の内包(細谷恒夫編『教師の社会的地位』有斐閣、一九五六、復刊版は大空社、一九九八)。こういった、浮世ばなれした生き方を教師に期待するのは、どうやら日本だけではない。

アメリカの社会心理学者のJ・M・ウィリアムスは、教師のパーソナリティに、なぜ際立った共通性が見られるのかを分析して、次のように指摘している。

「道徳的な行為において、教師はたいていの場合、コミュニティにおける最も保守的な集団の規範と一致することが期待される……親たちはこどもの先生には旧態依然たる月並みな価値の、お手本になることを要求してやまない」。

学生の時、教員免許をとる必要上、教育学の講義を受けることになった。さっぱり面白くなかったが、一つだけなるほどと思った話があった。それは教師が、なぜ普通の人以上に道徳に縛られなければならないか、という理由として語られた話だ。

「山海の珍味でも、肥えびしゃくに入れて出されたら、食べる気持ちにはなれない。それと同じで、教師がいかに立派な教育をしようと思っても、その生き方が汚かったら、教えることを生徒がまともに聞くはずがない」。

教師という職業が厳しい倫理感によって権威づけられる、ということはそれ自体間違いではない。しかし、その倫理感を低い所得に甘んずる清貧の強制と一体化させた長い教師の歴史が、教職について「尊敬と軽蔑」という矛盾したイメージを社会に定着させる結果を招き、また教師自身が建前と本音の使い分けに悩む人生を送り続けることになった。夏目漱石の『坊ちゃん』は、このような教師の偽善性を暴いた最初の文学作品だが、主人公に次のような痛烈な言葉を語らせた。

「おれ見た様な無鉄砲なものをつらまえて、生徒の模範になれの、一校の師表と仰がれなくてはいかんの、学問以外に個人の徳化を及ぼさなくては教育者になれないの、と無闇に法外な注文をする。そんなえらい人が月給四〇円で遥々こんな田舎へくるもんか」。

私の母は明治時代に女子師範学校を卒業して、小学校の訓導（教師）になった過去を持っていた。ところが、訓導として二年勤めただけで退職し、東京の劇団に入り女優の道を選んだ。母が語ったところでは、地元鹿児島の新聞に、「本県教育界における空前の不祥事」として大々的に取り上げられたという。

女優としても家庭の主婦としても、決して幸福とはいえない人生を歩んだ母に、何でそんな無茶なことをしたのかと聞いた。母は「偽善者の集団である教員の世界が、我慢できなかった。一生、生徒たちにウソをついて生きていくなんて、私には出来ないと思ったのよ。お前も教師にだけはならないでよ」と答えた。親の願いを裏切って教師になったのは申し訳ないが、少なくとも偽善者にはならなかったと思うので、地下の母は勘弁してくれるだろう。

戦前から戦後のある時期まで、教師という職業につきまとった、労多くして報われることの少ない職業イメージは、その後も尾を引き続けた。それはさまざまなキャッチフレーズとして世間に印象づけられた。いわく「デモシカ教師（先生にデモなるか、先生にシカなれない、といった教師）」、いわく「三ト教師（プレゼント、リベート、アルバイトにもっぱら関心を持つ教師）」など。

このような、教育者とはおよそ遠いイメージが拡大する根本原因が、高度成長の流れから取り残された教員の給与水準の低さにあることを、文教政策にかかわる政治家や官僚は気づいていた。しかし財政上の余裕がないままに、対策が見送られ続けた。

一九七二年、田中角栄内閣が発足し、この問題の解決を大胆に実行した。いわゆる「人材確保法」の成立だ。その結果、七四年以降三次にわたる教員の給与改善によって、教員給与はトータルで約三〇％も引き上げられた。

具体的な例をあげれば、七五年の第二次勧告の時点で大卒の初任給で見ても、一般行政職より一万五千円も高い額となった（山田寛『人材確保法と主任制度』教育社新書、一九七九）。この政策によって、教職はそれまでとは打って変わり就職戦線で、一躍就職したい職業の上位にランクされるようになった。

また義務教育課程の教員を主に養成する教員養成大学の入試倍率も、うなぎ登りに上昇しはじめた。七一年にはどん底の三・九倍だったのが、七七年には六・三倍まで上昇する（文部省統計、一九七九）。

当然のことながら、教員に就職するのは狭き門とならざるをえない。九三年度の競争倍率は全体で、四・九倍。小学校三・七倍、中学校六・〇倍、高校六・九倍という数字が示されている（『教育データランド94―95』時事通信社）。

要するに、少なくとも待遇面では、日本の教員の歴史で初めて、ダークイメージから抜け出したことになる。そこから、次のような〈教職のすすめ〉のコメントすら出てきた。

「教育学部出身の共働き教師は、一番収入のいい「途」なのだ。少なくとも医学部出身に次ぐ稼ぎぶりだ……教師の中には自分の家だけでなく、貸家まで持っている者が多い」（伊藤忠彦『学校の先生になりたい人に』日本実業出版社、一九七九）。

カネとヒマ、そして職の安定と職務の独立、この四要素は今の大学生にとって理想の職業の決め手だという（『現代日本人の意識構造〔第三版〕』NHKブックス、一九九一）。

もしその通りだとすれば、今や教師になれたということは、幸福を一人占めしたほどの喜びに違いない。

それならば、親は安心して先生に子供を任せられるか、といえばそう楽観はできない現実がある。

今年（二〇〇一年）の九月九日、兵庫県警は中学一年の女子に手錠をかけ自家用車に監禁、高速道に放置し後続車にひかせ、死亡させた容疑者として、三四歳の中学校教諭を逮捕した。このニュースはどの新聞でも一面で大きく報道され、世の親たちはショックに見舞われた。報道された内容によれば、彼の勤務態度は同僚や生徒にも評判が良く、とくに生徒の間では人気があったという。

しかし、教師歴一三年の間に二度も長期の休職をとっていた。その後、各週刊誌は一斉にこの教師の隠された生活を取り上げ、彼が持つ恐るべき二面性を暴いた。そして警察が、女の子が車から飛び降りた時、なぜ救おうとしなかったのか、と尋問したのに対して、彼は、事件がばれて中学教師の職を失うのが怖かった、と答えたという。こんな男でも、教師生活はよほどおいしいものだったらしい。

この事件を報道した同じ紙面に、文部科学省が教師の「問題行動」をまとめたデータが発表されていた。それによると、九九年度一年間に全国の公立小・中・高校の教員で処分を受けたのは四九三九人。処分理由で最も多いのは交通事故（一四三三人）、次いで体罰（三八七人）、三番目はわいせつ行為（一一五人）となっている。

とくに、わいせつ行為の増加が目立ち、前年度の一・五倍で過去最多を記録している。その対象の半数以上（七五人）が、自校や他校の児童・生徒だ。

このデータを見て、どのような感想を持つかは、人それぞれ異なるだろう。約百万になんなんとする小・中・高教員の数からすれば、これは微々たるもので問題にするほどのことはない、と考えるのもたしかに一つの評価だろう。

しかし私の見方からすれば、処分理由の内容やそこにうかがえる今の教員の心の荒廃が、過去とは明らかに異なってきている、と思わざるをえない。とくに児童・生徒をわいせつ行為の対象とする傾向の増大は、教職倫理が全面崩壊する予兆ではないかと危惧する。

この種の犯罪は、表に現れた数字以上に実際の件数は、はるかに多いのが現実だ。かつて、教師にとって教え子との性的関係は侵してはならない絶対的なタブーとして、強く意識するのが常識だった。

それがタブーでなくなり、日常化しはじめたということは、教師を見る社会の眼が大きく変わることにもなりかねない。すでに週刊誌などでは、「教師は聖職ではなくて性職か」「あなたの娘を三〇代の男性教師から守るには」といったセンセーショナルな見出しが踊りはじめている。

かつて芥川龍之介は、「人間的、あまりにも人間的とは確かに動物的である」と言った。教師は長い人間性回復の歴史の果てに、恵まれた待遇を勝ち取り、偽善性の仮面からも解放されるようになった。

しかし、人間的になりすぎて動物的になりつつあるのではないだろうか。

## *38* 性モラルの崩壊

最近、テレビの番組で「新共同生活」の実情が放映されていた。新共同生活とは、都会で一人暮らしをしている若者たちが、住居費を節約するために、インターネットで同居人を募集し、共同生活を始めることを意味している。これが今、東京の都心地域では急激に増加しているという。

たしかに東京都心で住居を持てば、通勤でも買い物でもその利便性は高い。とくに若者に多い、不規則な勤務の職業に就き、基本的には夜型の生活を送っている者には、この利便性は魅力的らしい。しかし当然のことながら、収入に対して家賃の負担は重い。そこで思いつくのが、同居人を増やしてその負担を軽くしようという計算だ。ここまでは、今の若者が考えそうな合理性だと納得がいく。

しかし、報道された内容では、同居人が同性ではなく、異性でもそれほど抵抗感がなく、警戒心も持たずに交渉成立のケースが少なくないという。

私のように、「男女七歳にして席を同じうせず」といった道徳が染みついている世代の感覚からすれば、若い男女がお手軽に同居生活を始めるという行動は、誠に大胆不敵といわざるをえない。

この大胆さは、一体どこから生まれるのかと考えると、現代における「性のモラル」が想像以上に崩れている、という結論にたどり着く。別の言い方をすれば、今の若者たちにはお手軽な性交渉が、どんなトラブルに発展するかについての想像力が、恐ろしく貧困なのではないかと、疑いたくなる。

『大正時代の身の上相談』という本がある。その内容は大正三（一九一四）年から同一一（一九二二）年までの間、『読売新聞』に寄せられた身の上相談を抜粋・編集したものだ。ほぼ八〇年の間に、日本人の道徳観や人生観がどれだけ変わったかを知る上で、原点の役割を果してくれる貴重な一冊だと思っている。

この本に収録された大正人の諸々の悩みを知るにつけ、隔世の感を禁じえないものがある。一、二その内容を紹介してみよう。

悩みその一。「私は許婚者のある者ですが、以前あるほかの男子に接吻されたことがあります。世事に疎い私は、ただ熱烈な愛の表現と、別に深くも考えませんでした……はたして接吻は、古来、日本でいう身を汚すも同様でしょうか。もしそうなら、こんな汚れた身を持って、純潔な許婚の夫と結婚する資格はないと思います。いかがでしょうか」。

答え。「あなたが、心から許して接吻されたのでない以上、決して身を汚したとは言えません……ただそういうことで煩悶するあなたをありがたく思います。どうぞその清い乙女心を一生失わないように願います」。

悩みその二。「私の夫は、以前、子供が二人もいたのに、貞操のことで九年間暮らしていた妻を離別しました。その後妻にきたのが私です……ところがこの頃になって、夫は私の過去を知って大いに怒りました。「俺は処女を知らなかった。男と生まれた生きがいもない。処女を妾として置くから、公然と承知せよ」と迫り、現に薄給の身もかまわずに、そっちの方面に金をかけて家政を顧みません。どうかして夫に妾を置かせずにすませる工夫はありますまいか」。

答え。「処女と信じて結婚した婦人が二人とも処女ではなかった、というあなたの夫には同情せずにはいられません……あなたはこの上もっと身を責め、夫や子供を愛することによって夫の許しを請わなければなりません……夫が妾を持つのをやめさせる工夫はありません」（カタログハウス編『大正時代の身の上相談』—

九九四、ちくま文庫、二〇〇二)。

今の若い男女にこの身の上相談をよませたら、どのような感想を持つだろうか。たぶん「こんなことを、何で悩むのだろう」とか「バカじゃなかろうか」と思う者が圧倒的多数を占めるに違いない。それほど、性の純潔とか貞操を守るとか、処女崇拝といった言葉が現代では実感の乏しい古語になっているのが実情だろう。

NHKの意識調査によれば、結婚前の性交渉を「絶対にいけない」と回答したものは、五六年には七〇%だったが、七三年になると五八%に減少する。注目されるのは、この間、「結婚前提なら良い」という回答が二%から一五%へ増加している(NHK放送世論調査所編『図説 戦後世論史』NHKブックス、一九七五)。

これらのデータにはっきり見られる傾向は、戦後、日本人の性のモラルが良くいえば寛容に、悪くいえばだらしなく、急速に変化し、いまでも終点が見えないほど変化し続けているということだろう。

この傾向を国際的に比較するとどうか。総務庁青少年対策本部の「世界青少年意識調査」(一九九三年)によると、婚前の性交渉を「避けるべき」と考えている日本の若者は五・三%であって、アメリカの一四・〇%に比べても、はるかに低率だ。また、「愛情があれば良い」というのが日本は七〇・八%、アメリカは五一・三%と、この点についても日本の若者は性交渉について許容的(だらしない)といえる。

それを裏書きするように、厚生省(現厚生労働省)の「優生保護統計」によると一〇代女子の妊娠中絶実施率は、七五年には千人あたり三・一だったものが、九三年には六・六と倍増している(以上のデータは、湯沢雍彦『図説 家族問題の現在』NHKブックス、一九九五)。

性モラルの乱れ、というよりもはや崩壊に近い現状をどう考えるか、またどのような対策を立てれば良いのか、ということはけっこう悩ましい問題であって、一刀両断の解決は難しい。

男女の間で何が発生し、それをどう処理するかということは、しょせん当事者たちが自己責任で決めればよいことで、他人がどうこう口を挟む筋合いの問題でもないような気がする。だからといって、まったく自由放任のままで良いとも言い切れない、さまざまなトラブルの種を内包しているのも事実だ。

性モラルの乱れを規制する上で、最も説得力を発揮するのは性病感染の恐怖だったが、これも性教育によってコンドームをつけていれば安全、という知識が普及することによって脅しの効果がなくなってきている。最も恐ろしいエイズ感染の不安ですら、最近の医学の進歩によってひと頃ほど絶望的とは考えられなくなっている。

昭和三〇年代ごろまでは、結婚予定の男女は血液検査を受診するのがなんとなく常識となっていた。今、そんなことを提案すれば、人権侵害だということで一騒動になるだろう。またこの頃は、まともな結婚を考える親は興信所に依頼して、結婚相手の素行調査をするということも珍しいことではなかった。

ことほどさように、婚姻関係を慎重に考える風潮が、厳然として存在していた時代もあったのだ。それというのも、日本人の結婚はかつて圧倒的に見合い結婚が多く、結婚にかかわる者たちは結婚する男女の〈品質保証〉に、責任を負わなければならなかったからである。

戦後、時代の進展に伴って「見合い結婚」は衰退の一途をたどり、「恋愛結婚」が主流になっていく。四九年には、見合い結婚が六五％、恋愛結婚が二一％だったのが、六〇年代半ばあたりから逆転現象が始まり、九〇年代になると見合い結婚は一五％にとどまり、恋愛結婚が八三％にも達するという状態になっている（前掲『図説　家族問題の現在』）。

いうなれば、第三者の品質保証もないままに、当事者同志の自己責任で人生の伴侶を選ばなければならないという訳だ。このことは、性モラルの崩壊とも相まって男女関係を試行錯誤の繰り返しに追い込み、物心両面にわたりおびただしいエネルギーの浪費を強制する。

イギリスの文化人類学者にB・K・マリノウスキーという人物がいる。彼は、文化は社会を構成する大多数の人間が持っている欲望を、無理なく満たすためにつくりだされた工夫の成果だと考えた。さまざまな道徳や宗教も、人間の欲望を充足する機能を果たす限りで、受け入れられ存続するというのだ。彼は結婚前の性体験を禁止する文化を否定し、次のような見解を展開している。

「婚姻前に純潔でないことは、未熟な、経験の無い、性衝動を取り除き、そしてこの衝動を他の衝動と共により深い人格の評価に結びつけることにおいてその機能を営むのだ」（青山道夫訳『未開社会における犯罪と慣習』新泉社、一九六七）。

要するに彼が言わんとすることは、結婚前に豊富な性体験を持った方が、異性を見る眼が肥えて、下らない相手と結婚するリスクを回避できる、という見解なのだ。たしかにこれも一つの考えであり、ヨーロッパでひと頃流行《はや》ったフリーセックスの思想も、このような見解と相通ずるものだった。

しかし男女間の性交渉は、その場限りのかかわりあいで後腐れなく終わりにできるほど、底の浅いものとは思えない。それが可能なのは金銭で性を売買するケースだけだろう。昔から男どもの間では、素人娘には手を出すな、という教訓が処世の知恵として語り継がれていた。しかし、性モラルが混乱してくるとプロとノンプロの境界がボケてきて、そこに思いもよらなかった、男女のトラブルが発生することもまれではない。とくに最近、インターネットの出会い系サイトによって、見ず知らずの男女が気軽に交際しはじめ、深みにはまり込んだあげく、血をみる結果になったという事件も多くなっている。

正確に書名を思い出せないのが残念だが、昔読んだ小説の中で「女は性交することで過大な愛の錯覚を抱きはじめるが、男は逆に愛情が色褪せていく感覚にとらわれる」と書いてあったことを思い出す。この記述の中に、フリーセックスの文化がもたらす男女関係の不安定さが、鋭く警告されていると思う。
マリノウスキーの言うように、豊富な性体験が必ずしも、男女双方に「深い人格の評価」をもたらすとは、楽観できないのではないか。

かつて日本は〈東方の君子国〉と呼ばれ、また〈神州清潔の民〉と自賛するほど、男女関係について潔癖な文化を維持していた。それがいつとはなしに〈神州不潔の民〉に変貌してしまった。人生の先輩たちは、性モラルの頽廃にヤボを承知で怒り、歯止めをかける時期にきているように思えてならない。

# 39 経営者の責任

「脱工業化社会」という概念は、一九六〇年代後半から七〇年代にかけ、アメリカを中心とする未来学者が唱えはじめた概念であった。その特徴については、学者によってさまざまな指摘がなされているが、人々の関心の比重が「モノから情報へ」より多くかけられる社会、という点では共通している。

脱工業化社会（Post Industrial Society）という用語の創始者とみられているD・ベルはこの社会を、研究と新たな知識の開発で社会革新の可能性が増大する〈知識社会〉と特徴づけた（白根礼吉訳『知識文明の構想』ダイヤモンド社、一九六九）。

また、日本の未来学者の岸田純之助は、この社会を〈情報化社会〉と規定している。彼は人間社会の歴史を、中心価値が物質だった農業社会、エネルギーである工業社会、そして情報となる情報化＝脱工業化社会へと進化すると説いた（『情報化社会の生き方・考え方』日本生産性本部、一九七〇）。

脱工業化社会の中心価値が知識であれ、情報であれ、それらは孤立していたのでは社会的価値とはなりえない。知識も情報も伝達され、その利用価値がひろく人々に評価され、受け入れられることではじめて市場価値を持ってくる。

したがって、情報化社会では情報の利用価値を高め、それをひろく伝達・販売する産業が活性化する傾向が強まる。いわゆる第三次産業が主流とならざるをえない。一言でいえば、脱工業化社会とは第三次産業社会なのだ。産業分類によると、第三次産業とは商業・運輸・通信・金融・公私のサービスなどの職業の総称とされている。これらの職業に従事する人々が、全産業人口の中で占める割合が社会の工業化の成熟度を判断する指標になる。

日本の産業人口の割合が、戦前から戦後にかけてどう変化してきたかを、概観しておこう。第一次産業人口は、四〇年＝四四・一％から、七〇年＝一七・四％、八〇年＝一〇・四％、二〇〇〇年＝四・八％と激減する。

第二次産業人口は、四〇年＝二六・〇％、七〇年＝三五・二％、八〇年＝三四・八％、二〇〇〇年＝三二・五％と減少傾向にある。

第三次産業人口は、四〇年＝二九・九％、七〇年＝四七・三％、八〇年＝五四・五％、二〇〇〇年＝六二・七％と増加傾向が著しい（総理府統計局『国勢調査』による。二〇〇〇年は推計値）。

第三次産業はどのようなやり方で、利益を生み、増大する従業員の生活を維持し続けることができるのか、しばし考えてみよう。ここでは第三次産業の特徴を色濃く帯びている、サービス業と販売業をイメージしながら分析してみよう。

第三次産業の営業活動の基本は、第一に消費者に提供する商品の価値を説得し、納得させて対価の支払いを求める点にある。この点、農業製品や工業製品の販売とは異なるセールス努力やテクニックが不可欠だ。たとえば、都市郊外ではよく無人の野菜販売スタンドを見かけるが、第三次産業の業種の大部分は、人と人とのコミュニケーション抜きではその営業は成り立たない。「説得と納得」を不可欠の営業活動とするという点で、第三次産業は多分に宗教と似通った側面を持っている。

第二に、第三次産業の営業活動は価値を生産することで利益を生むのではなく、価値を転移することから利益が生まれる。換言すれば、消費者がその商品なりサービスを業者のつけた価格で手に入れることが、得であり必要なのだという「錯覚」もしくは「確信」こそ、第三次産業の利益の源泉なのだ。悪く言えば、犯罪すれすれの「だまし」のテクニックもまた必要悪として認めるところに、利益が生まれる。ドイツ語で「交換する」ことを〈tauschen〉というが、これは「だます」という動詞の〈täuschen〉ときわめて類似性が高いことにも、商行為の本質がうかがわれる。

このように、第三次産業は良くも悪くも極めて人間臭い経済活動と言うことができる。したがって、人間性の機微をうまくとらえれば、それを上昇気流として目覚ましい事業の拡大が可能となるし、逆にそのとらえ方を誤れば大企業といえども乱気流に突入し、転落の一途をたどることにもなりかねない。

今、マスコミの話題を独占している出来事がある。それは雪印食品の企業犯罪だ。

雪印食品の事件については、連日マスコミが報道しているので、改めて詳しく述べる必要もなかろう。要するに、成功すれば鮮やかな経営手腕と称賛されたはずが、裏目にでて元も子もなくなる結果になったという、「利口バカ」の典型とでも言える事件だった。

たぶんこの事件の首謀者は、滞留し続ける外国産牛肉の在庫の山を眺め、恐怖を覚えると同時に、これをうまく処分し利益を生めば、企業人として大きな勲章となると想像したに違いない。しかもその想像を具体化する絶好の条件として、政府による国産牛の期間限定の買い上げ制度という狂牛病対策があった。これを利用すれば万事解決と、自らの頭の良さに感心し、それが重大な破滅につながるとまで、考えが及ばなかったのだろう。

こういった「利口バカ」的発想は、北海道産牛肉を熊本産牛肉と偽るラベルの張り替え工作へと発展する。「見つからなければ、もうけもの」的な動機から生まれた〈詐欺まがい商法〉は、やがて司直の手によって詐欺として立証されることだろう。第三者からみれば、創業七七年の一流企業が何ともお粗末な経営体質を内包していたことに、あぜんとする。

　雪印食品事件についての報道を見聞しているうちに、井原西鶴の『日本永代藏』のことを思い出した。この本が出版された年は一六八八（元禄元）年とされている。その内容は、この時期めざましく勢いを増しつつあった商人たちが、どのような商売の仕方で財を成し、またそれを失うに至ったかを、いくつかの物語として集成している。その中に、「茶の十徳も一度に皆」という話がある。内容はあらまし次のようなものだ。

　越前の国敦賀湊の町外れに、小橋の利助という男がいた。一万両たまるまでは女房は持たない、と決心し、茶の行商に精をだした。商売上手の利助は、やがて大勢の手代を抱える茶の大問屋にまでになった。

　そのうちに、「道ならぬ悪心」が芽生え、越中・越後に手代を派遣して茶の出し殻を集めさせる。これを商売用の茶に混ぜ、大きな利益を得た。ところが天がこれをとがめたのか、この利助、にわかに狂人となり自分の悪事を国中に触れ回ったので、世間の人々は誰も相手にしなくなった。

　やがて利助は病にかかり、金銀にしがみついたまま死ぬことになる。知人たちが利助の死体を乗り物に乗せ、火葬場に運ぼうとすると、のどかな春の天気がにわかに荒れ模様となり、雷火がひらめき利助の死骸は消え失せ、空の乗り物だけが残された。人々は身震いして逃げ帰ったという。

　この物語の締めくくりとして、西鶴は「いかに世渡りとはいえ、こんな人でなしの仕事をするようでは、この世に生まれた甲斐もない。人は間違った生き方が身につくと、どんな悪事も見えなくなるものだ」と戒めている。

　元禄の時代も、今の時代も一攫千金の夢をかなえるためには、かなり危ない橋を渡らなければならないことには変わりはない。ただ、今の時代は、それをさせないようにする抑止効果を天罰に期待するわけにもいかない。

したがって、法の網目を細かくし、違法行為の監視を怠らないようにする以外に打つ手はないのだが、それでも今回の雪印事件のような企業犯罪は発生する。組織ぐるみの犯罪というものは、組織が破綻するまではなかなか発覚しにくいものらしい。しかも犯罪が発覚した場合には、組織内外の多数の人々に、修復不可能の被害をもたらす。

ではそれを防止するために、打つ手はないのだろうか。考えられる対策として、二つほどの方法があると思う。その一つは組織の内部告発の活性化であり、もう一つは職場風土の点検と刷新だ。

内部告発という行動は組織人にとっては、なかなか勇気を要する行動であり、おいそれとは踏み切れない行動でもある。つい最近も、富山県の運輸会社の社員が談合を告発した結果、二八年にわたり昇給抜きで社員寮の草むしりをさせられたのを理由として、損害賠償を求め提訴したことがマスコミで報道された。

自分の会社の不正事実を外部の機関へ訴えることは、自らも大きなリスクを負うことの例証だろう。しかし、内部告発を外部ではなく、企業内で受けとめ適性に対処するシステムがあったら、今回の雪印食品のような企業犯罪は事前に防げたかもしれないと考えるのは、甘いだろうか。

組織が自浄機能を持てるかどうかという問題は、その組織が長年にわたって培った職場風土もしくは社風による部分が大きい。西鶴も「その身にそまりては、いかなる悪事も見えぬものなり」と述べているように、職場風土が社員に不正行為を不正と意識させない「道徳不感症」を感染させる可能性は、極めて大きい。

そういうことは昔からやっていたとか、長年の慣行で、といった理由でとんでもない組織犯罪に走るケースが、あまりにも多い。組織犯罪はある日、発作的に犯行に及ぶのではなく、事前に長い潜伏期間があるのが普通だ。

では、職場風土はどのようにして培われるのだろうか。結論的に言えば、経営陣の「道理の感覚」と「組織のチェック能力」が、いかに活性化しているかにかかっている。かつてアメリカの経営学者C・I・バーナードは経営者の究極の責任を、自分のやっている仕事が尊敬に値することを確信できるように、部下を「説得」する「道義的責任」であると主張した（田杉競訳『経営者の役割』ダイヤモンド社、一九五六）。

古くさいと無視されそうなこの主張も、第三次社会化の成熟が深まりつつある今日、改めて真面目に考え直す必要があるのではないか。

# 40 人格の更正は可能か

三月一四日、広島高裁において一九九九年四月一四日に起きた「光市母子殺人事件」の控訴審判決が下された。一審で、当時一八歳の犯人に言いわたされた「無期懲役」の判決を、量刑不当として検察が控訴した二審の判決は、「控訴を棄却する」、つまり一審同様の無期懲役だった。重吉孝一郎裁判長の判決理由は、「被告が矯正教育による更正の可能性がないとは言い難い」というものだった。

死刑を主張して控訴審を争った検察側は、被告にまったく反省の態度のないことを立証する証拠資料として、二七通の獄中書簡を提出した。これは被告が獄中で知り合った友人に宛てて送られた手紙だ。その内容の一部が、『週刊新潮』(二〇〇二年三月二八日号)に掲載された。

それを読めば、この被告のどこに更正の可能性があるのか理解に苦しむ。たとえばこの被告は自分の犯行について、次のような「感想」を書きつづっている。

「犬がある日かわいい犬とであった。そのままやっちゃった。これは罪でしょうか……」。

「五年+仮で八年は行くよ。どっちにしてもオレ自身、刑務所のげんじょーにきょうみあるし、早く出たくもない……じゃないと二度目のぎせい者がでるかも」。

「だが、もう勝った。終始笑うは悪なのが今の世だ。ヤクザはツラで逃げ、馬鹿(ジャンキー)は精神病で逃げ、私は環境のせいにして逃げるのだよ、アケチ君」。

被告の犯罪は、改めて再現するのもおぞましい、まさに鬼畜の所業と言わねばならないが、裁判官はどこに目をつけたのか、これらの書簡にも反省の態度がないわけではないとして、〈更正の可能性〉を断定したのだった。

この判決が下されてから、一一日後の三月二五日、神戸地裁は中学一年の女子生徒に手錠をかけ、自家用車で拉致し高速道に放置して死亡させた中学校教諭に対し、懲役六年の判決を言いわたした。

検察側の求刑は一二年だったが、裁判官は、女子中学生側にも見知らぬ男と援助交際に走った落ち度があった、として求刑をはるかに下回る判決となった。この判決もいちおう公平にみえるが、何か法の正義が世間の常識と懸け離れたところで主張されているもどかしさを覚える。

二つの裁判結果を見て、司法の素人が持つ感想は、行刑の目的が、刑罰なのか教育なのか、どうもはっきりしないことだ。もちろん、近代的な行刑思想は報復刑ではなく、教育刑を基本としている、という程度の理解はある。

しかし、社会心理学者の立場で考えると刑務所で決められた刑期を終えることが、どれほど犯罪者の人格改造に効果があるのか、疑問を覚えざるをえない。

第一に、犯罪者が更正したかどうかを判定する基準が科学的に明確ではない。刑罰を科することが「教育」であることを標榜する以上、受刑者教育の理論と教育効果を客観的に評価する方法が、科学的根拠に基づいて存在しなければならないはずだが、この点、いろいろ調べてみても曖昧だ。

要するに、裁判で決まった刑期が終了すれば「更正した」とみなして、出所させるのが通常の手続きらしい。換言すれば、教育刑とは〈タテマエ〉にすぎず、実質的には報復もしくは懲罰刑にすぎない。

第二に、受刑者の矯正教育が実効性の保証もないままに、社会復帰を認めることになれば、犯罪者による再犯の不安は払拭されない。とくに、すでにみた裁判の被告らのような性犯罪者の場合、再犯率が高いというのは、犯罪学の通説だ。したがって、欧米では重度の性犯罪者は終身刑を科するか、社会復帰後も地域住民に犯罪者の所在や人格上の特徴などの情報提供を積極的に行なっているという。

日本ではどういうわけか、司法関係者の間では、欧米のように犯罪者から社会を防衛するという発想が薄く、不当に犯罪者の人権のみが重視されている。このような司法の現状の背景には、明確な根拠もないのに司法関係者の間に「性善説」が根強くはびこっていることを推測させる。

ここで、「人間の性格形成に、遺伝と環境のどちらが強く影響するのか」という、古くして未だに決着がつけにくい問題を考察しなおす必要がある。

いうまでもなく、日本の司法はこの問題について環境重視の立場で機能しているのが現状だ。

それを裏書きするかのように、かの光市母子殺人事件の犯人は、その手紙の中で「私は環境のせいにして逃げるのだよ、アケチ君」などとうそぶいている。犯罪の主因を犯人の生活環境の劣悪さに求める方が、教育刑の妥当性を主張しやすいからだろう。しかし、性格心理学者の間では必ずしも環境重視の立場は主流ではない。むしろ、どちらかといえば遺伝説の方が優勢だ。

たとえば、性格学の古典とされているH・ローラッヘルの著書の中で、彼は実証的データに基づいて次のように結論を出している。

「知能、気質、一般的行動特性の大部分は、ある高い確率において遺伝する」。また「慢性的な〈生来〉の犯罪者は、主に分裂性気質者の中に、そして突発的な、感情的犯罪者は主に躁鬱性気質者に多くみられる」（池田林儀訳『性格学入門』非凡閣、一九四四）。

なおつけ加えておくと、〈気質〉とは人格心理学では「心理的体質」と定義づけられ、親からの遺伝性が極めて強いとみられている。

ローラッヘルの著書が発刊されたのは、三四年であるから、かなり昔のことだ。その後の研究の進歩によってローラッヘルの説も否定もしくは修正されたのでは、という疑いが持たれても当然だ。しかしこの点について、不思議なことに彼の学説を否定するような新たな発見は、ほとんど見られない。

アイゼンク父子の最近の共著においても、次のように断定されている。「犯罪行為に関わるパーソナリティ次元は人間の遺伝に深く根ざし、遺伝的要因がおよそ四分の三、環境的要因がおよそ四分の一を占めることが立証されている」（H&M・アイゼンク著、田村浩訳『マインドウオッチング――人間行動学』新潮選書、一九八六）。

精神医学者の宮城音弥は、人間の性格は三層構造をなしていると想定した。中心部は気質とよばれ、生まれつきほとんど変化しない部分だ。二番目の層は〈狭義の性格〉とよばれ、子供時代に形成され成長後も持続される。三番目の層は〈習慣的性格〉と呼ばれ、時代や社会、文化への適応過程で形成されていく。

なお、宮城は〈狭義の性格〉は、〈強気〉〈勝気〉〈弱気〉という三つの特徴に色分けされるとみた。

彼は、この図式に基づいて日本人の県民性を分類したが、多くの日本人は自分の性格に内面化されている県民性を意識することもなく、それが当たり前と考えて生活しているという（『日本人の性格――県民性と歴史的人物』朝日新聞社、一九六九）。

宮城理論は、気質層の遺伝性をことさら強調しているわけではないが、それは人間が生まれた地域の風土の中で、何世代にもわたって培われ固定化している性格特性であり、容易に変化させられない性質であることは認めている。

これまで見てきた学説を素直に理解すれば、人間の性格や行動特性は司法関係者が考えているほど、簡単に変えられるものでもなければ、まして生まれ変わったように別人格へ「更生」するなどは、奇跡に近いとみるべきだろう。

とくに前出の母子殺人事件の犯人のように、自己の犯行を他人ごとのように語り、無期刑の判決が下されても八年の有期刑で済むことまで、ちゃんと計算している犯罪者がいるのだ。

このような犯罪者は、ローラッヘルが指摘した分裂性気質に基づく「慢性的な〈生まれつき〉の犯罪者」そのものといえる。こんな男をどう扱えば「矯正教育による更生の可能性」が開けるというのか、ぜひ判決を下した裁判官に納得のいく説明を聞かせてもらいたい。

これは勝手な推測だが、裁判官の多くはこの被告人は死刑になるのが当然であるとひそかに思っても、できれば自分が死刑判決の当事者にはなりたくない気持ちが強いのではないか。とくに一審、二審の担当判事は、最終判断を最高裁に委ねたいと思う傾向があるようだ。

その心情も理解できるが、秋霜烈日の判決を回避して、科学的に見ても、また世間の常識から見ても納得しかねる判決が連続すれば、司法の権威が崩れかねない。

私などは、かねがねこの国には社会的正義が存在するのか、と疑わざるをえない気持ちにとらわれる。当然死刑になるべき者が実質七―八年の有期刑となる不条理の原因が、裁判官の理由なきためらいに原因しているとすれば、解決の道は差し当たり二つしかない。

その一つは、かけ値なしの「終身刑」を導入するか、もう一つはアメリカの司法のように、量刑を積算して「懲役百年」といった有期刑を日本でも司法の常識として認めることだろう。犯罪者を更生させるには、これぐらい時間がかかるということを「社会の常識」として定着させるためにも、このような対策は必要ではないか。

# 41 説得と納得のズレ

人は他人の考え方や行動を変える必要に迫られた時、熱心に説得すればそれが可能だと考えがちだ。しかし多くの場合、その努力は実らず自らの説得力の乏しさを思い知らされるか、あるいは相手が悪いとあきらめる結果となる。このあきらめを慰めるようなことわざや格言の類いは少なくない。いわく、「馬の耳に念仏」、いわく「糠《ぬか》に釘」、あるいは「縁《えん》なき衆生《しゅじょう》は度《ど》し難《がた》し」など。

人の生活態度を説得によって変えることが、いかに無駄な努力であるかを身に染みて経験させられたのは、私がまだ子供の頃だった。私の父と母は、決して仲むつまじい夫婦ではなかったが、その原因の大半は父の側にあったことは明白な事実でもあった。

父は毎晩のように酔っ払って夜遅くに帰ってくるばかりでなく、帰ってこない日も少なくはなかった。帰宅した夜は、必ず夫婦喧嘩になる。もっとも、もっぱら小言をいって反省を迫るのは母の方で、父の方は黙々と酒を飲み、飯を食うだけであったから、これを夫婦喧嘩とは言い難いかもしれない。

それでも喧嘩が始まると子供たちは、また戊辰戦争だと言って別の部屋に避難するのだった。ちなみに、戊辰戦争と呼んだのは、父が会津の生まれで母は薩摩の生まれだったからだ。

父は母が延々と繰り出す小言や不満を、シャワーのように浴びながらとくに反論するでもなく、反省するでもなく飲食に専念するだけだった。そして席を立つ時には、「女房の小言を、黙って聞けば、フシが細かで面白い」などと都々逸のような言葉をつぶやいて、母に新たな怒りの火種を残す始末だった。

こういった光景にしばしばつき合わされると、子供心にも千言万語を費やしても人の心を変えるのは難しいことが、よくわかった。要するに「説得」と「納得」との間には、少なからぬズレがあって、そのズレを埋めるのは簡単ではないということを悟ったのだ。

人間が身につけている態度がどんな構造をもち、どうすれば変えられるかについて、社会心理学者たちは数多くの研究・実験を行なっている。

M・J・ローゼンバークによれば、態度は三つの成分から成り立っているという。

(1) 感情要素。ある対象について持つ、快＝不快、好き＝嫌いなどの感情 (2) 認知要素。ある対象に対する善＝悪、正しい＝間違いなどの判断 (3) 行動要素。ある対象に近づきたい、離れたい、共存する＝敬遠するなどの心理的距離感。

これらの要素が意識の中でバランスしていれば態度は安定するが、そうでないとバランスさせるように態度は変化するという。彼はある立候補者を支持していた被験者を催眠状態にして、候補者に悪い感情を持たせたところ、その政見が間違っていると考えるようになったのを発見した (M.J.Rosenberg, ***Attitude Organization and Change.*** 1960)。

たしかに感じが悪いと思った人間の言うことは、正しいことでも素直に認めたくない気持ちになることは、日常よく経験する。

C・L・ホブランドは、説得が人間の態度を変える条件として、説得する人間に説得される者がどれだけ威信(偉さ)を認めているかに懸かっているとみた。

とくに、説得する情報について専門的知識を持っている人間か、また人格的に信頼できるかどうか、などの点が説得力を左右する。また情報内容が、恐怖の感情や利益を約束する内容を持つ場合、説得効果は高まるという。

説得の仕方として、結論を説得する者が断定するのが良いか、されるほうに結論を出させる方がよいのか、人間次第で一概には言い難い。ホブランドは共同研究者とともに、説得的コミュニケーションに関係する多数の要素の相互関連を分析しているが、すっきりした形の結論にはたどり着いてはいない。

それだけ人間が人間を説得し、納得させることは一筋縄では片づかない複雑な要素が絡み合っているのだろう（C.I.Hovland, *Communication and Persuasion*.1953.『コミュニケーションと説得』辻正三・今井省吾、誠信書房、一九六〇）。

不景気が長引いているせいか、最近、大がかりな詐欺商法のニュースがマスコミによく報道される。その手口が明らかになると、こんなばかばかしい話を信じてなぜ大金を投資する気になるのか、まことに理解に苦しむ。

しかし現実に、少なからぬ人間が詐欺師の口車に乗って血のにじむような大金を差し出している以上、よほど説得力のある説明がなされたに違いない。詐欺商法の手口を、報道内容から理解するとそこにはある共通性がうかがえる。それを一言でいうと、巧妙な大衆心理の操作ということになる。

第一に、大衆は結果にのみ関心をもち、その結果がどのような方法で生まれ、その方法が実現可能性をどれだけ持っているかなどには、関心を持たない。要するに、「終わり良ければすべて良し」というのが大衆心理なのだ。

だから、詐欺商法の仕掛け人たちは、その投資がいかに有利な報酬をもたらすかのみを強調し、それがどのような仕組みで実現するか、その説明をできるだけ省略する。説明を求める人間がいても、自分たちがいかに事業のプロであるかを示すため、過去の実績をまことしやかに語るだけだ。それは大衆が自ら実態解明の努力をしないことを、よく知っているからだ。

第二に、大衆は皆と同じ暮らしに満足する反面、皆に差をつけたいという願望も強く持っている。したがって、一般には知られていないもうけ話に関心を持ち、自分だけが周りの人間より一段高い生活を実現する話にのめり込む。

詐欺師はこの大衆の差別願望につけ込み、皆と同じような生き方をしている限り、いつまでたっても生活向上は望めないことを執拗に説得するのだ。その説得にリアリティーを持たせるために、詐欺師自身を含め何人かのサクセスストーリーも抜かりなく用意しておく。

第三に、大衆は現実よりは、まことらしいイメージに積極的に対応する。詐欺師はさまざまな手法を駆使して、大衆を引つけ意図する方向に動員する、イメージ作りに励む。

大衆が演出したイメージを現実と錯覚するや否や、詐欺師たちは「ハーメルンの笛吹き男」のように、彼らを滅亡のふちへ誘う行進曲を高らかに演奏しはじめる。詐欺商法の被害者の中には、途中でその商法の怪しさに気づきながら、離脱もままならず周りの雰囲気に流されて、莫大な損失を被る結果になる。

現代の政治活動も、それが大衆民主主義の枠組みを前提条件とする限り、大衆への説得と納得のズレを可能な限り縮小する努力をしなければならない。主体的にこの努力をする人間が政治家だ。

H・D・ラスウェルという政治学者は、政治家はおおむね二つの性格タイプに特徴づけられるとみた。その一つは、強迫症的性格であり、もう一つは劇化的性格だ。

強迫症的性格の特徴は、常に問題を現実的に考え、その処理を綿密な計画に基づいて合理的に進めようとする。したがって、細かい点までこだわり、問題解決のスピードは遅い。この性格を持つ政治家は行政家(官僚)タイプと呼ばれる。

劇化的性格の特徴は、他人を「アッと言わせたい」願望に強くとらわれている点にある。発想は未来志向の傾向が濃く、豊かなイメージを展開するが、それを実現する方法・政策はアバウトな傾向がある。また自己顕示欲が強く、常に人から好意を持たれるように行動する。ラスウェルは、この性格の強い政治家を「煽動家タイプ」と呼んだ（永井陽之助訳『権力と人間』創元社、一九五四）。

小泉内閣が誕生して一年が経過した現在、発足当初の熱狂的人気にも陰りが出はじめ、支持率も五〇％を大幅に下回っている。

発足当初は、国民は意味もよくわからないままに、「構造改革なくして、景気回復なし」とか「米百俵の精神で、現在の痛みに耐え、未来の繁栄を」といった小泉節に酔わされた。そして、いわゆる小泉グッズなる商品も飛ぶように売れた。まさに小泉純一郎首相の政治行動は、そのスタート時点において、見事に国民大衆への説得を納得へ繋げたといえる。

しかし今、説得と納得とのジョイントはいつの間にか風化し、切断寸前の状態になっている。この一年の彼の政治行動を眺めていると、まさに劇化的性格に突き動かされる「煽動家タイプ」そのものだった。

このタイプの政治家は、強固な権力基盤——独裁に近い——があってこそ成果を上げられるのであって、それを欠いていては言葉だけが空回りして、いかに情熱をこめて説得を重ねても国民の納得はますます遠ざかっていく。

もし小泉政権が生き残りを目指すとすれば、有能な行政家タイプの閣僚で内閣を補強し、地味で堅実な政策へ軌道修正する以外に活路は見出せないと思うのだが、小泉首相の性格がこのようなモデルチェンジへの障害になる可能性はある。

なお、誤解のないようにつけ加えておくが、小泉政権と詐欺商法とは無関係である。念のため。

# 42 「無意識の偽善者」の増殖

人は誰でも青春時代に、その後の人生に少なからぬ影響をもたらした、と後に思い返す本に出あうことがある。私にとってそのような本の一つは疑いもなく、夏目漱石の『三四郎』だった。この小説は二つの点で、私の人生に大きく影響したと思う。

第一の影響は、進学の方向を決定づけたことだ。苦労して入学した旧制高校の生活が一年間で終わり、翌年からは新制大学に衣替えした大学へ進学するか、もう一度受験勉強をやり直して希望する大学へ進学するかの岐路に立たされた。

どちらとも決めかねてぐずぐずしていたが、大学生活を過ごすならば、「三四郎池」のある大学で、という私のかねてからの思いを捨てたくはなかった。新制東京大学の第一回の入学試験は、六月だと発表されたので三ヵ月間あれば何とかなると考え、二度と経験したくないと思っていた受験勉強にとり組む羽目になった。

そこまで東大に執着したのは、何といっても『三四郎』の中で展開されていた大学生活の雰囲気が、私にとって魅力的だったからだ。愚かにも、その雰囲気は一九〇八（明治四一）年のことで、一九四九（昭和二四）年の大学ではとうの昔に賞味期限切れであることに思いが至らなかった。ただ、今日のように、東大入学が仰々しくもてはやされることもなく、合格発表もポツポツと受験生が掲示板を見にやってくるだけで、私も自分の番号を確認し、事務室で必要書類をもらって帰るだけだった。しかしその時、憧れの「三四郎池」

だけはしっかり眺めておこうと赴いたわけだが、なんだか小汚い池でがっかりしたことを覚えている。

第二の影響は、『三四郎』を読んで《無意識の偽善者（unconscious hypocrite）》という人間性を強く印象づけられたことだ。

漱石は、この小説を執筆するに当たって親しい友人に、今度の小説のテーマが《無意識の偽善者》であることを予告していた。『三四郎』に登場する美祢子という女性がこのモデルだった。

漱石にいわせれば、「その巧言令色が、努めてするのではなく、ほとんど無意識に天性の発露のままで男をとりこにするところ、もちろん善とか悪とかの道徳的観念もないでやっているかと思われる」女性として、美祢子を描こうとしたらしい。熊本の高等学校から東京の大学に入学したばかりの三四郎が、美祢子の無意識の偽善的態度に翻弄されるのは当然だった。

漱石の弟子である小宮豊隆は、この関係を次のように解説している。

「自然三四郎に対する美祢子の態度は二様にわかれ、普通の美祢子らしいものの間に、普通の美祢子らしくないものが、しばしばするすると美祢子の奥から滑り出てくる。そこに美祢子のアンコンシァス・ヒポクリシーが成立し、またそこに三四郎は、無限にひきつけられる」（小宮豊隆『夏目漱石〈下〉』岩波文庫、一九八七）。

『三四郎』という小説が突きつけた、人間――とくに女性――の意識せざる偽善性という問題は、女性への関心が強い若者を臆病にし、また女性をスフィンクスのように謎めいた存在とみる癖をつけた。とくに私のように、小学校から大学まで男女共学の体験なしで過ごしてきた人間はその傾向をいっそう強める効果をもたらした。

私は、山田洋次監督の『男はつらいよ』シリーズが大好きで欠かさず観てきたが、この映画で毎回展開される寅さんの失恋物語は、改めて女性の《無意識の偽善性》を鮮やかに印象づけるものがあった。「無意識の偽善者」という人間類型は、何も文学や映画の世界にのみ登場するものではない。その気になって、自分の周囲の人間やマスコミで名論卓説を展開する有名人の言動を注意深く観察すれば、この類いの人間が決して珍しくはないことがわかる。

もうだいぶ前のことになるが、大学の教授会が終了間際になると、必ず同じ質問を繰り返す教員がいた。その質問内容は、「障害者用のトイレをいつになったら新設するか」というものだった。事務局側の答弁は、今年度の予算では無理なので来年度の概算要求に盛り込むことを検討している、というものだった。このやりとりで一件落着のはずなのだが、そうではなく、同じやりとりが教授会の度に繰り返された。

誰もがそうだと思うが、長い会議が終わりやれやれと一息つきかけた時、判で押したように同じ議論につき合わされるほど、腹立たしいことはない。中には、「そんなにトイレを造りたければ、自腹をきって寄付したらどうだ」と聞こえよがしに不満をつぶやく教員もいた。しかし、障害者の福祉に熱心な教員がトイレ新設にかける情熱は、いっこうに改まる気配はなかった。

このケースでわかったのは、「現代の偽善者とは、自己犠牲を伴わない――あるいは当事者意識が欠落した――ヒューマニズムの主張者」である、という点だった。この種の人間は、自分の主張が直接痛みを伴うものでないから、いくらでも思いやり深い意見を述べられるし、対策も要求できる。たぶん、こういう人間は自分の言葉に自分で酔っているのではないか、と思われるフシもある。

中国・審陽の日本総領事館への朝鮮民主主義人民共和国（北朝鮮）の難民駆け込み事件によって、にわかに日本の難民受け入れ数の少ないことが注目されるようになった。マスコミの論調も、いわゆる人道主義的配慮に欠けた日本外交批判一色に塗りつぶされた。

こういう論調や発言に接すると、待てよこの人たちは受け入れた難民を自分の家にホームステイさせ、自立できるまで面倒をみる覚悟で、意見を述べているのだろうか、と疑わしく思われてくる。もし難民受け人れ事務所から、彼らにそんな依頼があったら血相変えて断るのではないか、などと意地悪い想像もしたくなる。

今この国では、サッカー台風が吹き荒れている。私のようにサッカーにはまったく関心がなく、というよりは嫌悪感すら抱いている者にとっては、迷惑千万の事態なのだが、台風同様、ひたすらワールドカップ（W杯）の終了を息を詰めて待ち望むより致し方ない。

ただ、マスコミ報道を通して知る限りでは、私のごとき不逞《ふてい》の輩《やから》は皆無のように思われる。まさに「一億一心」といった戦時体制の再来だ。

テレビ画面に登場するアナウンサー、ニュースキャスターたちはこぼれんばかりの笑顔でサッカー関連報道に励んでいるのは、まあ営業上仕方ないと眼をつぶるにしても、日本人すべてが喜び、熱狂しているかのように編集した映像を垂れ流し続けるのは我慢できない。これでは太平洋戦争時代の報道管制と同じではないか。

草深い山里に、外国チームのキャンプ地を誘致した村人にマイクやカメラを向け、いかに喜んでいるか、その感想や表情を演出すべくテレビ局は奔走して回る。そして、どうみてもサッカーとは縁遠いじじい様、ばあ様にまで、「選手の活躍が楽しみで、今からワクワクしてんだ」などと語らせる。

しかし、住民の中には、こんなことに多額の税金を使って大丈夫か、そのツケはとんでもないことになるのでは、という不安を抱く者もいないとは言い切れない。現にキャンプ費用の穴埋めに、町の宝にしていた一億円の金塊まで手放そうとしている自治体があることも報道されている。

そこまでの負担を強いられても、カメラを向けられれば嬉しそうに対応してみせる。まさに地域ぐるみで、《無意識の偽善者》を演じざるをえない状況に追い込まれているように見えてならない。

《無意識の偽善者》には二種類ある。その一つは、「人から悪く思われたくないために、反射的に善い人ぶってみせる」タイプだ。かつてこのタイプの人間は〈ブリッ子〉などと呼ばれたこともあった。

漱石は《無意識の偽善者》を、偽善者という道徳的色彩のついた言葉で表現するのは適当ではない、と語っているが、それはたぶんこの第一のタイプが念頭にあったからにちがいない。

もう一つのタイプは、「人から善い人と思われたいために、自分の言動の偽善性への感度が鈍い（欠落した）」タイプだ。このタイプの実例については、すでに述べた通りだ。

社会心理学者のM・ミュルダーは、「人が自己評価を何に基づいて行なうかといえば、疑いもなく他人が自分をどう判断しているかを意識することに強力な影響をうけるのだ」と指摘した。彼は実験によって、この事実を検証し次のように結論する。「人が自己実現の満足を味わうためには、自分の言動を他人がどの程度有意義と認めてくれるかどうかに、依存する」（M.Mulder, *Group Structure Motivation and Performance*.1963）。

要するに、人間というものは公的場面でパフォーマンスを演ずる場合、意識するか否かはともかく、「大衆に受ける」ことを最優先に考え、その内容のウソっぽさにはあまりこだわらない、ということだろう。

つまり、「ええかっこしい」の誘惑に勝つのは難しいので、いきおい《無意識の偽善者》がいつのまにか増殖することになる。怖いのは、増殖が勢いを増し、その結果、変な世論が形成され、「正論」としてまかり通ることだ。

# 43 教育病理としての私語の氾濫

例年通り、今年も社会心理学の講義を一年間担当することになった。しかし、講義の回を重ねていくうちに、例年とは違う教室の雰囲気があることに気づき、愕然となった。それは例年にも増した私語のひどさである。私も、もう四〇年以上大学教師を続け、さまざまな大学の教壇も経験しているから、少々の私語ノイズなら気にもしないし、それを沈静化させるノウハウにはいささか自信を持っていた。

しかし今年の場合、そんな過去の経験や対策がほとんど何の役にもたたないことを痛感させられた。これまでは、私語ノイズの発生源とみられる学生に狙いを定め、タイミングをみはからって「おいお前、何を勝手にしゃべってる。話をしたいなら教室から出ていけ」と怒鳴りつけると、おおむね一、二回で沈静化したものだ。ところが今年は、この手がまったく効かないのだ。それはあたかも耐性菌の出現によって、特効薬だった坑性物質が効かなくなった事実を確認したような驚きだった。

何が変化したかといえば、第一に学生の着席分布のパターンが変わった。このパターンはU字型と呼ばれるのが一般的で、教卓の直前から数列までは抉《えぐ》ったように空席ができ、両翼には少数の学生が着席する、といった分布をとる。海外での講義体験を持つ何人かの教授に聞いても、外国の大学でも同じようなパターンをとっているらしいから、このU字型は国際的といえるのかもしれない。

なぜこのパターンが一般化しているかといえば、答えは簡単だ。要するに、教師の視覚圏から出来るだけ外れたところに座ることで、心理的圧力を軽くしたいという潜在意識の表れがこのパターンを生んでいると推測できる。

ところが、最近になるとこのU字型も維持され難くなった。それというのも、かつては少数の真面目学生の指定席だったU字型の両翼に、空席が増えてきたからだ。何よりも私語をするのを当たり前と思っている学生の増大が、教師の視野から外れているとはいえ、最前列近い席に座る気にさせないのがその理由だろう。

第二に、女子学生の私語が前にも増してひどくなったことだ。かつては聴講する学生のうちに、女子学生の比率が高いと、今年は私語が少ない状態で講義ができそうだと、ひそかに喜んだものだ。ところが、今は何の間違いか女子学生の比率が高いのに私語ノイズは一段とボリュームを上げ、悪質化した。例によってノイズ源となっている女子学生グループを特定し、怒鳴りつけてもさっぱり効果がみられない。ついにたまりかねて、彼女らの目の前まで詰め寄って「このバカ女ども、何度注意すれば黙るんだ」と叱っても、薄ら笑いでごまかそうとするか、横を向いて関係ないとふてくされた態度をとる。茶髪や金髪に頭を染め、いわゆるコギャルスタイルで教室の最後列を占拠している、この「あばずれ女」集団の出現と私語ノイズのひどさには、もはや老教師として打つべき手は見当たらない。悪い時代になった、と嘆き、夏休みが終わったら、セミとともにかのあばずれ女どもも教室から姿を消し、そのノイズ（私語）からも解放されることをひたすら祈るだけだ。

私が最初に大学教師になったのは、今を去ること四〇数年前、二八歳の時だった。最初の大学は東京にある国立の女子大だったが、専任講師として就任が決まった時、女子大というだけで何かバラ色のイメージを勝手に頭に描いて、浮き浮きと職場に赴いたものだ。三〇歳にも満たない若造の頼りない講義を、女子学生たちは静まり返って聴講してくれた。

初めのうちはひそかに、良い大学に就職できたもんだと喜んでいたが、やがて恐るべき不幸に見舞われることとなった。教室は今のようにU字型の着席パターンなどはとらず、最前列から整然と埋まっていく。教卓の正面に、いつも座ってじっと講義を聴いている一人の学生がいた。この学生が、私が描いていたバラ色のイメージを木っ端みじんに打ち砕いたのだ。

彼女は講義が終わるや否や、細かくメモした講義ノートを手にして必ず質問にやってくる。内心ひそかに恐怖を覚えたのは、彼女の質問が教師の手抜き部分を的確に見抜き、ごまかしを許さない態度に終始していたことだ。おかげで私は、講義ノートを準備する時、眼鏡の奥に鋭く光るこの学生の眼を意識しながら、手抜きをしないように長い時間を費やした。

大学教員として当然守らなければならない学問上の誠実というモラルが、私のように本来ずぼらな人間に浸透したのは、あの学生の厳しい質問のおかげだったことは間違いない。名前も知らず、今となっては一切の消息をたどるべくもないが、彼女は間違いなく、私にとって恩師だった。

もっともこのような評価は私の誤解で、この女子学生にしてみれば、若くてなんとなく頼りない新米教師を少々困らせてやろう、といった程度のいたずら心にすぎなかったかもしれない。

とはいえ、この経験から一つの教訓を得た。それは「教師が学生・生徒を教育するというのは現実の一面にすぎず、教師もまた学生・生徒の在り方によって教育される」ということだ。「人を見て法を説け」という言葉もあるように、教師は教える相手の態度や知的レベルに応じて、無意識のうちに自分の研究と教育努力のレベルを調節する。かつて読んだ本に、こんな逸話が書いてあった。

ある武士が、薩摩藩士に西郷吉之助とはどんな人物かと問いかけたところ、その藩士は「太鼓のような人物で、大きく叩けば大きく鳴り、小さく叩けば小さく鳴る」と答えたという。教師を職業としている人間は、多少なりともこの「太鼓」的反射神経を身につけているのではないかと思う。

要するに教育とは、本質的に相互作用なのであり教えられる側の堕落は、教える側の堕落を知らず知らずのうちに誘発する。大学教育の場に年々蔓延の勢いを増し、悪質化している私語現象を軽く見てはいけない。というのは、この現象が日常化することによって教える側の品質低下が進行し、やがてそれは教えられる側の品質低下へ跳ね返り、私語ノイズは騒々しさを一段と強めるといった悪循環に陥る危険があるからだ。

情報理論には情報効率に不可欠の条件として、S／Nを良くすることがあげられる。つまりS（シグナル＝信号）とN（ノイズ＝雑音）の比率によって情報の伝達効率が左右されるという理論だ。

大学教育の場が、私語ノイズに満たされている限り、いかなる貴重な情報も伝達されず知識として蓄積されない。その赴くところ、恐るべき一国の知的レベルの陥没になるのだ。

ではこの「私語退治」は可能だろうか。不可能と断定するのは尚早だとしても、容易ならざる困難が横たわっていることは明白だ。武庫川女子大学教授の新堀通也は一九九二年、『私語研究序説――現代教育への警鐘』（玉川大学出版部）という著書を出版した。「序説」とうたってはいるが、その内容は膨大な研究の蓄積であり、並々ならぬ著者の危機感すらうかがえる。しかも序説である以上、今後、さらなる研究の充実を期待させる。この著書の〈あとがき〉で、新堀教授は次のような指摘を行なっている。「大学生の私語は決して大学の教室の中における現象としてのみとらえるべきではない。大学以前の教育、大学をとりまく社会、日本文化の問題であり、現代日本の教育への問いかけ、警鐘である」。

この指摘の中に、私語問題の本質が余すことなく集約されていると思う。要するに、私語現象とは現代の若者の生き方にかかわるすべてのファクターが、複合汚染の形で大学の教室内に噴出したもの、といえる。

私語発生の直接的温床は聴講学生数の増大による大教室化にある。逆にいえば、二〇人前後の学生を対象とする授業では、ほとんど私語の発生は見られない。

集団同調に関連する社会心理学のいくつかの実験によれば、集団の規範性が強く作用する集団規模はせいぜい五人前後であることがわかっている。これが一〇人、一〇〇人と増えていくと気心の知れた数人の仲間同士に細胞分裂し、集団全体の活動とは無関係もしくはそれを妨害するような動きを始めることが発見されている。つまりこの理論が正しければ、一教室一〇〇人をはるかに上回る講義を整然と進行させるのは、どだい無理な話なのだ。

しかし大学の大衆化を前提としたカリキュラムの下では、大教室抜きの講義を実行する余裕はない。さらに大学教育への意欲も能力もない学生の増大は、大教室の雰囲気をますます雑然とさせるエネルギーを供給し続ける。

平然と私語を交わし続けている学生を見ると、ひと頃話題になった「学級崩壊」の波が大学まで及んできたのか、と思わざるをえない。この現象の元凶と目されていたＡＤＨＤ（注意欠陥多動性障害）児が、いまや大学生となり、なだれ込んできているのでは、と不安になる。

北大医学部教授の沢口俊之教授によれば、「ＡＤＨＤの急増などは、遺伝的要因だけでは説明がつかない。いまやテレビ漬け環境が何らかの影響を及ぼしていると考えざるをえない」と指摘する（『アエラ』二〇〇二年七月一五日号）。

それにも増して、若い世代になるほど「場所柄をわきまえた振る舞い」能力が薄弱となり、所構わず平然と「自ら欲するところにしたがって」、矩《のり》を超えるのが習慣化している。それを他人から注意されると、反省するどころか、逆ギレして傷害・殺人にまで及ぶことも、珍しくはない。

少し前に、図書館で騒いでいる中学生を強くたしなめたホームレスの男性が、彼らによって集団暴行を受け殺される事件があったが、この事件などは現代の若者の身勝手な感覚を雄弁に物語っている。

今までは無難に生きてこられたが、私語学生を容赦なく怒鳴りつける私のような教師は、今後は命の保障はないと心得た方がいいのかもしれない。

以前も述べたことがあるように、私はサッカーというスポーツは嫌いだが、レフェリーがルール違反の選手に、イエローカードやレッドカードを渡し出場停止にする方法は、私語撲滅の対策として極めて有効ではないか、と気づいた。どこかの大学で実験する価値は十分あるのではないか。

# 44 人生を無駄遣いする人間

最近、相次いで発生した事件に奇妙な共通性があることに気づいた。

第一に、犯人の年齢が三〇前半から四〇代前半に集中していること。第二に、いわゆる住所不定無職の生活が長いこと。第三に行きずりの人間（多くは若い女性）を犯行に巻き込み、ためらいもなく殺害していること。第四に、罪悪感が薄く、逮捕されまいとする執念もとくにうかがえないこと、などだ。

これらの特徴のうち、とくに気になるのはなんとなく「投げやり」というか、行き当たりばったりな生き方が色濃くうかがえる点だ。世間の常識からすれば、そういった生活態度はせいぜい二〇代で卒業していなければならない。人生の足固めをする三〇代、四〇代の人間の生き方としては、奇妙としかいいようがない。

しかも犯した犯行は、無期もしくは死刑の判決が下されて当然という内容のものが多い。要するに、平均寿命の半分にも満たない人生を送っただけで、残りの人生を捨てたことになる。

まさに人生の無駄使いで、私のように残り少ない人生をチビチビ送っている人間からすれば、何というもったいないことをするのか、と腹立たしい。

いま日本社会が抱え込んでいるやっかいな問題の一つとして、人生の展望も計画もないままに年齢を重ねていく若者の増加という現象がある。

最近、『サンデー毎日』は「フリーター亡国論」という特集を組んだ（二〇〇二年八月一一日号）。かねてから、若い世代にフリーター生活者が増殖している兆しは感じていたが、この特集記事を読んでただごとではない現状を思い知らされ、愕然とした。

労働科学研究所の赤堀正成研究員の分析は、フリーターの実態を次のように明らかにした。

「一九九〇年には約一七八万人だったのが、二〇〇〇年には倍以上の三七九万人となり、〇一年には四百九万人となっている。この数字は、一五―三四歳では同世代の五人に一人がフリーターであり、一五―二四歳に限れば三、四人に一人がフリーターという状況なのである」。

かつて、「モラトリアム人間」論が注目された頃、若者たちが定職に就かず、さまざまな活動にかかわることは、将来の可能性を育てる猶予期間として積極的に評価されたこともあった。それを、まさに「美しき惑いの年」と見るゆとりもあった。

しかし現状はそんな甘いものではない。同誌の分析では、「フリーターを離脱する者が、世代が若くなるにしたがって少なくなっている」。このまま現状が推移すれば、社会の再生産能力は大幅に低下することは避けられないという。そういえば、テレビ番組に登場する若者たちが最近、自分の職業を臆面《おくめん》もなくフリーターです、と紹介するようになった。彼らの感覚では、フリーターという生活スタイルはもはや立派に市民権を得たものとして受け入れられているらしい。

フリーター予備軍が、学校卒業の段階で続々誕生しつつあることを、つい最近発表された『学校基本調査速報』（文部科学省、二〇〇二年）が明らかにした。

それによれば、今春大学を卒業して進学・就職をしなかった者は、一一万九千人（二一・七％）で、二〇〇〇年度の一二万一千人（二二・五％）に次ぐ多さになったという。

また、高校卒業生のうち、進学・就職をしなかった者は、前年より八千人多い一三万八千人（一〇・五％）で、一九七六年以降最多だ。この傾向について、文部科学省は「〝定職に就かなくても構わない〟という意識が広がった」、とコメントしている（『朝日新聞』二〇〇二年八月一〇日）。

かつて「貧困は最高の教師」と言われた。この言葉の通り、若者たちは失業者に転落することを恐れ、そうならないためにそれぞれの境遇に応じて、活路を求めて努力を積み重ねたものだった。とくに学費・生活費を免除され、将来の地位が保障されていた、軍関係の学校や軍人（下士官）養成機関の人気は高いものがあった。

今は貧乏でも努力によって安定した地位と収入が得られる、という未来展望の存在は、戦前は言うまでもないが、戦後社会でも八〇年代までは、若者の意識の片隅に生きていたように思う。とくにバブル崩壊の直前まで、〈大学生の青田買い〉とか〈金の卵の高校生〉などと持てはやされ、彼らは「売手市場」の甘えの構造にドップリ浸かることもできた。

ところが、九〇年代に入りバブルが崩壊し、空白の一〇年間が始まるや事態は一変した。若者たちはもはや「売手市場」の優位を失い、「買い手市場」の思惑を測りかねて右往左往せざるをえなくなった。

七〇年代、ある国立大学で非常勤講師を務めた時、学年末試験の答案の余白にお願いとして、次のようなことを書いている学生がいた。

「私の評価がAでなかったら、D（落第点）をつけて下さい。就職を希望している企業はオールAでないと、面接が受けられませんので」。

こういう発想の善し悪しは別にして、まだこの頃までは大学の卒業成績が将来を保障するといった、一種の約束手形がひろく通用していた。バブル崩壊後、この種の手形はおおむね不渡り手形となり、信用を失ってしまった。要するに、個人の努力がどんな報酬として実を結ぶのか、その因果関係がひどく不透明な時代が到来したということなのだろう。

社会心理学者のK・レビンは人間の行動原理を、B＝f（P・E）という公式で表現した。これは、人間は自分の性格（Personality）とおかれた環境（Environment）との合成結果として行動（Behavior）する、ということを意味している。

性格と環境との合成によってつくられるイメージのことを、レビンは「生活空間」と呼んだ。要するに、人間はどのような生活空間を意識しているかによって、行動のパターンが決まってくる、ということだ。今後、ますます増殖の兆しが見えるフリーターが意識している「生活空間」の内容は、たぶん次のような特徴を備えていると考えられる。

まず非常にはっきり意識しているのは、自分が欲しいもの、自分が楽しみたいことであるが、しかしそれらを自ら汗をかき、時間をかけて実現しようとする意欲も気力もないことだろう。また、自分の欲求充足を可能としてくれるはずの社会の在り方が、ひどく冷酷に門を閉ざしているように映っている。

一言でいえば、自分が社会から疎外されているとの意識は日増しに強くなっていく。こういった「生活空間」をイメージした人間の生き方は、いきおい人生の長期展望を空白にしたままで、必要最小限の範囲で社会とかかわるスタイルをとる。

その程度のかかわりあいでは満たされない欲望があれば、自分の欲望を縮小することは考えず、借金、ギャンブル、親へのパラサイト（寄生）など、あらゆるお手軽な手段に依存しようとする。

レビンは児童研究所の所長として、子供の行動を通して彼らの「生活空間」の成長過程を明らかにする実験を繰り返した。

この実験ではっきりしたことは、欲求を満たすためにどれだけ自分の置かれている状況をひろく、また構造的に認識できるか。そして、欲しいものを手に入れるために直接的に行動するのではなく、むしろ〈回り道〉を選んで行動する。以上二点が子供の成長を示す重要なポイントである、ということだ。

まさに「急がば回れ」ができるか否かが、人間としての成熟を判定する決め手なのだ（K.Lewin, *Field Theory in Social Science*. 1952.『社会科学における場の理論』猪股佐登留訳、誠信書房、一九七九）。

今日の新聞（『朝日新聞』二〇〇二年八月一六日夕刊）を広げたら、「〈何となくフリーター〉を防げ――自治体・学校が対策」という大見出しが目に飛び込んできた。紙面を読むと、たしかにさまざまな対策が試みられていることがわかった。しかしその対策には、いま一つ効果が疑われる内容のものが多い。

たとえば、盛り場の渋谷で、就業支援セミナーを開いて就職情報や就職活動の知識を教える（東京都中央労政事務所）とか、スーパーなどで就業体験を二週間以上に延ばせる制度の新設（群馬県教育委員会）とか、東京都調布市の中学校では総合学習の時間を利用して卒業生を講師にして、自分の職業生活を語ってもらう、などだ。これらの試みは、若者たちはおしなべて就職したいのに、情報不足でフリーターにならざるをえないのだ、という前提に立っているように見える。

しかし、果たしてそうなのか。「馬を水際につれていくのは容易だが、水を飲ませるのは難しい」という、よく知られたことわざ通りに、フリーター生活に抵抗感をもたない人間は、しょせん堅実な人生という〈水〉に渇きを覚えない体質なのではないか。そういう体質はたかだか一、二週間程度の実習やセミナーで変化するとも思えない。

芥川龍之介は、「人生は一箱のマッチに似ている。重大に扱うのはばかばかしい。重大に扱わなければ危険である」と述べている。世のフリーターたちは、人生を重大に扱わない危険に無知なままに年をとり、リセット不可能な過ちを犯すかもしれない。その無知を埋めることは、一朝一夕で可能になるものではない。

# 45 ナショナリズムへの回帰

最近気づいた現象として、古い日本文化への回帰の動きがチラホラ見えはじめた点がある。『週刊新潮』（二〇〇二年八月八日号）は、夏恒例の日本経団連セミナーで奥田碩会長とともに、「日本人は心を忘れた」と問題提起をした佐伯啓思京大教授に、ではその心とは一体何かを質問している。

これに対して、彼は次のように答えている。「新渡戸稲造が唱えた武士道精神の大切さだと思います。信義を重んじ、義理や恥の意識を大事にする感覚であり、仏教や儒教、神道が日本的にアレンジされた独特の倫理感です……グローバリズムの到来で……ブレずに諸外国と対等にわたりあうには、資質を育む心の拠り所が必要となってくるのです……日本ではちょうど相当するのが武士道なのです」。

私よりははるかに若い戦後世代の大学教授から、「武士道復活」を提唱されるとは思いもよらなかった。問題は今の日本でそれがモラルバックボーンとして復活可能か、という点だろう。

もう一つ、ナショナリズムへの回帰をうかがわせる動きがある。それは齋藤孝著『声に出して読みたい日本語』（草思社、二〇〇一）という本の出現だ。発刊して一年足らずで七四版を重ねているから、ベストセラーと言ってもよいだろう。最近、余勢を駆って続編まで店頭に並んでいる。

この本には、「声を出して読む」ことが日本人としての感性を豊かにし、人生観の支えとなるような、和漢の名文・美文や歌舞伎の名台詞、また落語や軽口言葉に至るまで、多様な文章が収録されている。著者の言葉によれば、これらの言葉は「日本語の宝石」であり、「暗誦・朗誦することによって、こうした日本語の宝石を身体の奥深くに埋め込み、生涯にわたって折に触れてその輝きを味わう」ものだという。

私たち、戦前教育をうけた世代の者にとってはその文章の大半は、馴染み深いものであって、今さら「宝石」として身体の奥深く埋め込むまでもない気持ちがする。しかし戦後生まれの若い世代の人たちにとっては、意外に新鮮な文化を発見したような驚きをもたらすかもしれない。ただし収録されている文章をどれだけ正確に読解できる能力を持っているか、心もとない気持ちもするが。

以上みてきた日本人の心のふるさとへ回帰しようとする動きが、今後一つの潮流となるのか、散発的現象に終わるのか、予断し難い。しかしグローバリゼーションの勢いがますます加速するにつれ、それに対抗する力として日本人としての自己規定を求める動きもまた強くなる可能性はある。可能性があるというよりは、むしろ必要性が強まるといえるかもしれない。

今からかれこれ二〇年ほど昔になるが、私が卒論指導をした女子学生と久しぶりに話をする機会があった。彼女は結婚してすぐ、社命でアメリカの大学へ研究留学することになった夫と共に、その大学のあるボストンで、一年余り過ごした。帰国したばかりの時期に、私は彼女のアメリカ生活での苦労話を聞かされた。

日本人が異国で生活する上で、最大の難関は会話能力の低さであることは常識だから、たぶんそのような苦労話だろうと予想していたが、いざ話を聞いてみると意外な内容だった。彼女を一番悩ませたのは、日常つき合っているアメリカ人から、日本の文化や歴史についての知識を求められることだった。

何しろボストン美術館は、日本の浮世絵のコレクションでは世界的に有名だ。そのせいもあってか、折に触れ、つき合うアメリカ人から、写楽とはどんな画家だったか、日本ではどう評価されているか、また北斎は、歌麿は、など次々に質問攻めにあう。

彼女はそのつど、知らない、わからないと答える羽目になり、つくづく学生時代にもっと日本文化を勉強しておけばよかった、と後悔したという。アメリカ人の中には、露骨にあなたは本当に日本人なのか、と疑わしげな表情をする者もいたという。彼女は話の終わりに、いいことをつぶやいていた。

「日本人は海外生活を経験すると、一生懸命に会話能力を高めようと努力するが、大切なのは会話をすることで自分たちの文化や生活を理解してもらうことです。それができないと、バカにされるだけだということが、よくわかりました」と。

彼女の話を聞いて、国際化とは良い意味で国粋化の土台の上に成り立つものだ、ということを教えられたと思った。いわば会話能力という瓶の口をいくら広げても、コミュニケーションの中味が乏しければ、「異文化交流」にはならないし、国籍すら疑われる結果を招きかねない、ということだ。

アメリカの社会心理学者たちが関心を持つ研究テーマの一つに、さまざまな人種に対する心理的距離の置き方、いわゆる「社会的距離」の問題がある。この研究の創始者であるE・S・ボガーダスは、一七二五人の白人を対象として、四〇ヶ国の国民のリストを示し、「この中から自分のクラブの仲間に受け入れてもよい」と思う国民を指定させた。

その結果、上位三位はイギリス人、カナダ人、白人のアメリカ人に集中した。日本人は三〇位にランクされるにとどまっている。もっとも、この調査は一九四七年に発表されているので、第二次大戦の反日感情がまだ強く作用したとみられなくもない。しかし、同じ敵側のドイツ人は九位で、日本人よりはるか上位だ。

ボガーダスの研究から、約一〇年後の五六年、J・D・キーンとE・T・プロスロという二人の研究者が、大学生を対象として二三ヶ国のリストの中から、友人にしたい国民を選ばせた。最も多く指定されたのは、スイス（一四人）、次いでイギリス（一二人）、アメリカ、カナダ（いずれも九人）、そしてドイツ（八人）が多数派で、哀れわが日本は指定ゼロだった（H.C.Lindgren, *Psychology: An introduction to a behavioral science*. 1971）。

これらのデータはいずれも、半世紀も昔のものだから、現状はもっと好転しているに違いないと楽観することもできよう。その反面、基本的にこの傾向に変化はない、とみることもできる。

いずれにせよ、ごく最近の類似調査が見当たらないので何とも断定し難い。アメリカ人に好意を持たれようと持たれまいと、それはどうでもよい。問題は日本人がアメリカに限らず、国際社会の中で無個性かつ存在感の薄い国民と見られ続けても、われわれの自尊心は痛まないのか、ということだ。

『サンデー毎日』の最近号（二〇〇二年九月八日号）によれば、今、日本ではグローバル時代に勝者となる「スーパーエリート教育」を受けさせたいと考えている親たちが増えている、という。

スーパーエリート教育とは、アメリカのボーディングスクールと呼ばれる私立の全寮制中学・高校に自分の子供を入学させ、日本の学校では期待できない全人格的教育を身につけさせることをいう。

いうまでもなく、ボーディングスクールは名門高校であるから、アメリカの一流大学への入学の門も大きく開かれている。これら、諸々のメリットを考えれば年間四百万から五百万円かかる学費も高くはない、と納得する親が増えているらしい。

たしかに、今の日本のように小学校から英会話の授業が行なわれ、中学・高校でも外人講師を招いて英会話の習熟度を高める授業が広まっている現状では、経済的に余裕のある親たちが、いっそ本場でエリート教育を受けさせたいと思っても不思議ではない。

それればかりではない。街を歩けば、茶髪金髪に染めた若い男女が横行し、その風潮はいい年をしたおじさんやおばさんまで及んでいる。またわれわれが日常使っている言葉にも、年々歳々止めどもなくカタカナ語が増大し続け、このままでは日本で生活しているのに、日本語が通用しなくなるのでは、と真面目に考えてしまう。

いじらしいほどアメリカをはじめとする外国に擦り寄り同調しようとする日本人が、その無形の努力に見合った好意と尊敬を得ているかどうか。怪しいものだ。

戦時中に少年期の教育を受けた私にとって、偏狭な国粋主義には身震いするほどの嫌悪感がある。その反面、日本固有の情感には、心の故郷に帰ったような懐かしさと安らぎを覚えざるをえない。山本有三の小説、『路傍の石』には次のような一節が出てくる。

「ひさかたのひかりのどけき春の日に、しづ心なく花の散るらん！　おれがこうして歌ったって、そりゃ一銭にもなりゃしないよ。一銭にもなりゃしないが、じつにいい気持ちじゃないか……はばかりながら、福沢（諭吉）先生には、〈しづ心〉って境地はおわかりにならないね。人間〈しづ心〉がわからなくっちゃ、役に立つ学問も、へったくれもあるもんか」。

紀友則が詠んだこの和歌は、職場の転勤や退職の挨拶に使えば、そこはかとない奥ゆかしさが薫るのではないか。そんな勝手な思い込みから、私も勤務先を去るに当たって学生への挨拶に引用したことがあった。しかしその反応はまったく期待はずれだった。自分のことを〈花〉にたとえるずうずうしさが学生のしらけを呼んだと思っていたが、そうではなく、「しづ心なく」という言葉の意味がわからなかった、と後で学生が教えてくれた。「しづ心なく」とは「静心なく」とも書くように、「慌ただしく」という意味だ、と話したら納得したようだった。

とうとうと勢いを増すグローバリゼーション——というより、実態はアメリカナイゼーションだが——の流れに抗して、日本人が主体性を回復・保持できるのだろうか。私はその可能性については悲観的だ。

冒頭に紹介した武士道復活の勧めなど、正気の沙汰とも思えない。武士道のモラルとは、主君への忠誠の見返りとして子々孫々にまで受け継がれる俸禄制度から生まれた、一種の従業員服務規定だ。

終身雇用の慣行も崩壊し、リストラの不安に絶えずおびえている今の日本で、武士道のモラルが受容される余地などあるとは思えない。それを日本経団連会長が提唱するなど、無責任極まりない。

また、古く美しい日本語を声を出していくら朗読しようと、期待するほどの感動を呼び覚ませるかどうか疑わしい。何しろ戦後世代の感性の波長は、日本文化の情念の波長とは明らかに大きくずれてしまっているからだ。

# 46 拉致日本人の洗脳

現在、マスコミが最大の関心事として追いかけているテーマは、何といっても朝鮮民主主義人民共和国（北朝鮮）による日本人の拉致問題だろう。とくに生存が確認された五人の被害者の一時（現在は永住となった）帰国が実現すると、この問題をめぐるマスコミの取材競争は一段とヒートアップし、あの手この手で日々、日本人の関心を引こうと奔走している様子がよくうかがえる。今になって、これだけ騒ぐなら拉致犯罪が頻発していた二〇数年前にもっと関心を持ち、社会に警鐘をならしていたら悲惨な結果が防げたのにと、愚痴の一つもこぼしたくなる。

正確には記憶していないが、たしか一九八〇年代の初め頃、小学校の先生から「近ごろ子供の間で拉致ゴッコという変な遊びが流行《はや》り困っています」という話を聞かされた覚えがある。一人でいる子の後から、そっと近づいてジャンパーや上着をいきなり頭にかぶせ、引き摺《ず》っていく遊びだという。

いつの時代でも、小学生ぐらいの子供は時々のマスメディアに敏感に反応し、新しい遊びを考えだす天才的才能を持っている。

当時の小学校で、この「拉致ゴッコ」なる遊びが流行っていたとすれば、その頃のマスコミが拉致犯罪をかなり具体的、かつ頻繁に報じていた可能性大だ。この事件の火種をもっと燃え上がらせていたら、事態はまったく違った方向をたどっていたかもしれないと悔やまれる。

拉致被害者の帰国が具体化し、旅客機のタラップを降りてくる映像がテレビに映し出された時、日本人の多くは複雑な思いでその画像を見つめたはずだ。それは生きて帰れてよかったねという祝福の気持ちと、過酷な全体主義体制の中でどれだけ洗脳されたかという不安がミックスされた気持ちである。

帰国に先立って、日本政府の調査団が撮影したビデオの中で、拉致被害者の一人、曽我ひとみさんが読み上げた手紙は、「金正日総書記の温かい愛の下で配慮をたくさん受けながら……」という『枕詞《まくらことば》』で始まる内容だった。この内容が報道されると、「ああやっぱりいかれているわい」と思わざるをえなかった。

しかし、その後のマスコミ報道では、帰国した拉致被害者の口から「偉大な将軍様」とか「われらを導いてくださる首領様」といった枕詞が一切出てこない。となると、彼らが徹底的に洗脳されたと考えるのは思い過ごしかもしれない、と迷ったりもする。

現在一つだけ彼らの言動で注目しているのは、公式的場面に登場する際、必ずスーツの左胸に着けている党員バッジを、いつになったら外すのだろうかという点だ。北朝鮮の情報通の話によれば、あの種のバッジは特権階級の人間であることを示すものであり、それを左胸に着けるのは自分の心臓を首領様に捧げますという忠誠心を物語っているのだという。

そのせいかどうか、彼らは日本への永住帰国の意思を問われると、当初は一様に「そのことについては、ノーコメントにさせていただく」と答えていた。自分の子供や夫がまだ北朝鮮で生活している現状では、その国への忠誠心の証しであるバッジを簡単には外せないのだろう。

しかし、二〇余年も過酷な全体主義社会で生活し、意識の隅々まで監視・統制されていた人間が、その思想や感情にまったく影響を受けていないなどということは、まずありえない。程度の差こそあれ、何らかの「洗脳」の痕跡はとどめているとみるのが常識的な見方というものであろう。ただ、それが今後、拉致被害者たちの日本社会での生活にどのような障害となるかは、今のところ予想はつかない。

「洗脳（brainwashing）」という現象が注目され、初めて研究の対象となったのは、一九五〇年に勃発した朝鮮戦争の結果だった。五三年には休戦協定が成立し、中共軍の捕虜になっていたアメリカ軍兵士は解放され、祖国に次々と帰還した。その兵士の中には、筋金入りの共産主義者となって帰ってきた者がいた。

それほど長くもない捕虜収容所の生活期間に、どうすれば徹底した思想改造を行なうことができたのか、それがアメリカの精神医学者や心理学者の強い関心を呼んだ。精力的な洗脳研究の成果は、精神医学者E・H・シャインによって論文にまとめられ発表された。かなり長い論文なので、その内容を要約して紹介することにしておく。

国連軍の捕虜たちは、北朝鮮と中国とに分けて収容されたが、その取り扱いは対照的だった。北朝鮮に収容された捕虜たちは、厳しくまたむごく取り扱われ、着衣を脱がされたり、持っていた食糧も取り上げられたりした。反抗的態度をとれば、厳しく処罰され、時には殺されることもあった。

これに対し、中国側に収容された捕虜たちは、友好的な雰囲気で受け入れられ、最初の挨拶は「おめでとう。今、あなたがたは解放された。これからは真の自由と平和のため、われわれと共に闘おう」といった内容のものだった。

この後、一日の大半が共産主義思想の学習に充てられ、それがどれだけ捕虜の意識を変え、共産主義に協力的態度をとるようになったか、細かくチェックされた。その結果、好ましからざる態度を保ち続ける捕虜たちは、北朝鮮のキャンプ送りになるか、さらに徹底した洗脳操作が加えられることとなった。

そのやり方は、(1)捕虜たちを集団化せず、孤立・分散化させる(2)捕虜たちがそれまで内面化していた態度や価値観を支持するような情報や人間関係を、すべて遮断する(3)捕虜たちに発生した情緒や信念の空白を、友好的態度で接する者が癒し、その関係の中で新しい共産主義的信念を注入する形で埋め直す

（4）捕虜たちの人格が、共産主義者として再生され安定したと認められた時、そういう人間たちで新たな集団生活が許され、相互に意識・態度の補強が始まる、というものである（E.H.Schein,The Chinese indoctrination Program for Prisoners of War: A study of attempted 'Brainwashing',*Psychiatry*.1950,140-172）。

K・レビンは四三年から四四年にかけて実施した、「食習慣の変容」に関する実験の結論として、人間が固定化している態度や習慣を変化させるためには、三段階の手続きが必要だとみた。

それは、（1）今まで持ち続けた固定観念をほぐすような新しい事実や発想を示し、関心を持たせる〈解凍段階〉（2）新しい態度や習慣を取り入れるように、教育し訓練する〈移動〉（3）新しい態度や習慣を自分のものとするように、集団的圧力をかけて固定化する〈凍結〉以上の三つだ。

これら三段階の手続きを効果的に進行させるためには、個人的説得よりも集団的状況での働きかけが、より強い効果を生むと指摘している（K.Lewin,*Field Theory in Social Science*.1952. 前掲訳書）。

ところで、国連軍の捕虜たちに実施された洗脳効果はどの程度のものだったか。この点について、シャインは次のように述べている。

「捕虜収容所から帰還したほとんどの者は、強い反共的感情を表明し続けるようになった……中国当局者はある程度は、捕虜たちから好ましい行動を引き出したり好ましくない行動を抑制することに成功した。しかし、捕虜たちの信念を変えることにはほとんど成功していない」。

レビンの実験に参加し、習慣を変えた者は集団で決定したグループが四〇％から八〇％だったのに、講義形式で説得されたグループはその半数以下にとどまった。とくに集団決定グループは、時間がたつにつれ習慣を変える者が増える傾向が認められた。

これらの研究結果に基づいて、拉致被害者たちの洗脳効果を過小評価したり、過大評価したりするのは軽率だろう。彼らが直接的、間接的に洗脳され続けた期間は二〇数年に及んでいるわけで、その長さは捕虜たちの収容期間とは比較にならないほど長期間だ。一般に洗脳期間が長いほど、その効果は人格の深層にまで影響し、表面的にはうかがいにくい。

もう一つ今後解明されなければならない大きな謎がある。それは北朝鮮が、大きなリスクを冒してまで何のために一般の日本人を拉致し続けたのか、という疑問だ。

今のところこの点についての説明は、工作員の日本人化教育と、それとの関連で日本旅券を詐取しやすくするためだという理由が指摘されている。しかしこの二つが主な目的だとしても、在日朝鮮人の中からこれらの目的にかなった人材を選び、合法的に北朝鮮に迎える方がはるかに容易で安全なはずで、拉致という犯罪に至る必然性の説明にはならない。

なぜ拉致犯罪の目的・動機にこだわるかといえば、洗脳をどのような方法で進め、どの程度の効果を定着させるかは、洗脳する者がその被害者に何をさせたいかによって、大きく違ってくるからだ。これは、オウム真理教（現アーレフ）の一連の事件にかかわった信者たちの洗脳カリキュラムが、犯罪の重要性によってレベルの差を設定していたことからもわかる。

拉致問題の差し当たりの課題としては、拉致被害者の子供や夫をどのように日本へ取り戻すか、また生まれた時から全体主義教育を叩き込まれた子供たちが今の日本に適応できるように再教育できるかどうかという点だ。拉致家族全員を日本に取り戻す方策については、政府の外交能力に期待するとして、問題は子供たちの再教育の可能性だろう。

この点について、私としては楽観的だ。それというのも、私たち戦前世代はいま北朝鮮で実行されていると伝えられる、支配者への絶対崇拝と絶対服従を正当化する教化政治をすでに経験済みだ。大元帥陛下のご命令のままに、醜《しこ》の御楯《みたて》として「海行《ゆ》かば水漬《みづ》く屍《かばね》、山行かば草蒸す屍」となることを名誉と信じてやまない倒錯した価値観を徹底的に内面化させられたのが、戦前世代というものだった。

ところが、この戦前世代の何パーセントが、未だに皇民教育の価値意識にとらわれ続けているだろうか。限りなくゼロに近いだろう。

北朝鮮に生まれた子供たちが、幼い頃から金正日元帥様への「皇民教育」をいかに徹底的に教化されたとしても、この日本が持つ思想的には無定見、道徳的には無節操な文化的風土の中で一年も過ごせば、ありあまる自由を持て余し、浪費している日本の若者とまったく見分けがつかなくなるだろう。この点、日本社会は強烈な洗脳効果を発揮していることを、見落としてはいけない。

# 47 借金依存症について

いっこうに回復の兆しが見えない景気の低迷のせいか、国も個人も借金まみれの傾向から脱却できないばかりか、むしろ借金依存症を深刻にしているように見える。国家財政はしばらくおくとして、問題なのは一般庶民の間にじわじわと広がりはじめている借金と、それに原因する生活破綻や犯罪の増加だろう。

八日号の『Yomiuri Weekly』（二〇〇二年一二月八日号）によれば、今年個人が裁判所に自己破産を申し立てた件数は、一月から八月までで一三万五〇〇〇件で、前年同期の三八％増だという。しかも自己破産寸前の多重債務者は一五〇万人はいると推定されている。

消費者金融問題に詳しい宇都宮健児弁護士は、自己破産申し立ての件数は一九九〇年には一万一二七三件だったから、この一〇年ほどで一二倍にも増えたことになると指摘している。

しかも驚くべきことに、九八年の住宅ローン以外の消費者クレジットローンの残高は国家予算に匹敵する約七〇兆円で、国民一人当たり約六〇万円の借金を抱え込んでいる計算になるという。しかもサラ金の利用者は千五百万人にも上るとみられている（宇都宮健児『悪質商法から身を守る方法』東洋経済新報社、二〇〇一）。

とどまるところを知らない借金人口の増大に、大手銀行もなりふり構わず消費者ローン市場に参入しはじめた。専業ローン業者の金利が平均二五―二九％であるのに対して、大手銀行は一五―一八％と、比較的低金利に設定し借りやすさをアピールして、新たな収益増大を狙う経営戦略なのだという。

しかし現実は、意図したほどには融資残高が伸びずに、また経済環境の悪さから、「貸倒率」が予想以上に悪化する危険もはらんでいるとみられている（『朝日新聞』二〇〇二年一一月二五日）。

ごく普通の生活をしている庶民にとって、高利の借金を抱え込むというのは真面目に考えれば、大きな不安の種をまくことになりかねない。その不安を意識させないように、日々テレビの画面から放出されるサラ金会社のコマーシャルはますます狂騒の度を高め、ハッピーイメージを演出している。そんな映像を眺めていると、「悪魔はいつも笑顔で近づいてくる」といった西欧のことわざが思い出されてならない。

気軽に借金ができる人とはどのような性格の持ち主なのか、私にとっては理解に苦しむ。長い人生の過程で、私は一、二回の例外は別にして異常と言えるほどローンに頼ることを避けてきた。今住んでいる住宅さえも、全額現金払いできるまでは購入しまいと頑張り通した。

こうした頑固さが時代遅れであることは、よくわかっているのだが、あえて借金を忌避しそれを許さない何かが、私の性格に潜んでいるように思えてならない。それはたぶん私の少年期の体験に根差している。

私の父親は映画関係の業界紙を発行する会社を経営していた。経営者としては必ずしも有能ではなかったらしく、極めて浮き沈みの大きい人生を送った。

私が小学校から帰宅すると、母親が門の前に立っていて、「いま裁判所の人が来ているから外で遊んでおいで」と言う。しばらくして帰宅し、家の中に入ると家財道具すべてにベタベタと札が張られていた。数日すると札の張られた家財のほとんどが持ち去られて、家の中が妙に広々となった。

後にこの事態は「差し押さえ」ということで、父が借金を払えない結果発生したのだと、母に教えられた。その後、小学校時代に何度となくこの差し押えの場面に遭遇し、慣れっこになってしまった。しかし今でも一面に札を張られた家財道具の中での生活、そしてそれがすべて持ち去られた後のしらじらとした風景は、借金がもたらす過酷な現実として鮮明に記憶に残っている。

もう一つ借金にまつわる少年期の忘れられない思い出がある。きちんと生活費を入れない父だったから、五人の子供を抱えた母の家計のやり繰りは大変なものがあったと思う。そのせいか、母は頻繁に質屋通いをしていた（昔は質屋のことを一六銀行などと言ってごまかしたものだが……）。

私が五人兄弟の末っ子だったせいか、母は私に質草を包んだ風呂敷を持たせ、よく質屋通いのお供をさせた。なじみの質屋が四谷荒木町のお岩稲荷の近くにあって、母は「お前はここで待っておいで」と、お岩稲荷の境内に私を置いていった。質屋通いはもっぱら夜だったから、四谷怪談のお岩さんを思い浮べると、母が戻るまでの時間はまさに恐怖のひとときだった。この質屋通いの体験も多分に私の借金アレルギーに影響していると思う。

私個人の体験からいっても、戦前の日本では一般庶民が借金を背負い込むのは、ただごとならぬ事態としての緊張感と悲壮感を伴うものだった。それが戦後の高度経済成長の進展に伴って、ローンという名の借金で庶民が豊かさを先どりするライフスタイルが、いつとはなしに当たり前になってしまった。その口火を切ったのは、六八年に施行された「消費者保護基本法」だったと思う。この法律の成立によって、庶民は安定した借金暮らしが可能となった。

当時、割賦販売で業績を伸ばしていた丸井が宣伝文句にしていた「Play now, pay later（今楽しんで、払いは後で）」という言葉は、この時代の気分を端的に表現する名文句だ。

一九五九年の『国民生活白書』では、庶民の消費が割賦販売に助けられて盛り上がっていく状態が分析されている。たとえば、都市世帯の四九・三％までが月賦利用者であって、主な購入対象はミシン、テレビ、電気洗濯機、電気冷蔵庫などだった。

経済成長の進展に伴って、その購入対象は自動車、住宅などの高額商品に移ってゆく。当然、庶民の収入の中に占めるローンの比重は重さを増してゆくことになる。

しかし、右肩あがりの成長と所得の増大が当たり前と思われていた時代には、ローンを抱えていることが生活の不安要因として意識されず、極めて楽天的だったといえる。まさに「今楽しんで、払いは後で」というライフスタイルが庶民生活に定着したのだ。

二〇〇一年の『国民生活白書』によれば、年収四百万から五百万の平均的世帯で住宅ローン返済が家計の中で占める負担率は、八九年では一一・八%だったが、九九年には一六・〇%と増えている。この負担率は住宅ローンだけの数字だが、他にもいくつかのローンを抱えていたり、給料カットやリストラにあったりすれば負担率は絶望的にまで重くのしかかってくる。

その重圧からの逃げ道に、さまざまな貸金業者が巧妙な落し穴を掘って待ち構えているわけだ。うっかりその穴に近づき、落ち込んだらまさに蟻地獄の恐怖を味わうのは目に見えているのだが、それでも犠牲者は後を絶たない。それというのも、高度成長下に日本人の身に染みた借金依存体質がなせる業なのだろう。

最近、ある学生と雑談をしていた時、とんでもない話を聞かされた。その学生は、競馬が好きで取ったり取られたりしているうちに、気がついたら一〇〇万を超える借金を抱えていたという。その借金をどうしたと聞いたら、あっけらかんと彼女に払ってもらいましたという。しかも彼女は困っている僕を助けられたのを喜んでいました、などとコメントしていた。

何の効果もないとは思ったが、「でも君も男なんだからその借金はちゃんと返せよ」などと忠告はしたのだが。この話を聞きながら、日本人の借金中毒は若い世代をここまで汚染してしまったのかと、暗然たる気持ちになった。

臨時国会では、増税問題がさかんに論議されている。要するに、国が抱え込んだ一〇〇〇兆円になんなんとする借金を、国民に将来どう負担させるかという議論にほかならない。『週刊文春』はかつて、一〇〇〇兆円の財政赤字とは納税者一人当たり五〇〇〇万円の負担になることを指摘した（二〇〇〇年一二月一四日）。また『週刊新潮』は、この負担を処理するためには二〇〇二年度に消費税を二五・五％に引き上げ、二〇〇一年には年金の支給のレベルを四〇％引下げなければならなくなる、とも予測していた。

先日、衆議院予算委員会で赤字財政の不安に関しての質問に、塩川正十郎財務相はこんな答弁をしていた。「たしかに国が抱えている国債は膨大でありますが、私はそれほど心配しておりません。というのは、国民の預貯金の金額は一四〇〇兆円もありますから……」。

この答弁を聞いて私はたまげた。これはまるで子供の貯金を当てにして、借金をしまくるダメおやじの言い分ではないか。テレビに映し出された塩川大臣の顔に一瞬、かの恋人に借金を押しつけた、男前の学生の顔がダブったような気がした。

ひたすら借金を忌避して生きてきた私すら、知らないうちに五〇〇〇万円の借金を国から背負わされているのだ。それ以上に、わずかな老後の蓄えまで、国はその借金返済の原資として計算に入れているという事実は、もっとショックだ。

借金生活がもたらす害毒は、個人からも国家からも自尊心を奪い、とめどもなく堕落の坂道を転げ落ちていくことを気づかせない点にある。

昔は履歴書の終わりに、一行、「金銭上の貸借関係なし」、と書き添えたものだが今はどうなっているのだろう。しかし、今の時代こそ、この一行の添え書きが重要な意味を持つのではないか。

# 48 人間関係の亀裂

毎年恒例のことながら、正月元旦の出来事でいささか気苦労な材料を提供するのは、ドサッと配達される「年賀状」だ。一枚一枚見てゆくのが、楽しみと同時に一抹の不安の種になる。

その不安の第一は、これまで毎年欠かさず届いていた人からの年賀状が見当たらないことだ。その人の年齢が私の歳に近いと、どうしても不吉なことを想像してしまう。さらに、昨年中に何か失礼なことを言ったり、したりして腹を立てているのではないか、気に病んでしまう。

第二は、年賀状の名前を見てこの人に、自分が年賀状を送ったかどうか確信が持てない、ということもある。この場合、ダブってもいいや、ということで改めて送ってしまう。

第三に、印刷した文面に一言、自筆の言葉を添えた方が良いのではないか、その言葉の内容は、などと考えるとけっこう気骨の折れる作業になってしまう。

たかが年賀状一枚に、私のようにあれこれこだわる人間はそれほど多くはないだろうが、これが年に一度の人間関係の再構築の機会だと思うと、あだやおろそかに扱えない気持ちにもなる。

しかし、こんな気苦労をしてまで、年賀状をやりとりする日本人は年々少なくなるようで、年末の新聞には今年の年賀はがきの印刷枚数が前年に比べ、一億枚近く少なくなると報じられていた。それとは対照的に、テレビでは携帯電話による年賀のメールや通話が殺到する大晦日から元旦にかけて、接続規制を二時間近く行なう予定、などと報じていた。

要するに時代の流れは、七面倒臭い年賀状で人間関係をつなぎ直すよりも、携帯でとりあえずメッセージを送る方向へ大きく流れを変えていくらしい。

昔、学生だった頃、大学で必修科目の「社会学概論」の講義を聴かされた。講義の冒頭では、「社会の本質とは何か」というテーマでさまざまな社会学者の説が紹介される。T・リットはそれを「視界の相互性」と規定した、G・ジンメルは「心的相互作用」であると定義した、M・ウェーバーは「思われた意味にしたがって、他者に志向された社会的行為」だと指摘している、など豊かな教授の学識を披露する言葉が次々と展開したものだった。

それをノートに書き留めながら、ぼんやりと何だか同じことを何遍も聞かされているのではないか、という気持ちがしたものだ。

要するに、社会とは好むと否とにかかわりなく、人間が生きていく上でお互いの存在を意識せざるをえない人間関係のネットワークを指しているらしい。それを、いろいろな学者が異なる言葉で表現しているにすぎないのではないか、そう思ったら何だかアホらしくなってきた。

後に自分も大学で「社会学概論」の講義をする立場になって、かつて習った通りの話をしながらもうひとつ納得できない気持ちが残った。それは、「人間、社会生活を続けていく上で、そうそう他人とのかかわり合いばかりを意識するものだろうか、またそういう生き方が健康なのかどうか」という疑問だった。

私のように、少年期を一貫して何かにつけ「天皇陛下の御為に生きる」ことを強制された教育を受けた世代にとって、その呪縛《じゅばく》から解放されたことは無上の喜びだった。

とはいえ、自分自身が社会学で飯を食うようになったら、表現に違いはあっても、皇民教育と同じような発想を学問の名の下に教え込んでいるのではないか、という後ろめたさから逃れられなかった。

個人が個人としての主体性に基づいて生き続けることを認め、その可能性を広げていく、これこそが社会の本質ではないか。こんな発想を社会心理学の助けも借りてより実証的に、講義の中で語りはじめることにした。

ところが、一九六〇年代半ばから七〇年代初めにかけて日本の大学ではいわゆる全共闘と呼ばれる学生運動の嵐が吹き荒れた。私が勤務していた大学は比較的穏やかな方だったが、それでも個人の主体性を中心に置く社会理論の講義は、マルクス主義に凝り固まった学生や教師からの猛烈な逆風にさらされた。

熱病に集団感染したような学生運動の高まりも、七二年の浅間山荘事件や連合赤軍事件の決着によってその熱は急速に冷え切ってゆく。おかげで私もビクビクしないで個人主義的社会論を話すことが出来るようになった。

しかし、八〇年代から社会福祉や環境問題などとの関連で、形を変えた社会的連帯の主張が台頭しはじめ、なんとなく個人主義の旗色が悪くなってきた。

『朝日新聞』が昨年暮れに、約三千人の有権者を対象として実施した国民意識調査の結果が、新年早々の紙面を飾った（二〇〇三年一月八日）。

「今の日本人に当てはまる性格」を尋ねた質問の結果で、比較的目立ったのは「人情味がある――五四％」、「協調性がある――四五％」であって、当てはまらないのは「自立心がある――六一％」、「独創性がある――六二％」などだった。

要するに、多少濃度は薄くなったものの日本人の多くは、依然として自分の本音を隠し、当たり障りのない他人とのつき合いを保っていく生活スタイルを基本としている、ということなのだろう。

私はかつて職場における小集団活動の研究会に参加し、研究リポートを執筆した際、その特徴を「納豆ゲマインシャフト」と呼んだことがあった。つまり、日本人が限られた少人数で仕事を続けていくと、仕事を離れた生活場面でもネバネバした人間関係の糸がまつわりつく状態を表現したつもりだった。

この粘着性の強い人間関係に耐えることが、サラリーマンとして欠かすことの出来ない適性とみなされた時代があったのだ。まさに「和をもって尊しとなす」原則が支配していた時代だった。個人主義者の集団と見られる大学も例外ではなく、納得のいかないつき合いを我慢させられることを、再三経験したものだ。

昨年、私にとって最大のニュースは作家の笹沢佐保氏が死去したことだった。ここ数年、私のひそかな楽しみはもっぱら、寝る前のひとときを、氏の代表作『木枯し紋次郎』を読んで過ごすことだった。光文社文庫全一五冊に収められた、この連載小説を飽きもしないで一度ならず、二度、三度と読み返したものだ。

「アッシにはかかわりのねえこってござんす」という名ぜりふに込められた徹底した関係性の拒否の姿勢が、「納豆ゲマインシャフト」の毒に対する解毒剤のようにも思えた。しかし、この関係性の拒否が、いかに厳しい生き方を人に強いるものかについても、笹沢文学は極めてリアルに描写して余すところがない。

『木枯し紋次郎』シリーズの第一作は、七一年に講談社から出版された。この連作と並行する形でフジテレビが七二年以降、連続テレビドラマとして放映しはじめ、一躍「紋次郎ブーム」が盛り上がりこの番組の視聴率も三〇％を超えたという（文庫に掲載された縄田一夫氏の解説による）。

ごく最近、この『紋次郎』シリーズのテレビドラマが、ＤＶＤ一〇枚一組として発売された。いささか贅沢ではと迷ったが、思い切って購入し、毎日のように楽しんで観ている。ただ、原作よりは甘口の脚色でいささか物足りない。大衆娯楽としてのテレビドラマでは、関係性拒否の紋次郎哲学の表現にはおのずから限界があったのだろう。

日本が高度成長の真っただ中をひた走りに走り続けることができた原動力は、まさに納豆ゲマインシャフトそのものの〈日本的経営〉を支えた七〇年代の企業戦士たちだった。

彼らの中には、心の中で何度も「アッシにはかかわりねえこってござんす」とつぶやいた者も少なからずいたに違いない。

そうすることで組織の毒を解毒し、あらたな活力を補充していたと推測される。

紋次郎ブームと年代的にもほぼ並行する形で、高度成長期の大衆的人気者になったのが、『フーテンの寅さん』だった(第一作は六九年である)。『寅さん』シリーズの何作目かに、その導入場面の夢の中で寅さんは長いようじをくわえた渡世人になる。

紋次郎も寅さんもともに〈渡世人〉だが、紋次郎は「かかわり合い」を拒否することに終始するのに対して、寅さんは陰に陽に「かかわり合い」を求め続けて拒否され、「そこが渡世人のつれぇところよ」と捨てぜりふを残し、師走の寒風に吹きさらされながらふるさとの柴又を去っていく。

寅さんブームの七〇年代、ある女子学生に「寅さんみたいな男と出会ったら、結婚する気になるかい」と聞いてみた。彼女は「なんとなくつき合っていれば、とても楽しいし便利なこともあるけれど、結婚は絶対考えません。だって定職がないでしょ」。

かつて日本人の多くが将来に希望を持って、ひたすら堅気の会社人間として働いていた時代、堅気のしがらみから弾きだされた渡世人の生き様はこの上なく魅力的であり、ロマンに満ちていた。

しかし今、思ってもいなかった状況の変化で、企業の〈人別帳〉から外れ心ならずも無宿渡世の道に追いやられるサラリーマンが激増している。換言すれば、木枯し紋次郎もフーテンの寅さんもロマンの対象ではなく、その厳しい生き方がにわかにわが身の現実となる可能性が高まったということだ。

また生きる気力も能力も持てないままに、親元に便々と寄生しつづけている、いわゆる「引きこもり」人口も一〇〇万人を突破しているとみられている（『Yomiuri Weekly』二〇〇三年一月五日―一二日号）。これもまた、現代の「有宿渡世人」ではないか。

社会の土台を支える人間関係の絆が、あちこちで切れ、もろくなりはじめている現実を、政治はどう補強し立て直そうとするのか。

# 49 「粋」の文化の再評価

今年（二〇〇三年）は徳川家康が江戸に幕府を開いて四百年目に当たる、ということで東京都が中心になって江戸文化を見直すさまざまなイベントが計画されているらしい。今さら江戸文化でもあるまい、という気持ちもするが、識者の間には真面目に「武士道」の復活を提唱する声も高いと聞く。

こんな突拍子もない意見が主張されるというのも、私たちが生活している今の時代は、社会がしっかりした文化的基盤を持たないままに方向性と安定性を失い、次々と不安材料を増産しているからだろう。

そこでいささかなりとも精神構造を補強し、社会の安定に役立つイデオロギーを探し求めれば、比較的近い過去にその機能を十二分に果たしていた「武士道」が注目されたというわけだ。しかし、〈武士〉という階層が存在しない今日、武士道を復活せよという提唱にはあまり説得力がない。

江戸開府四百年を契機として、もし江戸文化の再評価がなされるとしたら、今、最も見直されてしかるべきは「粋」の文化ではないか。なぜかといえば、現代の日本人は老若男女を問わず、あまりにも人間としての美意識が欠落し、そのことが日々寒々とした社会状況を展開することに繋がっているように思えてならないからだ。

「粋」を正面から哲学的思索の対象として論じた、たぶん唯一の文献として哲学者の九鬼周造著『〈いき〉の構造』（岩波書店、一九三〇）がある。この著作の冒頭、著者はその問題意識を次のように説明している。

「もし〈いき〉という語がわが国語にのみ存するものだとしたならば、〈いき〉は特殊の民族性を持った意味であることになる」。

この問題意識に基づいて、〈いき〉に近い意味を持った外国語があるかどうか、著者は持てる博識の限りをつくして調べあげる。その結果、フランス語のシック（chic）が、最も〈いき〉に近いと考えた。何よりもシックを日本語に翻訳する時、〈いき〉と訳されるのが一般的だからだ。

しかし、著者の理解する限り、シックには本来趣味の「巧妙」さ「上品」さを強調するニュアンスがあり、日本語の〈いき〉と部分的に重なるものはあっても同じ意味内容を持つとは言い難い。それはなぜか。ここで九鬼は、〈いき〉という言葉が意味する本質的内容を三つ指摘している。

第一に、それは異性に示す「媚態《びたい》」を意味している。つまり「いきごと」とは「いろごと」と切り離せない。だからシックの本質である「上品さ」とは必ずしも結びつかない。

第二に、〈いき〉とは「意気」であり、「意気地」でもある。それは「いなせ」「勇み肌」「伝法」などに共通する意地を表わす言葉だった。

第三に、〈いき〉には一種の「諦《あきら》め」が含まれている。物事に執着することなく、あっさり、すっきり、瀟洒《しょうしゃ》たる気持ちでいること、それが〈いき〉というものなのだ。

九鬼はこのように、〈いき〉の構造を「媚態」「意気地」「諦め」の三要素に集約し、次のように結論する。

「人間の運命に対して曇らざる眼をもち、魂の自由に向かって悩ましい憧憬を懐く民族ならずしては媚態をして〈いき〉の様態をとらしむることは出来ない。〈いき〉の核心的意味は、その構造がわが民族的存在の自己開示として把握されたときに、十全なる会得と理解とを得たのである」。

いかにも昔の哲学者らしい晦渋《かいじゅう》な説明だが、要するに言わんとしていることは、こういうことなのだろう。〈いき〉という観念は他の文化にない、日本固有のものだ。それは日本人の心に深く根づいた無常感と自由な心情とが、独自の行動様式として表現されたものと理解すべきなのだ、と。

私は、この九鬼の解釈は基本的には正しいと思う。ただ、そこには、かつての江戸っ子がなぜ〈いき〉にこだわり、それに人間美学を感じたのかについて、必ずしも十分な説明がなされているとは思えない。この点についての理解の鍵は、〈いき〉とは対照的な〈やぼ〉の使われ方にあると思う。〈やぼ〉は漢字で「野暮」と書かれるように、基本的には江戸の外にある農村地帯の生活様式を意味している。したがって、江戸っ子の意識には「野暮と化け物とは箱根より東には住まねえ」といった、優越感が巣くっていた。

このあたりの雰囲気は、数多くの落語作品の中で語られている。要するに、〈いき〉に生活できない〈やぼ〉な奴は、たとえ江戸で暮らしていても、江戸っ子の資格はないのだ。

〈やぼ〉な言動を慎まないと、江戸に住む資格はないといった意識は戦前の東京の庶民の間に、かなり色濃くあったように記憶している。

たとえば、私が子供の頃、夜更けに騒いだり大きな声で歌を歌ったりすると、父に強く叱られた。

「バカもん、ここは野中の一軒家じゃあないぞ。あたり構わずバカ騒ぎするのは、田舎もんのすることだ」。

叱った父はまぎれもない田舎生まれの人間だったが、田舎生まれだからこそ余計に〈やぼ〉を強く意識していたのだろうと思う。

フーテンの寅さんお馴染みのタンカバイ（口上売り）に、「四谷赤坂麹町、チャラチャラ流れるお茶の水、イキなねえちゃん立ちションベン……」という不思議な文句が出てくる。

イキなねえちゃんが立ちションベンなどするはずがない、という思い込みのすきをついて、今の東京でしゃれたファッションをまとっている女の子も、一皮むけば平気で立ちションベンするようなヤボな女さ、といった皮肉がこの文句に含まれているのではないか。つまり、この文句は江戸文化の終わりを告げる名文句とみたのは考えすぎか。

九鬼が〈いき〉の要素の一つに、「諦め」をあげているのは正しい指摘だと思うが、これを仏教的な悟りの境地と混同してはいけない。むしろ金銭に執着して平気で薄みっともないことをする人間を軽蔑し、許せないと考える江戸っ子独自の美学と理解すべきだろう。

それが「江戸っ子は宵越しの金はもたねえ」という有名なセリフとして残り、また「江戸っ子の出来損ないは金を溜め」という川柳にもなったわけだ。この気概が、金を稼ぐ仕事や、それに関連する義理などを、あえて「野暮用」と呼ばしめたと考えられる。

とはいえ、働かずに色事や賭事にばかり熱中している人間は、「遊野郎《ゆうやろう》」とか「遊び人」と呼んで〈いき〉とはみなさず、軽蔑の対象とされていた。〈いき〉にはまっとうな生き方はしても、ガツガツした生き方はしない、といった心意気がその中核にある。

一言でいえば、「やせ我慢」の精神が〈いき〉の心意気といえよう。この江戸っ子の生き方は、関西人からみれば「ええカッコしい」としか見られない。

とはいえ、これ見よがしに「ええカッコしい」をしている人間は〈いき〉ではなく、〈やぼ〉もしくは〈キザ〉とみなされる。

〈いき〉が粋であるためには、その挙措動作が「さりげなく」なされるという条件がつく。

『酢豆腐』という落語には、粋がった若旦那が登場する。本人は自分ほど粋な通人はいないと思い込んでいるが、町内の人間は常々嫌みったらしい奴とみている。そこで一計を案じて、腐った豆腐を用意し、それを若旦那に食べさせようとする。

「若旦那、あっしらにはこれが何だかわからねえが、若旦那は食通でいらっしゃるから、ぜひ教えていただきてえ」などとそそのかされると若旦那は、酸っぱい豆腐を、「これはまた珍なるものに出会いました。さっそく食させていただきやす」などといって、眼にツンとくるのをこらえて、一口食べる。すかさず、町内の者が若旦那にその呼び名を尋ねると、彼はむせ返りながら「これこそ酢豆腐という珍味でげす」と答える。この落語には、もっと食べさせようとする町内の人間に対して、若旦那が「酢豆腐は一口に限りやす」というオチがつく。

この落語が元になって、知ったかぶりをしたり、通ぶったり、要するに見え透いた〈いき〉を気どってみせる人間を東京人は「酢豆腐」と呼んでバカにしたものだが、今でも通用するかはわからない。〈いき〉の一言で、金銭に執着せず諸事万端にわたってさらりと生きる、乾いた人間美学を今の時代によみがえらせることに、何がしかの意味を見いだせるだろうか。〈いき〉の文化を見直そう、と呼びかけてもたぶんはかばかしい反響は期待できないに違いない。

しかし、われわれの周辺に止めどもなく増殖していく、外見においても心情においても薄汚い人間、騒々しいだけの文化、そして内なる抑止力を失った若者たちなどを見聞きするにつけ、〈いき〉の文化を再評価したくなる。

それはかつて日本の庶民が自発的に育てた人間美学であり、「自己開示」でもあった。その再評価に、現代日本の汚濁の進行を食い止める浄化機能を期待するのは、空論だろうか。

# 50 生存力の衰退

近ごろ、相次いで二つの奇妙な心中事件が起きて、世間の注目を集めた。最初の事件が起きたのは、埼玉県入間市のアパートの空き室だった。二六歳の男性と二四歳、二二歳の女性の計三名が、しちりん四個とアウトドア用のこんろ二個を持ち込み、部屋のガラス戸などのすき間をテープで密封して一酸化炭素中毒死を遂げた。

何よりも世間が驚いたのは、彼らがインターネットによる自殺志願者の募集に応じる形で知り合い、死を共にしたという事実だ。

この事件の首謀者である二六歳の男性は、失業後の職探しに疲れ自殺を思い立ったが、「一人で死ぬのは淋しい」と考え、ネット上で一緒に死んでくれる人間を募集したところ、数人の応募者が連絡してきたらしい。面接した結果、前記の女性二人が自殺仲間として選ばれ、願い通りに一緒に死んでくれたという次第だ。

この事件の二週間後、今度は三重県津市で車に乗った男女三人が、最初の事件とまったく同じ手法で自殺を遂げた。

この入間市と津市の心中事件よりやや前になるが、韓国の大邱《テグ》市の地下鉄で五〇歳代の失業男性が、車内に放火し大惨事を引き起こした。報道によれば、この男もまた「自分だけが不幸な目に遭って、一人で死ぬのは淋しいからできるだけ多くの人と死のうと思った」と、その動機を語ったという。

「死出の道連れがなければ、死ねない」という心理は心中事件に共通する強い動機だろう。この点で日韓両国においてほぼ同時期に発生した事件には共通性がある。

しかし韓国の事件の場合、犯人の男を除いて誰一人死にたいとは思っていなかったわけだから、これは明らかに身勝手な無理心中であり、巻き添え心中だ。だが、日本の若者たちが実行した二つの自殺事件は、明らかに無理心中ではない。

彼らはそれぞれが死を共にすることを望み、納得ずくで死んだ。しかもこの事件が極めて現代的であるのは、心中する相手をインターネットで募っているだけではなく、それに応募する若者が即座に現われるという現実だ。

この現象には心中という語感の持つ湿っぽさや、やるせなさとは無縁の、からっとした心情さえうかがわせる。いわば〈死の合コン〉とでも呼べそうな、乾いた雰囲気すら漂うのだ。

この事件を集中的に取り扱った『サンデー毎日』（二〇〇三年三月九日号）によれば、これまでネットの自殺サイトは五万件以上あったという。これらのサイトには、「生きてるの、つらい。誰かと一緒なら死ぬのも怖くないかもしれない」とか「生きてるって、すごい疲れる。死ねば疲れないですからね……自殺する僕をネットの動画で見せながら死んでいきたい」などのメッセージがあふれている、と指摘する。

そして今回のように、自殺志願者が連絡しあって同じ場所で心中するパターンが、やがてネット上で自殺という共通目的を確かめ合って、別々の場所で死ぬといったバーチャル心中が発生する可能性も否定できないという。

前出の津市で発生した心中事件で亡くなった北九州市のＯＬは、死ぬ四日前に恋人とデートしていた。そして次のような文面の手紙を彼に手渡していた。

「三年間、いろいろと有難う。幸せでした。いっぱいキスもエッチもしましたね……」（『週刊新潮』二〇〇三年三月二〇日号)。

死ぬ間際に気持ちを伝えたかった人間と、死を共にした人間とがまったく別人だという、この奇妙な行動は理解に苦しむものがある。

いわゆる「世話物」と呼ばれる歌舞伎、浄瑠璃などで馴染み深い日本人の伝統的な心中には共通のパターンがある。第一に、心中する者同志に濃厚な一体感が存在し、その行動が排他的であればあるほど、心情的に純粋とみなされる。

第二に、心中した後の来世について明確なイメージがあって、それが死の恐怖を幸福感に変える麻酔薬の機能を果たしている。いわば現世と決別して、心中の道を選ぶのは「往生」への出発と思われていた。民芸家の柳宗悦は、この「往生」について次のように解説する。「〈往生〉とはもとより〈往いて生きる〉意であるが、行くのは浄土であり、生まれるのは蓮台の上である。吾われが命の終わる時、この極楽世界に入るのをいうのである」(『南無阿弥陀仏』岩波文庫、一九八六)。

現代の心中は、このような古典的心中とはまったく異質の現象だ。報道されている内容に従えば、彼らに強い一体感をうかがわせる事実もないし、極楽往生への信仰や期待の片鱗も見えない。この点で彼らの心中は極めて即物的だ。この即物的で情緒性が欠落した死に方は、現代の若者に共通する特徴に思える。

以前、女子高生二人がマンションの屋上から投身自殺をした事件を取り上げたことがあった(本書36「失業問題の現代的背景」)。その一人が、遺書の中で「死ななければならない理由もないが、生きなければならない理由もない」と書き残していたのを、いま改めて意味深く思い出す。

現代の若者たちは生活力を失いつつあるだけでなく、「生存力」さえ急速に衰退しはじめているのではないだろうか。

戦時中、死ぬことを必然として強制されながら、なお一日一日をいとおしく生きた若者の心情を語って聞かせても、彼らはそれを悲劇と考えるよりはむしろ羨ましいと思うかもしれない。それほど今の若者の心に巣くった「生存空虚の感」は深く広いように見える。

その後も、山梨県上九一色村で同一パターンの心中事件が起き、かかわった男女四人は重体となった。またその翌日には、徳島と香川の県境にある山中で、若い男女三人が乗用車にカセットこんろを持ち込み自殺した。

これだけ連続して同種の事件が発生する以上、これは単なる偶発ではなく、ひょっとすると流行現象としてさらに広がりを増す可能性を予感させる。

現代の若者たちは、なぜ死に急ぐのだろうか。死に急ぐというよりはむしろ、早々に生きることに見切りをつけると言った方が正しいかもしれない。生死の境を楽に、確実に乗り越えられれば、ためらいもなく将来の人生を切り捨ててしまう、この思い切りの良さは何に原因しているのか。

先に引用した『サンデー毎日』の中で、ある若者が語った「生きるって、すごい疲れる」という言葉が、短いが若者の自殺志向の動機づけをよく表現している。

もし私が今二〇代の若者だったら、同じような実感を持つに違いない。長引く不況と就職難、就職しても不安定な将来、ささくれ立った人間関係、そして究極的にはこの日本という社会の将来展望の暗さ……。

これらの要因が重くのしかかっている状況の中で、なお七〇年以上も生き続けなければならないとしたら、これはもう絶望感にとらわれても不思議ではない。現代の若者にとっての最大の不幸は今の華やいだ生活が、突然暗転する危険性を多分にはらんでいることを、いやおうなしに予感させられている点にある。

要するに、今の若者たちは希望なき世代として人生の山坂を越えていかなければならない運命を、なんとなく感じているのではないか。

人間の生存力の源泉について、大脳生理学者の時実利彦は次のように説明している。

「大脳辺縁系は、いわば私たちの、精神と肉体のバックボーンであり、まさしく気力のわきいずる座でもある……しかし、対人関係のきびしさは、とかく、大脳辺縁系の活動を歪ませ、その活力を弱めさせがちである」(『脳の話』岩波新書、一九六二)。

最近の脳科学の研究成果によると、現代の青少年には感情や行動のコントロールと創造性に密接に関係する「前頭前野(前頭葉)」の活動が非常に低下している人間が増えている事実が判明した。

その有力な原因として、子供の時からなれ親しんでいるテレビゲームが疑われている。長い間テレビゲームで遊び続けていると、反射神経だけが発達して前頭葉がほとんど働かないことが、実験的にも確かめられた。つまり人間らしい考え方、感情の豊かさなどが知らず知らずのうちに失われてしまうらしい。

またテレビゲームに熱中することで対人関係が稀薄になり、人とのつき合いがいつまでたっても苦手、といった性格が出来上がる。

国産のテレビゲームが市場に出たのが七五年。以後その普及と機能の発達はすさまじい。その結果、脳が破壊されつつある青少年の増加が軽視できない現実となっている(「警告データ テレビゲームは子の脳を壊す」『Yomiuri Weekly』二〇〇二年五月一九日号)。

相次ぐ若者たちの集団自殺事件の背景には、戦後半世紀の間に日本社会が、〝増殖〟させながら、対策を怠ってきたさまざまな病弊が見え隠れしている。

# 51 準拠人

かつて若者の意識調査で、必ず質問項目に取り上げられたテーマの一つに、「あなたが尊敬する人物は誰ですか」というのがあった。また、ある時代までインテリ青年の居間に不可欠のアクセサリーとして、ベートーベンのデスマスクがつるされているのをよく目にしたものだ。中にはその下に、「悩みを突き抜けて、歓喜に至れ」というベートーベンの言葉を書いた紙などが張りつけてあった。

こういった自分なりの理想像を頭に描いて、人生につきものである挫折感や自己嫌悪の気持ちを乗り越えようとする若者の生き方は、このところほとんど見聞することがなくなった。

一九八〇年代の初めの頃、ある学生が憤慨してこんなことを話していたのを記憶している。

「教育学の教授が講義の時に、よくベートーベンを引き合いに出して、彼は聴覚を失うといった音楽家にとって致命的な状態にありながら、偉大な音楽を書き残した。君らも彼を見習って努力しろと説教するんです。ベートーベンのような天才と僕らのような凡人とを、同じレベルで論じられても現実的じゃないし、いい迷惑ですよ」。

この話を聞いて、私は「君の意見はもっともだが、世の中には〈棒ほど願って、針ほどかなう〉ということわざもある。ベートーベンは無理だとしても、理想はせいぜい高くもたないと、情けないことになるよ」などと月並みな意見を述べるだけだった。

さらに学生のこの言葉は、「少年よ大志を抱け」という長年続いた教育的「興奮剤」がもはやその効力を失ったことを、暗示するものでもあった。

ご多分にもれず、私も若かりし頃はフランスの作家ロマン・ロラン著の伝記『ベートーヴェンの生涯』(片山敏彦訳、岩波文庫、一九六五)を愛読し、その不屈の生き方を心の支えとしていた時期があった。その頃は「凡人が天才を見習っても意味がない」といった現代の若者のような現実感覚を持たなかったのが、不思議でならない。

イソップ物語には、カエルが牛を見て負けまいと、やたらと腹を膨らませた結果、ついに腹を破裂させてしまう話が出てくる。偉人・天才を手本としてその生き方と一体化しようとする凡人とは、このカエルと同じ愚を犯すことになりかねない。それでも、人は生きる上で何らかのあこがれの対象を探し、一体化することに心の支えを求めようとする。

社会心理学に「準拠人(reference person)」という概念がある。この概念は、「準拠集団」という概念から派生したものだ。以前、準拠集団について触れたこともあったが、もう一度その説明をしておく(本書9「準拠集団」)。

この集団は、人が自分の行動を決断したり自分を評価するに当たって意識する集団をいう。たとえば、結婚相手を選ぶ時にその学歴を気にするとか、自分がいま幸せかどうかを決める時に同級生たちを比較の対象とするなどの場合、その人間は準拠集団を持っていることになる。準拠集団が持っている、この規範的機能と比較的機能が、ある特定の人物によって影響されると、この人物が「準拠人」だ。

また精神分析学には「イマゴー(imago)」という概念もある。これは人間が持つ無意識の欲望＝リビドーが、特定の対象と一体化している状態をいう。たとえば、男の子が好きになる女の子として、無意識のうちに母親と似た子を選ぶ傾向があるとすれば、彼のイマゴーは母親なのだ。

準拠人にせよ、またイマゴーにせよ、それを意識に内面化している人間の方が、そうでない人間よりもそのパーソナリティは安定しているとみられている。ただし安定していることが、必ずしも好ましい結果に結びつくとは限らない。

青少年に、偉人・天才を準拠人として意識させる伝統的な教育手法が、彼らの拒否反応を招いたころ、企業の面接試験でもある傾向が目立つようになった。それは「君の尊敬する人物は」と質問すると、「自分の父親です」とか「私の母です」と答える者が大半だ、という現象だ。面接者からすれば、尊敬する人物を通して若者の努力目標を探ろうと考えたのだろうが、「自分の父母」では当たり前すぎて、手がかりにならない。そのせいか、最近ではこの手の質問は面接試験から消える傾向にあると聞く。要するに、何らかの事情で若者たちの内面から準拠人は消え、イマゴーだけが残ったらしい。

以上述べた傾向が果たして事実かどうか、手元にある調査資料に当たってみた。

『東京都青少年基本調査報告書』（一九九二年）によると、「そのような人になりたいと思う人」について「誰もいない」という回答が最も多く、八五年は四〇・五％、八八年は四二・五％、九一年は三三・四％、という比率になっている。次いでやはり「父親」「母親」が多く、両方とも二〇％そこそこの数値を示している。この数値は八五年から九一年まで、ほとんど変化していない。

これらのデータからわかることは、今の青少年の多くはその言動に影響する準拠人を意識していない。しかし、自分の将来像としてはとりあえず身近な父母がイメージされている、ということなのだろう。やや古いが「青少年の考え方に影響を与えるもの」は何かを調査した、青少年対策本部のデータがある。その結果によると、「テレビ・ラジオ」が最も強く、七〇年は三六・九％、八〇年は三八・一％となっている。マスメディアでも「新聞・雑誌」は七〇年の一九・七％が、八〇年には一八・七％へと、やや影響力を弱めている。

かつては圧倒的な影響力を青少年の考え方に及ぼしていた「単行本」は、七〇年が三・九％、八〇年は三・六％と見る影もない（総理府青少年対策本部『10年前との比較からみた現代の青少年』一九八一）。

準拠人を見つけるたしかなメニュー表として、一位にあげられるのはやはり活字メディアだろう。また映像メディアにしても、映画・演劇などにはそれに接する人間に生涯忘れられないインパクトを与える可能性もある。しかしテレビ・ラジオ、また新聞・雑誌などは、いわば日替わりメニューを提供するにすぎない。

それが良いとか悪いとかいう問題ではなく、これらのメディアはその本質的機能からいって、日々鮮度の良い情報を印象づければ事足りる。その日替わりメニュー的性格からしても、準拠人探しには最も不適なのだ。

これまで見てきたさまざまのデータは、現代の若者における「準拠人不在」の実態を浮き彫りにしているように見える。正しくは〈不在〉と言うよりは、〈不要〉もしくは〈拒否〉と言うべきかもしれない。戦後の日本社会は一貫して「無理しない生き方」を文化の基調とし、とうとうとして易きにつく方向へと動いてきた。この流れの中から、いつ、誰が言いだしたのか「等身大の生き方」という言葉（私が嫌いな言葉だが）が生まれ、流行《はや》るようになった。

こういう時代背景を意識してのことか、学校でも家庭でも若者たちを叱咤激励する光景は影を潜めていく。その結果、「この人を見よ」といった理想の準拠人も、青少年の意識に明確な映像としてピントを結ばなくなってしまった。変に肩ひじ張って生きていくよりは、無理なく等身大の生き方に安住する方がスマートで、何よりもストレスもたまらない。そんな考えの人間が、今や若い世代の主流になっている気配がある。こんな雰囲気の中で、フリーターや破滅型の借金依存症の若者たちが、ますますその数を増していく。それればかりではない。理想も、それに向かっての努力も忘れた若い世代の増加は、「日本沈没」の不安を加速することに繋がるのだ。

日本経済が迷い込んだ長いトンネルは、未だにその出口の明かりが見えてこない。この閉塞《へいそく》状況の中で、長い人生を送らなければならない若者たちの不安と陰うつは察するに余りある。だからといって、一時しのぎの気晴らしや、その日暮らしの生き方に埋没していても何ら問題は解決されない。最近、「うかうか三〇、きょろきょろ四〇」ということわざがあることを知った。このことわざには、まさに現代の若者にぴったりする警告が含まれているようだ。

荒れた海を航海する者ほど、頼りになる羅針盤が必要になる。かつて多くの若者たちが、壁面にベートーベンのデスマスクをつり下げ、日々それとにらめっこをして暮らしていたのは、何も大音楽家になろうと思っていたからではない。

むしろ彼のデスマスクから「悩みを突き抜けて、歓喜に至れ」というメッセージを受け止め、自らの弱さを克服する支えとしていたに違いない。ではどうすれば人生の羅針盤となる準拠人を、今の若者たちに意識させればいいのか。

彼らが少しはまともな本でも読んで、自ら発見してもらうことを期待したいが、たぶん無理だろう。だとすれば、やはり世の教師・親そして人生の先輩たちが、ヤボを承知で子供の頃から「この人を見よ」と語りかけるより、なす術がなさそうだ。

どこの国の独裁者も例外なく自らを国民の準拠人やイマゴーとするために、権力の限りを尽くして虚像をつくり、フィクションを浸透させようと試みる。

戦前、天皇を神格化して日本国民を強力にマインドコントロールし、支配・統制していた状況下でも、私たち中学生の間ではけっこう天皇報道そのものをジョークの対象としていたものだ。

たとえば、天皇が日本帝国大元師と呼ばれていたのに対抗して、「おれは月本帝国中元帥だ」と称していた同級生や、話の前に「おそれ多くも尊くも、もったいなくもかしこくも……」という修辞句をわざとらしくつけて笑いの種にしていた。要するに、権力の側に立った支配者の賛美は、それが重厚であればあるほど、民衆の側には滑稽に映るのだ。

今の若者に、人生の荒海を力強く乗りきる羅針盤ともなる準拠人が必要だ、という意見に反対する人はあまりないだろう。だからといって、何らかの権力による押しつけの形をとる限り、逆効果になりかねない。

# 52 SARSの影響

SARS（サーズ＝新型肺炎＝重症急性呼吸器症候群）の感染者は、中国本土を中心として日々その数を増し、いっこうに終息の気配は見せていない。

WHO（世界保健機関）の二〇日までの発表によれば、その感染者数は世界で七九一九人に達し、死亡者数は六六二人になった。また、『朝日新聞』（二〇〇三年五月六日）によると、死亡率は年齢層によって大きく変化し、二四歳以下では一％未満、二五歳―四四歳で六％程度だが、四五歳―六四歳は一五％に跳ね上がり、六五歳以上では実に五〇％以上と、死病の様相を濃くする。しかも、未だに重症患者に対する有効な治療法はない、とされている。

幸い、今のところ日本ではSARS感染者の存在は報告されていないが、この無風状態がいつまで保たれるか予断を許さないものがある。もし感染者が発生しその数を増していくようであれば、私の年齢からいって、まずあの世行きは間違いない。

感染者が世界で、すでに約六千万人に達しているとみられるエイズ（HIV）に比べれば、SARSの感染者の数など微々たるもので大騒ぎするほどのことはないと思える。しかし、その数をマスコミが連日報道するのは、SARS汚染の拡大が、世界経済への無視できないマイナス効果をもたらす可能性があるからだろう。

SARSの蔓延がもたらす影響は、ひょっとすると数字に表れる経済的損失にとどまらず、その被害を身を持って体験した人々の物の考え方も大きく変えてしまう可能性もあるのではないかと思う。

　人類がある時代に広範囲にわたって経験した災厄は、それと深くかかわった民族の基底意識にまで衝撃を与え、それ以後の文化や生活様式また社会制度まで一変させてしまうケースがあるのだ。その典型的な実例をヨーロッパ大陸を襲ったペストの流行に見ることができる。

　スイスの医学史学者E・シゲリストはその著書『文明と病気』（松藤元訳、岩波新書、一九七三）の中で、「ペストよりも西欧に深刻な影響をおよぼした流行病は確かにすくなかった」と指摘している。

　ヨーロッパの中世は五三二年のペストの流行（これは時のローマ皇帝の名前から〈ユスティニアヌスのペスト〉とよばれた）に始まり、一三四八年のペストに終わった、とみられている。とくに一三四八年のペストの流行はすさまじく、病人、死者の数は二五〇〇万から四〇〇〇万に上り、ヨーロッパ人口の四分の一から三分の一が失われたと推定されている。

　ペストの猛威は、中世ヨーロッパの社会秩序を根底から揺さぶった。第一に、農奴の労働に依存して富と権力を維持していた封建領主は、農奴の要求するままに大幅な自由を認め、彼らが独立自営農民化する道を開くことになった。

　第二に、中世の精神秩序を維持していた教会の権威が揺らぎ、プロテスタント運動の台頭、つまり一五世紀初頭に始まる宗教改革の口火を切る結果を招いた。それというのも、ペストの猛威に対して神父らの祈りはまったく無力であり、彼らもまたむなしく死なざるをえない運命を目の当たりにしたことによる。このことは、人と神との仲立ちを約束していた教会の権威に、民衆が強い疑いを抱いたことに原因した。

　第三に、ペスト菌の感染源がネズミであること、ネズミの大量発生は糞尿《ふんにょう》処理の放置や乱雑なゴミ処理などにあることが次第にわかってくると、ヨーロッパの都市では公衆衛生対策を積極的に推進する傾向が広まった、という。

要するに、ペストの蔓延という人類にとっての最大の災厄が、社会制度やイデオロギーの近代化を推進するという、皮肉な歴史的結果をもたらしたことになる。見方によっては、「災い転じて福」になったともいえよう。

同じ大災害の歴史でも、日本の場合はその原因と結果においてヨーロッパ社会とはまったく様相を異にしている。近世日本を頻繁に襲った全国的災害は、何といっても飢饉《ききん》だった。徳川時代の日本は、幕府の鎖国政策のせいもあって大規模な流行病の蔓延からは免れていたが、再三にわたる飢饉によって多数の餓死者を出す悲惨な歴史を経験している。

本来、熱帯性の植物である稲の栽培地が日本国内で年々拡大し、近世にはその北限を越えた地域にまで及んだことや、稲作に欠かせない水利の整備、病虫害対策などが不十分なままにひたすら米の増産が推進された。その結果、これらの無理がたたって、周期的に大凶作に見舞われることになる。

徳川時代の記録に残っている大凶作は五回ある。元禄八（一六九五）年、宝暦五（一七五五）年、天明三（一七八三）年、天保四（一八三三）年、慶応二（一八六六）年の五回がそれに当たるのだが、この他にも程度の差はあっても散発的な凶作は日本各地で発生していた。

とくにこの五回の飢饉が注目されたのは、大量の餓死者が発生し、そのことが封建体制を大きく揺さぶったからである（これらの歴史的分析は、荒川秀俊著『飢饉』教育社、一九七九年に詳しい）。

凶作の結果、飢餓状況に追い込まれた農民の実態を生々しく記録した文献として、南部藩の史学者横川良介による『飢餓考』がある（日本庶民生活史集成　第七巻、三一書房、一九六八年に収録）。

この文献の中には、飢餓に見舞われた農民たちが人肉を食った話がいくつか記録されている。とくに五戸の娘の話は印象的だ。この一四歳の娘は餓死した父親を家人が埋葬しようとしたところ、もったいないと、その死体を切り刻んで食べ尽くした。次いで母、兄弟らが次々に死ぬと、この娘はその死体をためらわずに食べた。

餓死者が続出する状態にあって、一人この娘だけは体力十分で、近隣の人たちに見境もなく食らいつくので、やがて鉄砲で射殺されたという。このほかにも、母親が自分の乳飲み子を殺して食べたり、僧侶が墓を暴いて死者を食べたりするなどの残酷物語が、これでもか、これでもかと語られている。

この文献には飢饉の惨状の記録だけでなく、それに封建体制がどう対応したかについても記述されている。一般的には藩の米蔵を開いて、領民に〈お助け米〉を放出する形をとる。その際、村役人によって村民の選別がなされ、ふだんから村の掟に従わないような行動をとっている農民は、〈お助け米〉の対象から排除された。

つまり村の異端者は死に追いやられ、村共同体と藩の秩序の締め直しが図られたのだ。

西欧社会におけるペストの大流行は、社会体制の近代化と、神と直面して自らを律する個人主義のモラルを育てた。これに対して、日本を襲った飢饉の大災害は封建体制の再強化に少なからず貢献した様子がうかがえる。それにも増して、今日まで連綿と受け継がれている、庶民の処世訓を残した。その内容は次のようなものだ。

第一に、長い人生の中では、大小の不幸や災難に見舞われることは避けられない。それを人様に助けられて、切り抜けられるかどうかは、普段の心がけ次第だ。だから、常日ごろから世間のつき合いを大事にしなければならない。

第二に、「長いものには巻かれろ」ということわざ通りに、偉い人に逆らって得することは一つもない。

尾を振る犬ほどかわいいと言うように、偉い人にはせいぜい尽くしておいて損はないのだ。

第三に、人間、一番大切なのは自分だと、誰もが本音では思っている。とはいえ、それをあからさまに表に出せば角が立つ。自分の本音を隠してうまく他人とつき合うのが、大人の知恵というものだ。

これらの処世訓はその発想において、「体制順応型のエゴイズム」といえるだろう。しかもそれは一種の文化的DNAとして、今でも日本人の深層心理に根づいている。

日本人は〈人道的配慮〉という言葉に弱いが、それは純粋なヒューマニズムの発露としての発想よりは、むしろ「そうすることが損か得か」という計算に基づいていることが少なくない。

ペストの流行という西欧の災害は、階層や権力の差を超えた無差別平等の災害であった。だからこそ、それは普遍的なヒューマニズムの観念を、文化的な遺産として残しえた。しかし大飢饉という日本的災害は、その不幸の程度に明らかな階層差があった。とくに商人の中には、飢饉を好機として一攫千金の巨利を得た者が少なからず存在したことは、史実に残っている。

SARSの感染がいつになったら終息するのか、また有効な治療法が見つかるのかどうかなど、現在のところまったく見通しは立っていない。まして過去の大災害がそうだったように、SARSの災害が後世の人類にどんな教訓を文化遺産として残すか、今のところ見当もつかない。

ただ、可能性として想定できるのは、「人混み」や「集会」を社会の活性化と見るイメージに陰りがでて、それをむしろ「汚染源」と見る傾向が台頭するかもしれない。そうなったら、さまざまな国内外の集会・行事・イベントなどは開催が困難になるばかりでなく、問題解決の手段として馴染んでいるあらゆる会議や討論の場も成り立たなくなるかもしれない。

もっとも、その流れが大教室主体の大学教育の改革や、若者の心理的汚染源となっている盛り場の衰退をもたらすとすれば、あながち悪いことばかりではない、という気持ちもするのだが。今マスコミが大騒ぎしているSARS騒動も、たぶん二、三ヵ月もすれば下火になって、いつの間にか人々の記憶から忘れ去られることになるかもしれない。

アルジェリアでペストの流行という想定で、人間を絶滅させる悪との闘いを寓意《ぐうい》的に描いたA・カミュの長編小説『ペスト』（宮崎嶺雄訳、新潮文庫、一九六九）は、次のような言葉で締めくくられている。

「ペスト菌は決して死ぬことも消滅することもないものであり、数十年の間……しんぼう強く待ちつづけていて、そしておそらくいつか、人間に不幸と教訓をもたらすために、ペストがふたたびその鼠どもを呼びさまし、どこかの幸福な都市に彼らを死なせに差向ける日が来るだろう……」。

SARSの終焉もまた、このカミュの言葉にみられるように、人間に前触れもなく突然に襲いかかる不条理な「死」についての教訓の始まりなのだ。今のところ、このウイルスの感染から無風状態に置かれているわが日本社会は、このままの状態で推移すればまことにめでたい話だ。

しかしSARSの猛威に見舞われた社会の現実に、まったく無関心ではいられない。そこには、見逃せない教訓があるはずだ。

# 53 学生ヤクザ

ここ二週間ほどの週刊誌の記事が集中的に取り上げている事件の一つに早稲田大学生らを中心メンバーとした集団レイプ事件がある。この事件が発覚し、五人の大学生が逮捕されたのは六月一九日だったが、その二日前の一七日には早大理工学部学生ら五人が「美人局《つつもたせ》犯罪」の容疑で逮捕された。また二二日には、近畿大学四年生が強姦と強盗の容疑で逮捕されている。似たような性犯罪が大学生を主犯として、こう立て続けに発生すると、今の大学生はもはや学生というよりは、学生証を持ったヤクザに限りなく近いのではないかと思えてくる。むしろ彼らをヤクザ呼ばわりすることも、ヤクザたちに失礼かもしれない。ヤクザには少なくとも、守らなければならない「仁義」が意識されているが、これらの学生ヤクザには仁義の片鱗もうかがうことができない。意識されているのは、法の網に引っかからずに金銭欲と性欲とを満たすための計算と小細工だけだ。『サンデー毎日』は、これら早大生の狂態を「都の性欲、早稲田の森に……」などと揶揄している（二〇〇三年七月一三日号）。

学生時代を含めれば、かれこれ五〇年も大学とかかわってきた私にしてみれば、何ともやりきれない大学生の変貌であり、堕落を嘆かざるをえない心境にある。もっとも大学生時代の最大の関心事が異性とのかかわり合いであることは、昔も今もさして変わりはない。私が大学生だった一九五〇年代、戦後の貧しい学生生活の中での主な楽しみは、煎り豆をかじり安酒を飲みながら、時間を忘れて友達と議論することだった。

初めのうちは、社会主義は人類の理想たりうるか、などといったテーマを熱く語っているが、いつとはなく話題の中心は、どうすれば女にもてるかといった現実的かつ一番切実なテーマへとシフトするのがお定まりのパターンだった。そうなると待ってましたとばかりに、その秘訣を語る友がいた。

彼の説くところでは、「一押し、二押し、三に押し、四、五がなくて、六に押し倒し」だという。この言葉を聞いていた別の友が、「一押し、二押し、三に押しまではわかるが、六に〝押し倒し〟はちょっとまずいんじゃないか。少なくとも、俺はそんな度胸はないな」とつぶやく。たわいもない話といえばそれまでだが、ありあまる性欲のはけ口を暴行に訴えることもままならず、もんもんとしていたこの時代の大学生気質を物語る一つのエピソードだった。

大学教師になると、当事者ではなく第三者の立場で大学生の男女関係の変化を眺めていくことになる。画期的な変化が訪れたのは、六八年に始まり全国の大学に波及した「全共闘運動」の高まりだった。この学生運動のエネルギーの源泉の一つは、「造反有理」のスローガンに集約されたように、大学の権威主義への抗議と抵抗に発している。

しかし表立って問題とされなかったが、もう一つのエネルギー源も強烈に影響していたのを見落とせない。それは、共に運動を闘う同志愛とフリーセックスを同時進行させる興奮と喜びをその内容としていたということだ。

全共闘にはさまざまなセクトが存在したが、それぞれの拠点の内部では、一種の乱交パーティが日常化していたと、学生から聞かされたこともあった。革命運動の興奮と性的興奮がミックスしたエネルギーは、大学生たちを突き動かし、七二年に日本赤軍の凄惨《せいさん》な同志総括（殺人）と「浅間山荘事件」で終息することになる。

この時期、「東大安田講堂立てこもり」に加わった学生から、その実態を聞く機会があった。彼の話では、

「夜になると、電気がつかないし本も読めないので、仲間との話にも飽きて早々と寝るしかないんです。しかし熟睡できる状態ではないので、途中で目が覚めてしまうと、暗闇のあちこちから例のあえぎ声が聞こえてくるのには閉口しました」という。「その時、君はどうした」などとヤボなことを言うのは控えた。

全共闘の時代を経過して、大学生の男女関係は一皮むけた感がした。それ以前の観念的なイメージが薄れ、より即物的で功利的なものへ大きく変化したといえる。いわば「空想から科学へ」と変貌したのだ。今回問題となった早大生の「スーパーフリー」なるサークル活動も、この変貌した大学生の男女関係が異常成長した結果と見ることもできる。

戦後日本の社会変動を示すさまざまな指標の中、見落とせないのは大学進学率の急増だろう。戦後間もない五五年の大学進学率は短大と合わせても一〇％そこそこだったのが、七六年のピーク時には三八・六％へと四倍近くまで増加する。この頃、冗談交じりに「石を投げれば大学生に当たる」とまで言われたものだ。この勢いはとどまることを知らず、九〇年代になっては五〇％前後を維持している（以上は、文部省『学校基本調査報告書　80年版』、『教育データランド94―95』時事通信社、などによる）。

これらの数値が明らかにしていることは、大学生はもはや同世代の若者の中で特別の存在ではなくなり、ましてや知的エリートでもなくなった、という点だろう。要するに、戦後社会の成熟過程の中で「象牙の塔」は「鉄道の駅」並みに大衆化したのだ。

大学は、大学生という名の乗客がある時期にどっと乗り込み、しばしの間は時間と空間を共有し、そしてその後は各人それぞれの駅に下車していく、そんな開かれた場としての色合を濃くしてきたと言えよう。「駅」としての大学と考えれば、痴漢が出てもえたいの知れない人間が紛れ込んでも、何の不思議もない。

とはいえ、今回のスーパーフリーなる学生サークルを舞台にした事件が、世間の注目を集めた背景にはわずかながらも、大学生、とくに早稲田大学という有名ブランドを背負った若者への信頼感が残っていたことを物語っている。この有名ブランドを巧妙に利用した手口にこそ、学生ヤクザの犯罪の本質があるようだ。

このサークルの設立は八二年。したがって二〇年を越える歴史を持っている。学生サークルとして、二〇年も有名大学が認知していたという事実は、それだけでその活動への信頼度を高める。

事件の主犯格とみられる学生（準強姦罪で起訴）が代表になったのが九五年で、この時期からイベントサークルとしての活動に弾みがつき、東京近辺では最も有名な存在になる。九九年、慶応大学出身のベンチャー企業家と組んで、二〇〇二年にはスーパーフリーを有限会社化し全国展開を図った。しかし、和田代表はあくまでも大学生として活動を仕切って、サークル活動の仮面を維持し続ける。スーフリのメンバー（社員）らは月収三〇万—七〇万円、和田代表に至っては年収一〇〇〇万円以上の収入を得ていたという。

これらの収益拡大の基本戦略は、その活動をあくまでも有名大学生たちとの、おしゃれで楽しい大規模な合コンパーティに仮装することにあった。このイメージにまんまと吸い寄せられ、餌食にされたのが都会慣れしてない女子大生たちだった。彼女たちは、大学入学ではじめて東京でのキャンパスライフを体験する機会を得た者がほとんどだった。

かねて持っていた、一流大学の男子学生との華やかなパーティを体験して、迫りくる悲劇に思いが及ばなかったとしても、不思議ではない（以上は、『週刊ポスト』二〇〇三年七月一一日号、『週刊文春』二〇〇三年七月三日・一七日号、『サンデー毎日』二〇〇三年七月一三日号など参照）。

「情報はその発生源から遠ざかるほど、誇張されたイメージをつくる」といった社会心理学の法則がある。スーパーフリーの犯罪は、ひょっとするとこの法則の巧みな応用だったかもしれない。

たまたま最近の新聞に、明治大学の学生が二二歳のＯＬに睡眠薬を飲ませ、強姦した容疑で逮捕された、という大きな記事が載っていた（『朝日新聞』二〇〇三年七月一六日）。

「またか……」と思うと同時に、大学生のヤクザ化現象に歯止めをかける何か有効な対策はないものかと、改めて考え込んだ。答えは「ノー」だろう。なぜかといえば、これらの腐敗・堕落現象は、〝大学の大衆化〟のとうとうたる流れと密接に関連しているからだ。

しかも二〇〇五年あたりから少子化の影響で、定員割れの大学が続出すると予想されている。つまり一部の大学を除いて、大学の門は限りなく広くなるわけだ。いわば切符を買わないで改札口を通り抜けられる、大学という名の〈駅〉が林立するわけだ。そんな大学に入学した若者が四年間、まともに勉学にいそしむ可能性は極めて低い。だとすれば逆に「小人閑居して不善をなす」可能性は限りなく高くなる。

一〇年ほど前に、佐賀市を訪れる機会があった。訪問先の近くに大隈記念館があったので、暇つぶしにのぞいてみた。興味深かったのは、早稲田大学の学帽の説明だった。その昔、東京の中学生は早稲田の学帽を〈座布団〉と呼んでいた。大学生の角帽の中でなぜ早稲田大学がひとり座布団を採用したか。記念館の説明は次のようなものだった。

「大隈侯は、この帽子をかぶっている限り、早稲田の学生はどこにいても一目でわかる。したがって早稲田の名を辱めない行動をとるはずだ、と考えられたのである」。

早大創設者の大隈重信は、大学生が角帽はおろか制服までもダサイと顧みなくなるとは思ってもみなかったに違いない。

今回の事件報道で気になったのは、記事の書き出しに必ず「有名大学の」とか「私学の雄の」といった形容詞がつくことだった。たしかにその大学名はひろく知られている。しかし日本語では「有名」の一言で表現されるが、英語では〈famous〉と〈notorious〉とは明確に区別される。

学生ヤクザ化現象に歯止めをかける秘策があるとすれば、どこかの勇気あるマスコミが「犯罪マップ」のアイデアに倣って、どの大学に犯罪学生がより多いか、という「犯罪偏差値」を公表すべきではないか。そうでないと、大学淘汰《とうた》の時代がやってきた時、「悪貨が良貨を駆逐する」といったグレシャムの法則が働きかねない。

作家の坂口安吾はその『堕落論』の中で言う。

「人は無限に堕ちきれるほど堅牢な精神にめぐまれていない。何物かカラクリにたよって落下をくいとめずにいられなくなるであろう」(角川文庫、一九五七)。

そうありたいものである。

# 54 親ばかとバカ親の境界

近ごろ折に触れてしみじみ感じさせられることが一つある。それは、今の時代「平凡に生きる」ことがいかに難しくなってきたか、という点だ。

「平凡に生きる」とは、あまり難しいことは考えないで、常識の範囲内で生活していれば平穏無事に人生が送れることを意味している。また大それた野心とは無縁の、実直な働き方を続けていければ、家族共々飢えず凍えず生活できる、という安心感に支えられている状態も意味している。

こんな変哲もない生き方が、今やえらく難しくなっているように思えるのは誤解だろうか。

思いつくままに「平凡な生き方」を脅かす実例をあげれば、何といっても長期の不況がもたらした雇用不安が定着したことが第一にあげられる。かつて日本は、先進諸国のなかでは群を抜いて雇用の安定を誇った国だった。

失業率の低さもさることながら、それ以上に「終身雇用制」「年功序列型の賃金制度」など、就職が人生設計に直結するたぐいまれな雇用システムを維持していた。このシステムゆえに、圧倒的多数の「平凡かつ実直」な勤労者が、非凡な国際競争力を発揮し得たのだ。ところが今やこの「平凡かつ実直」な勤労者が、例外なく企業への貢献能力の査定に脅え、リストラの不安にさらされている。いつの間にか「平凡な生き方」が許される人間とは、この日本では例外的な特権階級になってしまった。

平凡な生き方を難しくしているもう一つの要因は、信用システムの崩壊もしくは不安定化にある。現在はやや下火になったが、銀行のペイオフ（預金の払戻保証額を元本一〇〇〇万円とその利子までとする措置）の解禁問題が預金者の不安の火種となった時期があった。「あった」と過去形で表現するのは正しくなく、事態がやや先送りされたにすぎない。

かつては安心感の象徴でもあった「銀行預金」が、事と次第によっては大幅に減額される可能性が現代の常識になっている。減額されるのが嫌ならば、自己責任において健全経営の銀行を調べ、預金を移転するか分散せよ、などとPRされている。

企業診断の専門家すら難しい経営の健全性の判断を、平凡な庶民に押しつけ、それができなければ預金が失われてもそれはあなたが悪いのだから、あきらめなさいとはむごい話ではないか。

それればかりではない。最近、盗まれた預金通帳で預金全額が犯人に引きだされる事件も頻発している。こんな犯罪が可能になったのは、銀行窓口の職員が預金者の本人チェックを極めて杜撰《ずさん》な形で済ませてしまうからだとみられ、銀行の責任を追及する裁判が幾つも提訴されている。「石橋をたたいても渡らない」といわれた銀行員の慎重さも昔語りになってしまったらしい。

似たようなことは、地方自治体の窓口でも発生していて、見ず知らずの人間と知らないうちに養子縁組した形で、戸籍の改竄《かいざん》がなされてしまう事件も多発しているらしい。これも職員のチェックが甘いことに原因しているとみられている。

信用して当然と思われ続けてきた組織や職業人が、いつの間にかその常識を裏切って多大の損害をもたらすケースは、今や人ごとではなく、私たちのような平凡な庶民を脅かす身近な現実となっている。いわば、私たちは今、いやおうなしに「信用パニック」の渦に投げ込まれているのだ。

ちなみに、『朝日新聞』が本年の冒頭に行なった意識調査の結果によれば、「銀行」の信用度は一九八三年には八七％もあったのが、二〇〇三年には五一％まで低下している（二〇〇三年一月八日）。

ひと頃は退職のあいさつなどで、「顧みますれば、私の〇〇年にわたるサラリーマン生活はいわゆる「沈《ちん》香《こう》も焚《た》かず屁《へ》もひらず」といった、平々凡々たるものでありまして……」などと自嘲的に語られたものだが、やがてこんな言葉でサラリーマン人生を総括できる人物は羨望《せんぼう》の的になるに違いない。

平凡に過ごすことで、今何が一番難しいかといえば、それはたぶん子育てだろう。最近、小・中学生が相次いで犯罪の被害者と加害者になる事件が続発し、世の親たちに動揺が走った。

これらの事件について詳しい情報が明らかになるにつれ、現代の子育てが油断できない人事であることが見えてきた。東京都世田谷区で七月、市民たちの呼びかけで「長崎事件トークバトル」が開かれ、いま子育てに直面している二〇人の親たちが熱心に不安を語りあった。ある小学生の父親は、この不安を次のように述べている。

「うちの子も、いつ被害者になるか加害者になるかわからない。加害者になってしまったら、親としてどうしたらいいのか」。

また別の母親は、「（長崎事件の少年の親は）きっと自分たちとそう違わない育て方をしたんだろうと思う。だから不安になる」とも語っている（『朝日新聞』二〇〇三年八月九日）。

これらの発言は、今の親たちの大多数が心にため込んでいる不安を代表しているように見える。しかもこの事件に関連して、政府の青少年育成推進本部副本部長を務めている鴻池祥肇防災担当相が「（犯罪少年の）親なんか市中引き回しの上、打ち首にすればいいんだ」と発言したことは、親の責任を改めて厳しく問いかけるものとして、社会の注目を集めた。

マスコミはこの発言を時代錯誤の暴言として一斉に批判したが、反面、現行少年法の盲点と無責任な子育てにあぐらをかいている親たちへの警鐘として共感する声も少なくなかった。

今に始まったことではないが、このところ街中で見かける若者たちの言動や身なりのだらしなさは、目に余るものがある。そういった若者を見かけるとどうしても考えてしまうのは、彼らには親がいるのかとか、親たちはこんな不潔で不愉快な生物と同居して何とも感じないでいられるのか、ということだ。それが不思議でならない。

もちろん、世の親たちの多くはわが子の無残な変貌ぶりにあきれ、何とかしたいと焦りを覚えているに違いない、とは思う。しかし、最近、まだ二、三歳かとみえる幼児の髪を茶色や金色に染めて得々と連れ歩いている母親を少なからず街中で見かけるようになった。

別に深い考えがあってのことではなく、うちの○○ちゃんは金髪にしたらこんなにかわいいの、と見せびらかしたいだけのことなのだろう。それはペットの犬の衣装を取っ替え引っ替え着せ替えて散歩する飼い主の心理と、共通するものがある。犬は飼い主の虚栄心でスポイルされる恐れはないが、人間の子供はそうではない。

幼児の頃に植えつけられた、ゆがんだ目立とう心理は、成長に伴って歯止めの利かない自己流の「おしゃれ感覚」の深みへのめり込んで、それが犯罪者たちの好餌として狙われる危険性すらはらんでいる。

東京・赤坂のマンションに小六女児四人が監禁された事件をきっかけとして、今どきの小学女児のおそるべき生活実態が次々に明らかになった。『週刊文春』(二〇〇三年七月三一日号)の特集によれば、小学生女子が持っている化粧品はマニキュア(六三・一%)、口紅(二八・七%)、香水(二七・八%)などだという。また友達の間ではブランドもののファッションを軸にして序列化した関係ができている、とも報じられている。問題なのは、この早すぎる虚飾へののめり込みを助長するのが親だということである。

これはもう子供を溺愛する「親ばか」と呼ぶよりは、バカ親と呼ぶのがふさわしい。親ばかとバカ親とは、どこで一線を画することができるか。私の考えでは、親が自分の子を愛する心情に一点の『恥じらい』を意識できるか否かの違いだと思う。

歌人の若山牧水はこんな歌を詠んでいる。

貧しくて　もはやなさじと　おもひたる　四たり目の子を　抱けばかはゆき

この歌に込められた親の心情は、まさに純粋な親ばか意識そのものだろう。他人からみれば、自分が子供に注ぐ愛情が愚かで、よせばいいのにと見られていることはよくわかっている。しかし恥ずかしながら、そうせざるをえない子への愛情も理解してほしい、こんな親心こそ「親ばか」と言うにふさわしい。

「バカ親」の意識はこんな親ばかとは似て非なるものがある。第一にバカ親たちは、自分が子供にしていることについて、愚かとか恥ずかしいという自覚をほとんど持ち合わせない。したがって、他人からみれば理解に苦しむ手前勝手な愛情も、すべてわが子に良かれと考えてしたことだという思い込みが強い。

第二にバカ親は、自分の子育ての誤りを決して認めようとしない。たとえば教室や電車内などの公共の場で、自分の子が迷惑極まる行動をしても、それをたしなめ制止する気持ちすらもちあわせない。たまたま教師や他人から注意されると、「子供をのびのびと、明るく育てるのが我が家の教育方針なので……」などと反論する始末だ。

街中を徘徊《はいかい》する「人間のくず」としか形容しようがない若者の増殖、また少年犯罪のとどまるところの知れない低年齢化、これらの現象の背後にはバカ親の増加があることを推測させる。その増加を食い止める、何らかの対策を今、真剣に考える段階に差しかかっているのではないか。

この対策として、差し当たりいくつかの案が考えられる。第一の案としては、製造物責任法（ＰＬ法）の理念を、親子関係を律する基本法として立法化したらどうだろう。そうすれば、子育てにおける親の責任に目覚めるきっかけを親に与え、バカ親を減少させる効果が生まれるに違いない。

第二の案としては、少年法を改正して、刑事責任を問えない少年が犯した罪について、その少年が責任年齢に達するまで、親が刑期を代行するようにする。これもまた、親の育児責任の重さを自覚させる有効な方法だと思う。第三の案として、出産・育児に当たってはその適格性を審査し証明する、「親免許証」の取得を義務づけることなども考えられる。

この他にも「バカ親」減らしの対策はいくつも考えられようが、それが実現する可能性はほとんどないだろう。というのは、いま日本で優先課題とされているのは少子化対策であって、出生率に水を差すような対策を認めるわけがない。

要するに、日本人の質よりは量の方が大切、という時代になったのだ。

# 55 自尊心

五、六年前のことだ。私の演習を履修していたある学生がやってきて、「先生の演習の単位を落としたのですが、何とかなりませんか」と言う。調べてみたところ、その学生は一年間まったく出席していないことがわかった。

そこで、「演習は出席回数を単位認定の条件として重視することを、あらかじめ指示していた以上、君の出席状態では単位認定は絶対できない」と告げた。するとその学生は、「自分は今在籍八年目で、今年卒業しないと退学になるんです。だからどうしても、必修科目である先生の演習の単位が必要なんです」などと身勝手なことを言う。

私が、「そんな重要な演習を、なぜサボリ続けたのか」と反論したところ、何やら訳のわからない事情を言って、くどくど弁解し続けた。いささか腹立たしくなり、「何と言おうと単位認定の闇取引きはできん」と突っぱねたところ、その学生はいきなり土下座し、床に頭をすりつけ「お願いします」を連発しはじめた。これには、うんざりさせられた。

その後もこの学生は、私の顔を見かけると廊下だろうと教室だろうと、人目もはばからずに土下座と懇願を繰り返す始末だった。ある時、たまりかねてその学生にこう言った。

「君が何百回土下座をしようが、絶対単位を出さないから無駄な努力はやめるがいい。何よりも、そんなことをしている自分をみじめに思わないのか。人間、自尊心をなくしたらおしまいだぞ」。

この一言が効いたのか、以後、この学生につきまとわれることはなくなった。

こういう経験をしてから、さまざまな場面を注目していると、どうも近頃の日本人は安直に土下座することが多くなっているのではないか、と思えてならない。

たとえば、選挙運動が始まると候補者夫婦が揃って選挙民の前で土下座する光景もあまり珍しくはなくなってきた。万引きを見つかった主婦が、店長に向かって土下座し、ひたすら家族・警察への通報を勘弁してもらおうとする場面も、すっかりテレビでお馴染みになった。

「土下座をすることで得るものを考えれば、それによって失った自尊心など屁のようなもんだ……」。そんな発想がありありと見えて、何か寒々とした気分になるのは私だけだろうか。

つい最近、話題になった出来事に、日本道路公団の藤井治芳総裁の解任騒動がある。石原伸晃国土交通相は、今月五日（二〇〇三年一〇月五日）、藤井総裁と五時間にわたって会談し、辞任についての了解を得たと考え、翌六日に辞表を提出するよう指示した。

ところが六日になって、藤井総裁はにわかに辞任拒否の姿勢を固め石原大臣を慌てさせた。その姿勢を改める気配がないことが明白になった結果、石原国交相は公団法一三条二項による解任手続きをとらざるをえなくなった（『朝日新聞』二〇〇三年一〇月九日夕刊）。

興味深いのは、藤井総裁の抵抗姿勢だ。彼は、解任されても裁判に訴えてその不当性を徹底的に争う腹を固めている、とも聞く。それ以上に、われわれ庶民にとって理解に苦しむのは、解任されることで二六〇〇万円もの退職金がフイになるという、なんとももったいない話だ。それればかりでなく、もし裁判で争い続けるということにでもなれば、その費用もばかにならない。

藤井総裁はテレビの取材に対し「私は薩摩の出身だから、西郷さん同様、地位に恋々とはしない」と語っていた（蛇足ながら、テレビ画面に流れた字幕では「恋々」とするところを「連綿」と表記する局が目立った。日本人の国語力の低下を物語る一例か）。

もし彼が語ったように、「地位に恋々としない」ばかりでなく、巨額の経済損失も覚悟の上で権力に抵抗する動機は奈辺《なへん》にありや、と不思議でならない。私のように古い人間は、こういう頑固な姿勢に接すると単純に感動してしまう。そして『孟子』の一節、「自ら反《かえ》りみて縮《なお》くんば、千万人といえども吾往《われゆ》かん」なる文句まで思い出してしまう。

しかし、この総裁解任騒動の裏には、以外に単純な人間心理のもつれが原因した可能性も考えられる。それを一言でいえば「自尊心の反乱」だろう。その時、総裁の心中に何がうごめいたか。以下、勝手な推測をしてみたい。

第一に、藤井総裁の意識の中核には異常に肥大化した自尊心が巣くっていて、辞任を迫る石原国交相の態度にカチンとくるものがあったのではないか。報道されている藤井総裁のキャリアをみればわかるように、彼は東大工学部・大学院の学歴を背景として建設省（現国土交通省）に入省、以後出世街道をまっしぐらに駆け抜けて事務次官にまで上りつめ、その後、道路公団総裁に天下ったという絵に書いたようなエリート官僚だった。

加えて、旧薩摩藩領というその出自が、その自尊の感情を何倍にも増幅した可能性も十分考えられる。「何一つ総裁として非難されるようなミスも犯していないのに、たいした能力も業績もない若僧が辞任を迫ったからといって、「ハイそうですか」と受け入れられるか。俺を何だと思っているんだ」。

そのとき彼の脳裏を、征韓論に敗れ、郷里鹿児島へ去った西郷隆盛のイメージがかすめたかもしれない。

第二に、親子二代にわたる道路建設のエリート官僚としての強烈な自負心があって、道路公団総裁という地位はこの自負心を支える最後の牙城だったと思われる。

その牙城を「石もて追われる」ごとく明け渡しを迫られるならば、城を枕に討ち死にする覚悟で「構造改革勢」に一泡吹かせてやるか。そんな高揚した気分にとらわれたのかもしれない。まさに「窮鼠《きゅうそ》猫を噛《か》む」の図だ。

人間の自尊心を軽く見る強者の態度が、思いもかけない結果を招くケースは少なくない。司馬遼太郎の『峠』という小説は、越後長岡藩の家老河井継之助の生きざまを描いた名作だ。

この作品の中で、官軍の軍監の地位にあった岩村精一郎という二四歳の若者が、河井に尊大な態度で接したことが、官軍側最大の苦戦を招いた北越戦争の引き金となった経緯が鮮やかに描写されている。

そこには今回の石原国交相と藤井総裁の確執と驚くほど似通った構図が見られる。「一寸の虫にも五分の魂」といわれるように、人間、誰しも何がしかの自尊心を持ち、対人関係の中で意識すると否とにかかわりなく、それを傷つけあう危険性を持って生きている。しかも自尊心をどれだけ傷つけたら、どんな行動に出るか――今どきの言葉を使えば、どんな「キレ方」をするか――、予測するのは難しい。

アメリカの心理学者C・ロジャースは、心理カウンセリングと人格変容に関する基礎理論を確立した学者として知られているが、彼は人間の自我像は三つの部分で成り立っていると考えた。

それは、（1）自分が意識している自分と他人に見えている自分とが一致している部分（2）自分が意識していている自分を他人はそう見てくれないと感じている部分（3）自分は意識していないが他人がそう見ている部分。以上の三つである。

このうち、（1）の領域が大きく安定しているほど、その人間は調和のとれた性格で、社会的適応性も豊かだ。

しかし社会生活を送っている大部分の人間は、何の苦労もなしにそんな性格を育てたわけではない。多くの場合、対人関係の中で他人から見た性格上の欠点を意識させられ、それを改めるような圧力を加えられたあげく、(3)の部分を(1)の部分へ取り込まざるをえなくなる。それは決して簡単ではない。「お前の悪いところはこういうところだ。それを改めないとお前の将来は暗いぞ」などと指摘されて「ハイそうですか。改めます」と心から認め従う人間はまれだ。いわゆる「面従腹背」という態度で、表面的には受け入れても腹の底では、「何言ってやがる」と我慢しているのが普通だ。

この他人の働きかけに反発してひそかに抵抗する心理を、ロジャースは「防衛機制」と呼んだ。この心理をいかにやわらげ、自発的に(3)を(1)へ取り込ませるかが、カウンセラーの腕の見せどころ、と彼は考えたのだ(前掲『ロージアズ選書　精神療法』)。

これまでいろいろの角度から眺めてきた自尊心の問題も、心理学的には人間がひそかに心の中に張り巡らしている防衛機制であると見ることができる。それが二重三重の防衛ラインを構成し容易に突破できない時、人は「頑固者」と呼ぶ。またこの防衛ラインを突破される痛みと不安におびえ、ひたすら(2)の自分だけに安住しようと、心理的・物理的な防衛ラインを固めている人間がいわゆる「引きこもり」と呼ばれる若者たちだと言えよう。今、日本が抱えている問題の一つは「頑固者」が激減し、ひろい意味での「引きこもり」が逆に異常繁殖しはじめている点にある。

藤井総裁の肩を持つ義理など毛頭もないし、いささか買いかぶりすぎた気味もある。しかし現代の日本人が「自尊心」という最低限の防衛機制も葬って、出たとこ勝負のその日暮らしに明け暮れ、追い詰められれば「土下座」で逃げようとする姿を眼にすると、この頑固一徹な老人が、何やら貴重な存在に思われてならない。

# 56 虚像と実像

警視庁公安部は、断絶した皇族「有栖川宮《ありすがわのみや》殿下」を自称する北野康行とその妃殿下を名乗る坂本晴美、イベント会社役員楠信也の三容疑者を詐欺容疑で逮捕した。この事件は華やかな「宮家結婚披露パーティ」を舞台として仕組まれた事件ということもあり、マスコミ、とくにテレビ各局は競ってさまざまな映像を流し続けた。

詐欺事件としてその手口を見聞すれば、はなはだ幼稚というか、お粗末な手口であって、よくも四〇〇人近くの大人がだまされたものだとあきれる。また、だました方も参会者から約一二〇〇万円（一三五〇万円という見方もある）のご祝儀を集めながら、残金は八四万円程度で、この金は坂本晴美が受けとった。ところが、晴美「妃殿下」は少なすぎることに腹を立て、楠容疑者に祝儀を横領されたと東京・万世橋署に駆け込んだことから、この事件は一気に明るみに出て、関係者の逮捕に至ったらしい。どう見てもプロの詐欺師の仕事とは見えないお粗末な一幕だった（『サンデー毎日』二〇〇三年一一月九日号）。

問題は、参会者のほとんどすべてがニセ宮家を疑いもせず、招待されたことに感動し、自らの社会的地位が高まったような錯覚にとらわれた点だ。

ある地方名士の一人は、テレビ画面の中で「招待状を頂いた時、私も皇族の方とお近づきになれる身分になったことに感激した」と語っていた。そして、この感激を指定されていた三万円のご祝儀で済ますわけにはいかないと考え、一〇万円包んでいったという。

この地方名士に限らず、招待状を送られた三八八人の出席者のほとんどが同様の感激を共有していたらしいことが、テレビの画面を通じても推測された。

この荒唐無稽《むけい》な茶番劇を仕組んだ人間について、唯一感心した点があるとすれば、ニセ有栖川宮殿下の役を、北野容疑者に演じさせたことだ。テレビに映し出された風貌を見る限り、宮様を演じさせるのにこの男ほどふさわしい雰囲気を持った人物はそうザラにはいまいと、感じ入った次第だ。

それというのも私は青春の一時期、妙な巡り合わせで「やんごとなき御曹司」の集う学校に籍を置いたことがあったからだ。至近距離から彼らを観察し、つき合っているうちに、彼らにはある種の共通点があることに気づいた。

まず彼らの表情に共通するのは、良く言えば「おっとりとした」悪く言えば「まのびした」表情だった。また、こういった表情にふさわしく、コミュニケーションの面でも総じて消極的で、自分から進んで話しかけたり、意見を主張することはめったになかった。私たち庶民と違って、何代にもわたってあくせくと生活に追われることもなく、また余計なことを口走らずとも周りの人間が謹んで最大の敬意とサービスを提供してくれる生活に慣れていると、おのずからこういった人間に仕上がるのだろうと、改めて感心したものだ。

北野「殿下」の表情やその挙措動作は、まさにこの「やんごとなき御曹司」の雰囲気をにおわせるものだった。対照的に晴美「妃殿下」の方は、紛れもなく庶民性丸出し――いわゆる、お里の知れる――挙措動作で、これは致し方ないところだろう。

ところで、北野なる人物がなぜかくも見事に「宮様」に化けることが出来たのか。そのからくりを示唆する興味深い記事が『週刊新潮』(二〇〇三年一一月六日号)に掲載されている。同誌によれば、彼は京都の貧しい青果商に生まれ、赤貧洗うがごとき少年時代を送った。さらに北野少年は吃音《きつおん》がひどく話が上手にできないことから同級生にいじめられ、よく泣いて学校から帰ってきた、と母親はこの時期の記憶を語っている。

中学卒業後は職を転々とし、まともな生活をすることもなく年をとっていく。このような浮草稼業を送るうち、二〇歳過ぎのある時期、東本願寺の寺男の仕事をしたことが彼の人生観を決定づけた。彼の知人によれば、東本願寺で働くうちに皇族のことを知り、働かなくとも世間の人が尊敬してくれる生活に憧れを持つようになったらしい。そして嵐山の方の、宮家と縁のあるお寺へ日参し、皇族に関する知識を熱心に学習していたという。

その成果が、自らを「高松宮のご落胤《らくいん》」に仕立て、「有栖川識仁」なる尊称を名乗り、宮家らしき虚像に磨きをかける人生を送ることになる。その努力の甲斐があったのか、マルチ商法企業の広告塔を務め、一時期は月一〇〇万円ほどの顧問料をもらっていたらしい。彼の「誠らしき嘘」の人生が、円熟の境地に差しかかったまさにその時期に、今回の事件が発生したわけだ。

テレビの報ずるところによれば、この男を宮家らしく見せた最大のポイントは、何時間でも話さないでいることが可能だった点にあるという。少年期の吃音に原因していたと思われる、コミュニケーション能力の低さが予期しない効果を生んだということにもなろうか。

それにしても、世の中にはなぜ「宮家」という名称がついているだけで、コロッとだまされてしまう人間がかくも多いのだろうか。

社会心理学者のハイマンは、「ある人が自分の地位について考える時、いつも自分がかかわり合っている他人を考慮している」と指摘する（H.H.Hyman, *The Psychology of Status*.1942. 前掲『地位の心理学』）。この指摘にしたがえば、人は自分がかかわり合っている、もしくはかかわり合ったことのある人間の地位が高いほど自分を偉いと思う傾向がある、ということだ。

今回のニセ有栖川宮事件で、出席者から一万円をとって殿下との記念写真を撮らせたということは、誰が考えたアイデアなのか知らないが、誠に心憎いハイマンの法則の活用だ。口先だけで宮様と知り合いだといっても、人はなかなか信用してくれないが、一緒に写っている写真を見せれば文句なく信じてもらえ、鼻高くなるというものだ。もっとも、かかわり合いを自慢する対象は何も皇族に限られるものではない。いわゆる「有名人」であれば、たとえ犯罪者であっても、ひとときの関心を呼ぶに違いない。

産業社会が成熟すると、「何を知っているか（What knows）」よりも「誰を知っているか（Who knows）」の方が重視される、という見方がある。

それというのも、産業社会が発達すると教育水準が高くなり平均化するので、組織の運営に必要な知識人の需要を満たすのに不自由しないが、組織が生産する商品の販路拡大に役立つ人脈が貴重になってくる。要するに、誰が誰と知り合いでビジネス上の話ができるか、また有名人に認知してもらうことが企業の社会的信用を高めるとか、多様な人的ネットワークが企業利益を左右する重要な機能を持ってくる、というわけだ。

実質的な利益につながらなくとも、皆同じような生活をし、社会的評価を受けている大衆社会で、他人に「差」をつける関係性を誇示できれば、いわく言い難い快感を味わうことにもなるだろう。こういった大衆心理こそ、今回のバカげた詐欺事件が発生する土壌なのだ。

文化人類学者のリントンは、社会的地位には基本的には二種類あって、一つは「生まれながらに決められた地位」だ。性・年齢・家柄などの違いによって異なった社会的評価が与えられる地位がこれに当たる。

もう一つは「達成された地位」だ。人の業績や才能についての社会的評価に基づいて認められている地位のことをいう。リントンの指摘によれば、社会の近代化が進むほど「生まれながらの地位」よりも、「達成された地位」が評価され「生まれながらの地位」へのこだわりや関心は低下するという（R.Linton, *The Study* *of Man.*1936)。

もしリントンの指摘が正しければ、今回のような珍事件が発生すべくもないはずだが、現実は社会の耳目をそば立たせる事件になってしまった。これは日本の近代化が未だしということなのか、それとも別の要因が日本人の意識に根強く残存していることを証明しているのか。そのいずれとも断定し難い。

先に紹介した『サンデー毎日』の記事は次のような言葉で締めくくられている。

「とんだ茶番劇に三百人を超える人士が集まったことは、図らずも〈権威〉に弱い国民性を改めて露呈したとも言えそうだ」。

その言や良し、と言いたいところだが、虚構の権威づけや敬称の乱発にマスコミが一枚も二枚もかんでいることを忘れてもらっては困る。昔、旧制高校の受験勉強をしていた時、英作文の参考書にこんな例題があった。

「先祖を自慢したがる人間はじゃがいもに似ている。最も価値のあるものは土の下にある」。

受験勉強とは無縁になった後々までも、この例題を思い出す機会に少なからず出あっている。ニセ宮家事件もまた「じゃがいも」をマツタケと錯覚したがる人間の、笑えない喜劇ということになろうか。

# 57 革新政党の衰退

年末の恒例行事だが、日本のメディアは一年を総括する企画を展開することに奔走している。私なりにこの一年を総括してみると、やはり「政変」という言葉が浮かんでくる。

しかし「政変」といっても、衆院選によって政権が交代したわけでもないし、小泉内閣の政策が転換したわけでもない。自公連立政権はその議席数において、絶対安定多数を確保した。

要するに、大騒ぎして総選挙をやった割には、「すべて世は事もなし」という結果に落ち着いたと見られても仕方ない。

とはいえ、まったく政変の兆しが見られなかったかといえば、そうとも言えない興味深い事実が選挙結果に現われているのを注目したい。まず、今回の選挙で各党の議席数がどう変わったか、概観してみよう。

「自民」二四七→二三七、「民主」一三七→一七七、「公明」三一→三四、「共産」二〇→九、「社民」一八→六、「保守新」九→四。

以上の結果を一見してわかることは、第一に「マニフェスト選挙」を提唱し、政権交代を訴えて戦った民主党の躍進だろう。自民との議席数の開きは未だに六〇もあるが、比例代表選出の議員数は自民の六九を上回る七二に達し、次の総選挙に期待を持たせる結果になっている。民主党の今回の選挙結果を一言でいえば、「めでたさも中ぐらいなりおらが春」というところか。

第二に、共産・社民のいわゆる革新政党の惨敗が目立つ。共産党は議席数を半減したばかりでなく、小選挙区での当選者はゼロになってしまった。この党の体質からすれば、これを敗北とは認めず、「比例区で九人当選したことは、依然として党に対する国民の支持が高いことを示すものだ」などと強弁するだろう。同党に輪をかけて惨めな結果になったのが社民党だ。解散前の議席数の三分の一にすぎない六議席にとどまる結果に終わったのは、もはや選挙戦の勝敗をうんぬんするレベルではなく、党の存続すら危ぶまれる。しかも土井たか子党首（元社民党党首）自身、小選挙区で落選、比例代表でどうにか復活したというありさまである。

共に護憲の旗印を高く掲げて選挙戦を戦った共産・社民両党が、見るも無残な結果に終わったことは、革新政党の在り方に改めて深刻な疑問が投げかけられたと見てもよい。憲法の規定によれば、改憲の発議を食い止めるために必要な議席数は最低全議席数の三分の一以上、つまり一六〇以上が必要だ。共産・社民両党合わせて一五議席で改憲を阻止するとなれば、それこそ「屁の突っ張り」にもなるまい。

たぶん、社民党は民主党に吸収され解党の道をたどることになるのだろう。民主党にはかなりの数の旧社会党員が「隠れキリシタン」のように残っているから、吸収されてもそれほど居心地は悪くないはずだ。

共産党は残念ながら引き受け手がないままに、政界の孤児としてこれまで通り毒にも薬にもならない政治活動をしていくことになるのだろう。ちょうどパンチ力のないボクサーがジャブを打つだけで、試合終了のゴングが鳴るのを待つように。

それにしても戦後政治の流れの中で、かつては自民党と政治勢力を二分していた革新政党が、なぜ凋落《ちょうらく》の一途をたどることになったのだろう。

その大きな理由としては、資本主義が成熟するにつれて資本家対労働者という対立の図式が見えにくくなって、階級闘争からエネルギーの供給を得ていた革新政党が活力を減殺したことが指摘される。

これほど不況が長きにわたり、雇用不安が深刻になっているのに、ストライキ報道を眼にすることはまったくない。それというのも、ストライキという古典的な手法が現代の労働問題の解決手段としての実効性を失ってしまったからだろう。革新政党がこの古典的な労働問題の解決手段に代わる、有効な手段を新たに示せないままにむなしい政権批判を繰り返すにとどまっている限り、支持者から見放されても当然だろう。

革新政党凋落のもう一つの大きな原因は、この政党が大なり少なり理論的よりどころにしていたマルクス＝レーニン主義が、経済政策としてもイデオロギーとしても完全に自己破産したことによる。「ベルリンの壁の崩壊」に象徴された、共産主義体制の全面崩壊はそれがいかに非現実的な幻想であるかを証明する、壮大な社会的実験だった。

この事実は、いわゆる進歩的文化人のみならず進歩的政党に大きな衝撃となった。彼らは常用していたコンタクトレンズを落とした人間のように、狼狽《ろうばい》し、ぼやけた視力で生活することを余儀なくさせられる。そして、とりあえず代わりのレンズを日本国憲法に求めたのが、共産党であり社民党だった。護憲という名のコンタクトレンズに執着し続けることによって、これらの革新政党は意識すると否とにかかわらず、保守政党に変貌してしまった。民主党のように、「改憲ではなく創憲を目指す」という主張でも打ち出せばまだ救いがあっただろうに。

いま一つ革新政党凋落の原因を探れば、これらの政党が戦後政治の流れの中で何ら見るべき政治上の実績を残すことなく、わずかな議席数の確保に甘んじてきたことが指摘できる。それでも、共産党は全選挙区に候補者を立て、地方議会選挙や首長選挙でも律儀に候補者を立てているから、まだ良心的と評価できる。社民党にはこういった愚直なまでの政治姿勢はまったく見られなかった。

一九九四年、自民党の老獪《ろうかい》な政治手法に乗せられ、村山富市氏を首相とする自民、社会、さきがけの三党連立政権が実現した。しかし社会党が年来一貫して主張し続けてきた政策を何一つ実現することなく、代わりに「自衛隊合憲」「日米安保承認」そして「消費税増税」など党として反対し続けてきた政策をすべて承認してしまった。社会党に期待し支持してきた国民にしてみれば、「パンを求めて石を与えられた」ことになったのだ。

今回の総選挙に当たって、各党党首に目標とする獲得議席数を問うテレビ番組があった。その時の土井社民党前党首は、「法案提出権が認められる二一議席を、最低でも確保したい」などと答えていた。私はこの発言を聞いてあぜんとした。

法案提出権も認められない少数党の議員として、いったいこれまでどんな立法活動にどうかかわってきたというのか。まさかそんなことには関心を持たず、もっぱら秘書給与の詐取方法を相談していました、などと言うのではあるまい。法案提出権も持てない立法府の議員になぜ高額の報酬が支払われ、少数党に政党助成金が支払われるのか、ぜひ説明してもらいたいものだ。

革新政党のうさん臭さはまだある。どうみても政権奪取の可能性がないにもかかわらず、選挙公約を掲げ、今回の選挙では流行に悪乗りして、マニフェストまで発表するというのはどのような神経なのか。革新政党が持つ、この欺瞞《ぎまん》性を選挙民が見破って鉄槌《てっつい》を下したのが今回の選挙結果ではないだろうか。この点で今度の総選挙は画期的な意味を持った選挙として、政治史に記録されるかもしれない。

革新政党は衰退の一途をたどり、やがて政治の舞台からまったく姿を消してゆくことになるのだろうか。またそれが国民にとって、望ましい政治の形なのか、遠からず答えは出される。私は、今の革新政党のようにもっぱら「現状維持」に甘んじて、ぬくぬくと議員の特権をむさぼり続ける輩《やから》の集団であり続ける限り、一刻も早く政治の舞台から退場していただきたいと思う。

しかし、社会の歪みやひそかに進行しつつある腐敗・堕落に冷徹な眼を注ぎ、それらを是正し除去する現実的な政党がなくなっていいとも思えない。

かつて私は、戦前の治安維持法と特高警察による激烈な思想弾圧のもとで、若者たちがどんな心理で社会主義運動にかかわっていたかに興味を持ったことがあった。そしてこの問題に関係のある文献や史料をあさっていたところ、私の問題意識にぴったり当てはまる、一つの文献に巡り合った。

それは、金子ふみ子『何が私をこうさせたか』（筑摩書房、一九八四）という手記だった。彼女は一九二三年、朝鮮人革命家の朴烈《パクヨル》らが計画した大逆事件に連座し死刑判決を受けた（朴烈事件）。しかし昭和天皇の即位による恩赦によって、無期懲役に減刑されたがこれを拒否し、獄中で自ら首をつって自殺した。彼女はその手記の中で次のような言葉を残している。

「この頃から私には、社会というものが次第にわかりかけてきた……私のような貧乏人がどうしても勉強も出来なければ、偉くもなれない理由もわかってきた。富めるものがますます富み、権力のあるものが何でも出来るという理由もわかってきた。そして故にまた社会主義の説くところにも正当な理由のあるのを知った……〝民衆のために〟といって社会主義は動乱を起こすであろう……そして社会に一つの変革が来たとき、ああその時民衆は果たして何を得るであろうか」。

引用文には、金子ふみ子という素朴に社会主義と向き合った若い女性——ちなみに彼女が獄死したのは二三歳である——の希望と疑いの間を揺れ動いている心理が、見事に表現されている。そしてこの心理は、今まで革新政党の支持者が受け継いできた心理だった。ただ、残念なことに、今回の選挙結果ではっきりしたことはその心理成分から期待要素が消え去って、疑い（失望）要素のみが濃厚となった、ということだろう。

# 58 エピローグ

落語家はよく噺《はなし》の枕に、「噺家は浮世のアラで飯を食い」という川柳を使う。私が長きにわたって執筆を続けられたのも、多分に原稿の材料となる「浮世のアラ」に事欠かなかったことによる。その中身の種々雑多さもさることながら、一つひとつの内容が腹立たしく、「石なお叫ばん」という気持ちに駆り立てられたことが継続の原動力をなしていた。

いま執筆を終えるに至ったのは、「浮世のアラ」が種切れになったからでもなく、またそれらについての怒りや嘆きが冷めたからでもない。

要するに、私本人が自覚する以上に老化が進んでいることを思い知らされたことが、最大の理由だ。「寄る年波には勝てない」という敗北宣言が、執筆終了宣言になったと理解してほしい。

年末から年頭にかけて、二、三人の旧友から電話がかかってきた。懐かしさも手伝って、ついつい長電話になってしまった。年寄の長電話の中味といえばきまっている。今の体調や患った病気、家族との折り合いなどに始まって、昔の思い出話や余生の過ごし方など、とりとめのない話が延々と続くにすぎない。

しかし、これが老人の楽しみの一つであることを思うと、むげに電話を切るのもはばかられる。長電話の締めくくりとして、旧友のすべてが「俺たち、良い時代を生きてきたよな」と感想を述べていたのが印象的だった。

だがこの感想は少々おかしい。というのも、われわれ世代は少年期と青年期の大部分を戦中・戦後の苛酷な社会の中で生き延びてきたわけで、食うことすらままならず、ましてや自らの意志で命を保つ自由すら否定された世代だった。それが「良い時代だった」という感想を聞くと、何の抵抗もなく「そうだよなあ」と共感してしまうのだ。

これを老人特有の懐古趣味の成せる業と片づけてしまえば、事は簡単だ。しかし私はこの感想の裏側に、無視できない重要な事実が隠されているのではないか、と思う。

それというのも、今われわれの社会にはかつては思いも及ばなかった事件が頻発しているからだ。たとえば、親が子を殺し、子が親を殺す事件、小学生が通学途上で傷つけられたり誘拐されたり、学校内ですら不審者の乱入によって殺傷されるという現実、また街中で頻発するひったくり事件……。

これらは戦前の日本では考えられない出来事だった。それがどこで何を間違えたのか、今や日常の一部になってしまっている。

戦中派の仲間が「俺たち、良い時代を生きてきたよな」と感想を語るのも、安定した人間関係が日常件の中心にどっかりと居座っていた過去が、記憶に残っているからに他ならない。今、私たちの日常性の一部では明らかにジャングルの掟が支配しはじめている。ハムレットのせりふではないが、「世界の関節が外れてしまった」感が強い。

こんな違和感、緊張感がいきわたっているせいか、昨年末、NHKのBS放送で映画監督小津安二郎の生誕一〇〇周年記念と称して彼の映画が連続放映された。

どの作品を観ても現代の荒廃を改めて思い知らされる内容だったが、とくに興味深かったのは『一人息子』という映画だった。

この作品の冒頭、字幕に芥川龍之介の「人生の悲劇の第一幕は親子となったことに始まっている」という言葉が流される（ちなみにこの言葉の深刻さについては、前に少々触れたことがある。本書3「親和的動機――失われた〈母親信仰〉」）。

しかし映画の内容自体は、芥川の言葉とは逆に、何が悲劇なのかわからない一人息子と母親の細やかな愛情物語だ。

たぶん、小津監督が訴えたかったことは、親が苦労を重ねて子供に学歴をつけてやっても、期待したほどには出世しないことの悲劇だったかもしれない。しかし今の親からすれば、きめ細かい愛情を親に注ぐ息子に育って、何の悲劇か、贅沢にもほどがあると思うだろう。

散歩の途上、たまたま出あったダルメシアン犬を見て、「あっ、これは今の日本そのものだ」と思った。黒と白がランダムに入り交じったダルメシアンの毛並み、そして猛々しさなど微塵も感じさせずに穏やかに生きているその姿は、点々と暗黒部分をちりばめながら危機感もなく、なんとなく平和に生きている、まさに今のわが日本国そのものだと直感した次第だ。

いうまでもなく、社会は犬の毛並みではないから、黒と白を雑多に併存させておいて良いわけがない。ましてや、いつの間にか白の毛並みを黒が侵食して、気がついたら黒犬になっていたら、笑えない喜劇だ。

小津作品に限らず過去の名画を観るにつけ、今の日本人はその心情においてまったく別の民族に変化してしまったのでは、という疑いを捨てきれない。どの時代に何が原因してこんな変異が発生したかということは、私がこだわり続ける問題意識となるだろう。

昨年、にわかにテレビの人気番組として浮上したものに、フジテレビから放映されている『トリビアの泉』がある。番組の冒頭、タモリが重々しく「トリビアとは、ささいなこと、つまらないことを意味する。そして人間だけが役に立たない知識を増やすことに快感を覚える、唯一の動物である」などと述べてから、次々に紹介される知識をゲストがどれだけ「へぇー」と評価するか、その得点を競う構成になっている。私が書き綴った原稿も、終わりを迎えてみるとまさに〝トリビアの泉〟だったように思う。ただ、残念なことに、読者から一つでも「へぇー」を頂けるか、はなはだ心もとない気持ちがしている。

# あとがき

本書はある定期刊行物の連載記事を母胎として生まれた。その定期刊行物は時事通信社が発刊している『時事解説』（現在は『時事　トップ・コンフィデンシャル』と名称が変わった）であって、連載は「社会心理学者の視角」という見出しがつけられ、九九年六月一日から〇四年一月二〇日まで七一回続いた。

連載開始に先立って、編集長から次のような執筆方針が要望された。

第一に、毎回取り上げるテーマは自由だが、その執筆スタイルはいわゆる随筆風にならないように気をつけていただきたい。ということは、第二にある感想なり主張なりを展開するにあたって、その根拠を可能な限り実験結果や調査データなどで裏づけてもらいたい。要するに思いつきでものを言って（書いて）もらっては、困るということである。第三に、裏づけになったデータや理論については、その出典や資料を必ず文中に明記してもらいたい。第四に、以上の注文を満たしたとしても学術論文の執筆を求めているわけではないから、気楽に読めてわかりやすい文章であってほしい。一言でいえば〈面白くて、為になる〉文章を書いてくれという注文だった。

〈面白くて、為になる〉とは私たちの世代にとってなじみ深い言葉であり、たしか『少年倶楽部』という雑誌の宣伝文句として使われていたと記憶している。それはさておき、前述の四つの要望を満たした連載記事を書き続けるということが、執筆者にどれほどの苦行を強いるものであるかは、容易に想像がついた。とくに私のように持続力に乏しく、人を娯しませる奇才も持ち合わせない人間がこの難行苦行に耐えられるはずがないと思った。しかし結果的にはこの仕事の魅力に負け、悪戦苦闘の歳月を過ごす羽目となった。

連載記事を書く仕事のどこに魅力を覚えたかといえば、二点あった。

その一つは、この話を持ちかけられた時期が七〇歳の定年を目前にしていた時期であり、定年後の仕事として何をするかについてメドがたたない状態にあった。人生最後の時期を趣味に生き、旅を楽しむといった優雅な生き方とは無縁の人生を送ってきた以上、いまさらそれを自分のライフスタイルとするのも鬱陶しい。そこに今までの仕事とさして変わらない仕事の話が持ち込まれたのだから、まさに「渡りに船」という気持ちになったとしても不思議ではない。

社会心理学者の清水幾太郎が、その晩年に「私は今でも内外の学術書を読みその内容をノートにとることを日課としている。それは相撲取が毎日欠かさず四股をふむのと同じだと思っている」と語っていたのを、何かの記事で読んだことがあった。清水氏ほどの学者になると、やはりふだんの心構えから違うと感服した。私のような怠け者が土俵に上がるあてもないのに四股をふんでも、滑稽なだけだという思いもあった。しかしその怠け者に、定年後も非常勤講師として社会心理学の講義の依頼があった。たとえ週一回にせよ、土俵に上がる以上、四股をふまないわけにはいくまい、そんな気持ちが連載の企画を受諾させる動機となった。

もう一つの魅力は、この企画がかねてから機会があったらチャレンジしてみたいと思っていた、書物の構成と内容に共通するものを多分に含んでいた点にあった。その書物とはアイゼンク父子の共著になる『マインドウオッチング』である（田村浩訳、新潮選書、一九八六）。

この書物の主題をなす「人はその時、なぜそう行動したか。またなぜそう行動しなかったのか」といった問題意識の持ち方は、まさに通信社が発行する定期刊行物の連載記事にふさわしい主題である。問題なのはその記事を書く人間の能力がこのテーマをどれだけこなせるか、という点にあった。しかし可能かどうかをあれこれ考えても、それこそ「下手の考え休むに似たり」であって何も始まらない。自分が出来ることを一杯努力して、一回、二回と連載原稿を続けていけばよい。もしその内容がお粗末であれば、編集部からタオルが投げ込まれるだろう。その時はいさぎよくリングから去るだけのことだ。そんな開き直った姿勢で連載を続けたわけだが、幸か不幸か一向にタオルは投げ込まれず、くたくたに疲れて自らリングを降りる羽目になった。

ともあれ今回一本にまとめられた原稿を校正しながら、お世辞にも〈面白くて、為になる〉本が出来たとは言えないが、多少なりとも社会心理学の発想を、現実を眺め、解釈する上で活用できたのではないかと自らを慰めている。

「歳をとってから出来た子ほど可愛い」という言葉がある。自分の年齢から言えば、この本はまさに歳をとってから出来た最後の子である。このいわば「みにくいアヒルの子」を取り上げ、出版界に解き放っていただいた新曜社の社長堀江洪氏のご尽力には、ただもう感謝のほかに言葉はない。それともう一人。前述した通り、この本が生まれるきっかけを提供していただいた元『時事解説』編集長室谷克実氏にも感謝したい。氏は前述したように、まことに筋の通った執筆方針を示され連載記事が単なるその場限りの、書き飛ばし記事に終わらないようにしっかりと歯止めをかけていただいた。

最後に、この本を読まれた方の中にたとえ一人でも、学問をするとは平凡な現実を発見しその意味を解釈し直すことだと気づいてもらえたら、嬉しいと思う。

二〇〇四年九月四日

著者

# 人名索引

# 事項索引

# 文献索引

ま　行



や　行



ら　行



わ　行



欧文

著者紹介

大橋　幸（おおはし　みゆき）

1929年，東京生まれ。

1953年，東京大学文学部社会学科卒業。1957年，同大学院博士課程単位取得退学。1957年—1962年，お茶の水女子大学専任講師。1962年，東京学芸大学教育学部助教授。1977年，同教授。1990年—1999年，日本大学文理学部社会学科教授。1998年，東京学芸大学名誉教授。

主な著書に，『集団・組織・リーダーシップ』(共著，培風館，1962年),『社会学』（共著，新曜社，1976年），『校長の社会学』（共編著，ぎょうせい，1993年）ほか。主な訳書に，C.H.クーリー『社会組織論』（共訳，青木書店，1970年）ほか。その他論文多数。

新曜社

現代日本社会58景
社会心理学の眼で

初版第1刷発行　2004年10月20日©

著　者　大橋　幸
発行者　堀江　洪
発行所　株式会社 新曜社
〒101-0051　東京都千代田区神田神保町2-10
電話 03-3264-4973㈹・FAX 03-3239-2958
URL　http://www.shin-yo-sha.co.jp/

印刷　光明社
製本　光明社
ISBN4-7885-0923-7 C1036